オートエスノグラフィー

質的研究を再考し、表現するための実践ガイド

トニー・E・アダムス
ステイシー・ホルマン・ジョーンズ 著
キャロリン・エリス

松澤和正・佐藤美保 訳

新曜社

AUTOETHNOGRAPHY
UNDERSTANDING QUALITATIVE RESEARCH
by Tony E. Adams, Stacy Holman Jones, Carolyn Ellis

 謝辞

　この本を書くことは挑戦であり、喜びでした。オートエスノグラフィーについての私たちの知識や経験を、興味深い物語や有用な資料に作りかえることは、私たちの価値や研究へのアプローチ、書く実践を、ページの上に明確にするという挑戦でした。オートエスノグラフィーの仕事のしかたを共有することは、私たちの研究実践を深め、豊かにしましたし、日々の生活は、オートエスノグラフィーの将来や質的な学問について、謙虚で、感謝に満ちた、豊かな楽観主義を感じさせてくれました。

　もちろん、一冊の本を書くことは、孤立のなかで成し遂げられるはずもありません。ここで、私たちはこの本の企図と、日々の研究や執筆を支援し続けてくださった方々に感謝したいと思います。特に、この本の出版を可能にしてくださった、パトリシア・レヴィに感謝します。あなたと共に仕事をし、あなたの刊行シリーズで出版できたことは名誉なことであり、あなたの支援と編集の力はかけがえのないものでした。

トニー

　私の人生と仕事を支えてくださった、以下の方々をはじめ多くの人びとに感謝します。ブレット・オルドリッジ、ニランジャナ・バルダン、クリストファー・バーソング、デレク・ボーレン、ロビン・ボイローン、ジェイ・ブラウアー、マーシー・クバスタ、ケン・シスナ、ノーマン・デンジン、レイチェル・ダブロフスキ、クレイグ・エングストロム、ブライアン・フラワーズ、ブラッド・ガングノン、クレイグ・ギングリッチ－フィルブルック、ジョニイ・グレイ、アンドルー・ハーマン、キム・クライン、レノア・ラングスドルフ、マイケル・レバン、ジミー・マニング、ミカエラ・マイヤー、ノコル・ニューマン、マーク・ニューマン、ロン・ペリアス、サンディ・ペンソニュー－コンウェイ、カール・ランター、ジリアン・チュリス、ジョン・ワレン、ジュール・ワイト、ジョナサン・ワイト、ステファニー・ヤング。私は、ノースイースタン・イリノイ大学の同僚や学生たちに感謝します。ウィルフレッド・アル

バレス、アンナ・アンタラミアン、カトリーナ・ベル－ジョーダン、バーナー
ド・ブロンメル、ロドニー・ヒギンバサム、クリステン・ハント、アン・メ
イス、ナンシー・マクヴィッティ、シンディ・マラン、スン－ファン・マン、
シェイン・ペッパー、ナネット・ポテ、エディ・ラビノビッツ、アンジー・ス
ウィガート－ギャラガー。

　キース・ベリーとの、日々の、有意義な、そして愛すべきやり取りに感謝し
ます。そして、アート・ボクナーの変わらぬ心遣いと、愛、励まし、指導、支
援に感謝します。私の強い職業倫理と他者への思いやりを育ててくれた、継父
のマイケル・ローム、私の両親、フィル・アダムスとシェリ・ロームに感謝し
ます。そして、読み、書き、編集するという多くの日々を通じて私を愛してく
れている、ジェラルド（ジェリー）・モレノに感謝します。

　また、何年も前に、私と共に書くというリスクを引き受けてくれたステイ
シーに感謝します。私たちは共にこころを許し、そして将来いろいろと協働す
るのを楽しみにしています。そして、もう一つ別のプロジェクトで共に働いた、
キャロリンに感謝します。私の仕事への揺るぎない支援と共に、私に与えてく
ださった多くの個人的で専門的な機会に深く感謝しています。あなたがたと共
に仕事をすることは名誉であり、幸せなことです。

ステイシー

　まず、この仕事をやりがいがあり楽しいものにしてくれた、トニーとキャロ
リンに感謝します。あなたがたは、すばらしい共著者であり、編者であり、友
であり、指導者です。キャロリン、私は、あなたとアート・ボクナーが、過
去何年にもわたってオートエスノグラフィーを書くように励ましてくれたこと、
そして、それ以来、書くことや私の最善の研究を実現するための機会を作って
くれたことに深く感謝します。トニー、私は、あなたが、いつもすすんでプロ
ジェクトを引き受け、共に話し、書き、そして笑ってくれたことに感謝してい
ます。私たちの研究や共同執筆は、私を支え、勇気づけてくれました。私は、
いつだって、共に働く機会や時間を見つけられるよう願っています。

　また、カリフォルニア州立大学ノースリッジ校と南フロリダ大学のすばらし
い同僚や学生たちの全ての人びと、特に、ベン・アティアス、アシュレイ・ビ
アード、サキレ・カマラ、エイミー・カリロ、ケン・シスナ、エリック・ア
イゼンバーグ、サラ・ディキンズ・キャラハン、エリザベス・エッジコーム、

ジョン・ケファート、アドルフォ・ラゴマシーノ、マイケル・レバン、キャサリン・ソレルス、ジリアン・チュリス、ロリ・ロスコー、レイチェル・シルバーマンに感謝します。また、書くことやパフォーマンスについて私の知る全てを教授してくれた方々、アート・ボクナー、テサ・カー、ノーマン・デンジン、クレイグ・ギングリッチ－フィルブルック、バッド・グドール、ポール・グレイ、クリス・マクレイ、リン・ミラー、ジニーン・ミンゲ、オミ・オスン、ロン・ペリアス 、ディアナ・シューメーカー、キャスリーン・スチュワート、ニック・トルヒーヨに感謝します。そして、長年の読書と執筆の友である、ブレンナ・カーティス、ジョージーヌ・ホジキンソン、リンダ・ヤクルの才能と、良きユーモアに感謝します。

　私の研究と執筆の生活は、私の家族のサポートと愛情なしでは不可能でした。私の祖父母、ウィリアム・ブラックバーンとバーニス・ホルマンの、書き手としての私への励ましに感謝します。私の両親、ディーンとメアリー・ホルマンの愛情と支援に感謝します。そして、私の人生を意味と喜びにあふれるものにしてくれた、我が子に感謝します。

キャロリン

　トニーやステイシーと再び仕事ができることは何という光栄であり、名誉でしょうか。考えられる最も良いドリームチームです。彼らは、熱心に、効率的に、挑戦的に、丹精込めて、想像力と緻密さとをもって、そして、親切と情熱を込めて、仕事を進めます。身近で仕事をし後を追う人たちが、すでになされた仕事を超え、拡張することは、まさに学者の最大の望みです。これら二人の学者たちは、この望みの実現を体現しています。彼らの思慮深い文章を読み、そして彼らがいかになすべき仕事を進んで引き受けたかを見るにつけ、私たちがこのプロジェクトに取り組んでいた時間、笑みが絶えませんでした。いや、それは正しくありません —— 彼らは進んで引き受けたのではありません、ただ、その仕事を行ったのです。いちばん印象的なのは、いかに3人の著者が共同して書くか、そのしかたのモデルを率先して導いてくれたことです。彼らは私に言いました。「マイクロソフトのワードの校閲機能を使う必要なんてないですよ。ただ必要な変更をすればいいんです。」最初はためらいながら参加していって、私たち3人は、自由に互いの言葉を何度も校訂しあいました。私が思うに、その結果が完全に統合された3人の声からなるテクストであり、そこに

は、私たちの言葉と思考とが混ざりあいながらも、依然として一人ひとりの声が煌めいています。

　あなたや他者の脆弱な自己を書くことによって、書く必要のある人びとを支援し助けることによって、この仕事を読み評価することによって、そして、この成長しつつある動きに多様な方法で声を加えることによって、オートエスノグラフィーに貢献してくれた全ての人びとに感謝します。脆弱な自己に心を寄せ、また、私たちが住みたいと願う種類の世界に貢献することを大切に思う質的研究者として、なんとすばらしい時間でしょう。私のパートナーであるアート・ボクナー、そして仏陀と禅、同僚や学生たちに感謝します。全員が、意識して日々に接し、驚きや好奇心に開かれ、情熱と愛に満たされ、心からの喜びと共に新しい日を抱くよう気づかせてくれたのです。

装幀　新曜社デザイン室

第1章
オートエスノグラフィーへの誘い

オートエスノグラフィーとは何か

　作家のジョーン・ディディオンは、簡潔に力強く、「私たちは生きるために物語る」[1]と書いている。私たちが語る物語は私たちを生きさせ、さらに**より良く生きること**を可能にすると信じて、この本でディディオンの呼びかけに応えたい。物語によって私たちはより省察的に、より有意義に、より公正な人生を送ることができるようになる。この本で議論する物語、つまり**オートエスノグラフィーによる物語**は、文化というレンズを通して語られた自己の／自己についての物語である。オートエスノグラフィーによる物語は、私たちが、個人的で文化的な経験をどのように知り、名づけ、解釈するようになったのかを、芸術的・分析的に表現する方法である。オートエスノグラフィーでは、自らの経験を用いて、自分自身や他者、文化、ポリティクス、社会的研究と関わる[2]。オートエスノグラフィーを行うことで、「内部者と外部者の視点、社会的実践と社会的束縛の間の緊張関係」に直面する[3]。したがって、オートエスノグラフィーとは、以下のような研究方法である。

- 文化的な信念、実践、経験を記述し、批判するのに、研究者自身の個人的な経験を用いる[4]。
- 研究者の他者との関係を認識し、尊重する[5]。
- 自己と社会、特殊と一般、個人的と政治的といったものの交差を名づけ、問い質すため、深く注意深い自己省察 —— 一般的に「再帰性（reflexivity）」

と言われる —— を用いる[6]。

- 「何をすべきか、どう生きるべきか葛藤し、その意味を見出す過程にある人びと」を示す[7]。
- 知的で方法論的な厳密さ、感情、そして創造性を均衡させる[8]。
- 社会的な正義を追求し、より良い人生の実現のために努める[9]。

　この本の目標は、質的な研究者が、研究方法としてオートエスノグラフィーをどのように用いることができるかを示すことにある。この章では、オートエスノグラフィーに行き着くまでの私たちの物語を語り、オートエスノグラフィーによる方法論の発展を促した関心と考察について議論し、オートエスノグラフィーの歴史を簡単に説明し、この本の構成について述べる。この本が、オートエスノグラフィーという方法を用いる良いきっかけとなり、探求するためのアイデアを提供し、オートエスノグラフィーを研究・執筆する際のガイドラインとなることを願っている。

　私たちの書き方と引用の選択について一言述べておきたい。お気づきのように、資料出典を示し、考えをさらに詳しく述べるため、巻末に注を設けている。こうしたのは、二つの理由からである。一つには、本文をできる限り読みやすくしたかったからである。引用を多用するとナラティヴが中断され、雑然としがちになる。二つには、本文がオートエスノグラフィーについての**一つの物語**を語る一方で、巻末の注は付随的で、おそらくより微妙な、この方法の説明を提供している。そしてこの補足的文章はまた、オートエスノグラフィーを行い、考えるための付加的な資料を提供している。このテクストをどう読むかは、皆さんに委ねられている。たとえば、本文全体を一通り読んでから巻末の注に向かってもよいし、本文と巻末の注の間を行きつ戻りつしてもよいし、まず最初に巻末の注に向かってもよい。どう読むかは、皆さんのお好み次第で選んでいただきたい。

オートエスノグラフィーに行き着く

キャロリン

　私は、ずっとエスノグラファーとして生きてきた。また、人びとの感情や意図、どのように意味ある人生を生み出すか、人生の問題をどのように経験し、

対処しているかに関心があった[10]。1970年代、私は、ストーニー・ブルック大学で社会学を専攻するという幸運に恵まれた。そこで私は自分の興味を追求し、コミュニティのエスノグラフィー研究に没頭することができた。当時、特に社会学部では、実証主義が支配的だった（今でもそうであるが）。そして私は、想像力や物語を語ることよりも、系統的なデータ収集や伝統的な分析を重視するよう促された。1982年、南フロリダ大学（USF）で社会学の准教授をしていたとき、兄を飛行機事故で亡くした。この出来事やパートナーが重篤な肺気腫に罹ったことがきっかけとなって、悲しみや喪失の関係的で個人的な経験をノートに書き留めるようになった。それが最終的に、私の最初のオートエスノグラフィーの執筆につながった[11]。1996年、私は、USFのコミュニケーション学部に異動した。そこで私は、社会学的な眼とコミュニケーションの心を結びつける仕事を続けることができた[12]。オートエスノグラフィーは、私のエスノグラフィー、自己と役割取得の社会心理学、主観性と感情、対面的コミュニケーションや相互作用、探究と触発としての記述、物語を語ること、そして社会的正義やコミュニティへの貢献というソーシャルワーク志向への関心を結びつけ、私を満たすものであった。

　この後ステイシー・ホルマン・ジョーンズとトニー・アダムスが述べる物語とは違い、私にはオートエスノグラフィーの「指導者」がいなかった。そして当初は、この仕事を引き受けてもらい出版するのは挑戦的なことだった。しかし私にいたのは、志を同じくする同僚や友人たちである。アート・ボクナー、ノーマン・デンジン、ローレル・リチャードソン、バディー・グダール、ミッチ・アレン、ロン・ペリアス、そしてさらに多くの、多くの人びと。彼らは、ポストモダンやポスト構成主義者、フェミニストの書き手たちが権威、表象、声、方法の問題を論じあう知的環境を共にしながら、オートエスノグラフィーの仕事を支援し、応援してくれた。アートと私が仕事と生活を共にするようになると、その相乗効果が私たちのオートエスノグラフィーとナラティヴのプロジェクトを前進させた[13]。私たちはエネルギーを、社会科学と人文科学をつなげることへ、より人間的で有用で、情緒的で触発的な学問を生み出すことへ、ナラティヴとオートエスノグラフィーに焦点をあてた解釈学的な社会科学を学生に指導できる研究プログラムの開発へ、私たちが生きる世界により有意義に貢献することへと向けていった。

　いざコミュニケーション学部に没頭すると、幸いなことに多くの協力的な同

僚を得た。特にその頃同じ学部に所属していた同僚のステイシーは、早くから
オートエスノグラフィーに取り組み、今も多くのすばらしい方法でオートエス
ノグラフィーの「たいまつ」を掲げ続けている。彼女と私は、トニーを含む、
多くの優れた学生を担当する機会を与えられた。彼らは、私たちのところに来
たときには、すでにオートエスノグラフィーに精通しており、自分たちの物語
を語ろうとする熱意にあふれていた。私は、彼ら若いオートエスノグラファー
の世代から多くを学んだし、学問のなかでオートエスノグラフィーの運動を展
開してゆく彼らの能力と意欲を確信している。

　私は、自分の関係的で情緒的な生活から出発し、それを探求する物語を書き
続けている。この本で私は、小さな身体的スティグマに関する物語について、
私自身の老化の物語も織り交ぜながら述べる。たとえば、母のケアや兄を失く
すというような、私の人生における愛しい人びととの情緒的な物語であり、社
会正義の問題を提起し、倫理や方法への関心を広げた隣人との関係の物語であ
り、そしてごく最近では、ホロコーストのサバイバーの人生についての物語で
ある。後者で、私の関心は「協働的な証言（collaborative witnessing）」へと向
かっている。それは関係的なオートエスノグラフィーの一つの形であり、物語
の語りや会話を共有するなかで、他者の経験を生き生きと語るのに効果的であ
る[14]。私は「天職」である仕事を続けているが、その礎となるのがオートエス
ノグラフィーである。この本で、私のオートエスノグラフィーへの情熱をさら
に伝え書くことが、いかに私の人生に積極的に影響を与えたかを示し、同じよ
うに建設的なしかたで皆さんの人生に影響を与える可能性を開くことができれ
ばと思う。

ステイシー

　私は、個人の経験を取り入れ、物語を尊重し、文学を探究する研究の伝統の
なかで育った。エスノグラフィーの方法についての大学院での共同セミナーで、
ニック・トルヒーヨは、フィールドワークを行う（そして現場に入り、浸る）、
フィールドノーツを書く、文献を読む、教室で研究を議論する、といった作業
の全ての時点を、書くに値する経験として、深く、分析的に、そして創造的に
捉えるように教えてくれた。彼はまた、私たちが行っていることは、質的研究
の内外で起きているエスノグラフィーとオートエスノグラフィーについてのよ
り大きな対話における、価値ある転換点を生み出しているのだと主張してい

た[15]。後に私が修士論文に取り組んでいたとき、ニックは、物語を書くように、書き続けるように、物語をただ書くようにと、何度も何度も励まし、ことば巧みに誘い、要求した。それで、私はたくさんの物語を書いた。

1996年に、カリフォルニア州立大学サクラメント校を去ってテキサス大学（UT）に赴任すると、私は、ポール・グレイ、リン・ミラー、オミ・オスン・オロモのパフォーマンス研究の授業に、私の物語への愛を持ち込んだ。オミは、パフォーマンスとエスノグラフィーが交差するところで研究することは、フィールドワークを個人的なものとして、知識を文化の体現、批判、倫理的な探求として理解することだと教えてくれた[16]。パフォーマンスは、私の研究の、物語を書き、語り、他者と生きるための方法であり、舞台であった。テキサス大学にいたとき、私はキャロリン・エリスとアート・ボクナーに出会った。彼らは、オートエスノグラフィーとパフォーマンスへの私の傾倒を、補完的で同じく重要なものとして理解し、励ましてくれた。それで私は、書き、パフォーマンスし、その二つを、パフォーマティブな個人的作品として書き、融合させた。以来、それが私の仕事となっている。

私の仕事は物語を語ることに焦点をあてており、個人的なことを明確に研究のフィールド、執筆、政治的文脈に位置づける。『質的研究ハンドブック（*Handbook of Qualitative Research*）』に書いたオートエスノグラフィーについてのエッセイで、私は、世界を変革する研究を生み出す努力としてオートエスノグラフィーに行き着いたことについて、いくつか自分の物語を語った[17]。トニーと私は、こうした物語を語り続けている。とりわけ、オートエスノグラフィーを、クィア（queer）の方法として書こうと努力している[18]。

今日、私の研究は、研究を**行う**ことの物語よりも、研究**として**生活を物語ることに、より焦点をあてている。テクストが私たちを存在のなかへ呼び入れ、そして存在から引き離す力について、そしてアイデンティティと生活が他者との関係のなかでどのように遂行されるかについて、とりわけ、クィア・アイデンティティの移り変わりゆく性質の物語と、養子縁組のなかで、あるいは養子縁組を通して作り上げる関係や、家族の物語について考えている[19]。この本を通して、私の研究についてのいくつかの物語に加えて、これらのトピックに関わる既発表のテクストの抜粋を提示したい。私の物語を紹介することで、皆さんが自身の個人的な経験を研究のなかに、研究を通して、融合させる方法を見出していただくことが私の願いである。

今日、オートエスノグラフィーが私に教えてくれているのは、以下のような
ことである。自分の物語を語ることは、私たちが互いに存在しあう一つの方法
であり、この行為は、書くことと読むことのパフォーマンスのなかに具現化さ
れた関係性を創り出す場を提供し、それは省察的で、批判的で、愛に満ち、連
帯のうちに選択するものである[20]。私は、オートエスノグラフィーを正当で重
要な、そして**語る**方法として推奨する研究的伝統のなかで成長し、育まれた。
オートエスノグラフィーを選ぶことは、大学院教育や初期の出版活動において、
専門家としてのリスクとなることはなかったが、研究のなかで、あるいは研究
として個人的な物語を語ることには、常に個人的、関係的、倫理的なリスクが
ある。私は、こうしたリスクは研究のみならず、有意義な人生を送り、重要か
つ本質的な方法で世界を変えることに必然的に伴うと思っている。私はこの本
が、単に生き方としてだけでなく、自分や他者にとっての人生をより良くする
方法として、書いたり語ったりすることを受け入れるよう、励ませればと願っ
ている。

トニー

　私は2001年に、南イリノイ大学カーボンデイル校（SIUC）の会話コミュニ
ケーションの人文学修士課程に入学したとき、初めてオートエスノグラフィー
に出会った。私の論文指導者だったレノア・ラングスドルフは、研究にナラ
ティヴと個人的な経験を用いることを提唱していたので、私は、ロン・ペリア
スのパフォーマンス理論とオートエスノグラフィーのコースを履修した。エリ
ス・ピノーとクレイグ・ギングリッチ－フィルブルックは、オートパフォーマ
ンス（auto-performance）とエンボディメント（embodiment）に関する革新的
な仕事をしていた。私は、多くの現代のオートエスノグラファー、たとえば
キース・ベリー、ジェイ・ブロワー、ニコル・デフェンバー、スコット・ガス
ト、ベン・メイヤー、サンディ・ペンソニー－コンウェイ、トヨサキ・サトシ、
アドリン・ヴィラモンテ、アンバー・ジンマーマンらと共に授業を受けた。

　私は2004年に、南フロリダ大学（USF）の大学院博士課程に進学した。そ
の最初の学期で、私はアート・ボクナーのナラティヴ研究のコースを受講した。
最終的な論文は、私と父との間の緊張関係に関するもので、私の最初のオート
エスノグラフィーの出版として結実した[21]。私は、もう一つ現実の社会的構成
についてのアートのコースを受講し、次の学期に、彼と共にナラティヴ倫理に

ついての自主研究を完成させた[22]。アートはすぐに、カミングアウトのナラティヴについての私の学位論文を指導することに同意し、学位論文を本として刊行するまで共に働き続けた[23]。

USF で私は、オートエスノグラフィーのコースともう一つ、キャロリンの質的研究のコースを受講した。そして私とステイシーは、オートエスノグラフィーとクィア理論との間の実り豊かな関係についての研究を始めた[24]。私の同僚の多くが、オートエスノグラフィーの研究やオートエスノグラフィーを用いた研究をしていた。たとえば、ロビン・ボイローン、アンドリュー・ハーマン、クリス・マクリー、ジニーン・ミンゲ、パトリック・サントロ、ジリアン・タリスたちである。そして私は、かつての USF のオートエスノグラファーたち、クリスティン・デイビス、ローラ・エリングソン、エリッサ・フォスター、クリスティン・キーシンガー、リサ・ティルマンたちの遺産に支えられている自分を感じていた。

私は、個人のナラティヴや生きられた経験の使用を培い奨励する大学院プログラムに参加していたが、最初、自分の学位論文の主要な研究方法論としてオートエスノグラフィーを避けていた。頑固に、そして無知なことに、私は、この方法が学問のキャリアを積む可能性を阻むだろうと考えていた。私は、共に研究する教授たちを喜ばせ自分が重要と感じていた研究をするよりも、他の学派の伝統的な学者を喜ばせる（と思っていた）ことを気にしていた。そういうわけで、博士課程のはじめの 2 年間は、フロリダ水族館で見出された環境の媒介表現を調査する、より伝統的なエスノグラフィーによる研究を組み立てた。この研究は興味深くはあったが、いったん関係性についてのオートエスノグラフィー研究を受け入れると、そのように満足するものではなかった。

2006 年 2 月 28 日、博士課程の 2 年目の終わり近く、私の人生は突然変わった。前のボーフレンドで、南イリノイ大学カーボンデイル校（SIUC）時代からの親友だったブレット・アルドリッジが亡くなったのだ。彼の妹は、糖尿病に関連した病気で亡くなったと言ったが、彼の二人の友人は、ブレットは自分がゲイであることを父に告げた後、自殺したようだと語った[25]。

ブレットがどんなふうに死んだのか、確かなことは知りようがないとわかってはいたが――彼がどう亡くなったかに関わりなく、彼の肉体はもう存在しない――私はカミングアウトや性的傾向に関連して経験していた、否定的な発言の猛攻撃を強く考えさせられたのだった。私は教室での、そして学生たちから

の、ホモセクシュアリティから私を救おうとする、様々な同性愛嫌悪の経験、他者が告げてくる、セクシャルな志向に集中した差別的な行動、私のカミングアウトへの家族の非難や同性愛についてのどんな議論も黙らせようとする圧力等々を思い起こした。

　これらについての省察から、私は否応なく、性的傾向により人びとが排斥されるいろいろなしかたに立ち向かわざるをえなくなった。これらの人びとは、ブレットの事例がそうであったかもしれないように、たいへんな苦痛を経験した後で自殺に向かうかもしれないのである。私はまた、水族館での環境に関する研究も重要ではあるが、親密で個人的で関係的な同性的魅力の研究は、それ以上に重要であると悟った。レズビアン、ゲイ、バイセクシュアル、トランスジェンダー、クィア（LGBTQ）の人びとは、他者の嫌悪や無視によって傷つけられていたのだ。私は、これらの不正義を放置したままにすることはできなかった。こうして、私は私にとって最も重要な研究をすること、そして私の感情と経験をそれらの研究のプロセスに取り入れることに取りかかった。私は、人びとが関係性の苦悩に陥ったときに、他の人が利用できるような物語を書くことに目を向け、大学院教育での原点である原則、とりわけオートエスノグラフィーを行い、生きることに立ち返った。

＊　　＊　　＊

　私たちの物語が示すように、オートエスノグラフィーは、私たちがどのように考え、どのように研究を行い、どのように関係性を維持し、どのように生きるのかを再考することができる方法である。この方法に行き着くまでの私たちの物語は、個人的な経験を排除したり曖昧にすることが不快であり、不可能でさえあると感じたときの瞬間を述べている。私たちの物語は、私たちに固有のものではなく、研究者が自らの研究にアプローチするしかたの変化を例示してもいる。次の節で示すように、オートエスノグラフィーは、社会科学的研究や質的探究についての、一連の懸念や考察への応答として発展してきた。

オートエスノグラフィーの発展

社会科学的な質的研究についての三つの相互に関連しあう懸念や考察が、

オートエスノグラフィーの形成に寄与した。(1) 研究への、新しく変わりつつある考え方と理念、科学的な知識の限界への認識、そして、個人的なナラティヴ、物語、文学、美学的なもの、感情、身体について生まれつつある理解。(2) 研究実践と再現の倫理とポリティクスについての高まりつつある関心。(3) 社会的アイデンティティとアイデンティティ・ポリティクスへの増大する重要性。

変わりつつある研究の考え方（理念）

　研究者としての教育を通して、私（キャロリン）は、どうして**社会科学が社会的な生活**の特殊的な、微妙で複雑な要素を排除できるのか、疑問を抱いてきた。主観、経験、感情、身体は研究や合理性と一体の要素であるにもかかわらず、個人的な経験、物語の語り、ケアや感情、身体は「女性的」であり予測不可能であるから、客観的で論理的な研究を生み出すための障害であると考えられていた[26]。もし、研究者として、**社会科学**者としての私たちの仕事が、人間の社会生活を研究することであるならば、人間の生活や経験の要素を周辺に追いやることはできないし、自分の生活や経験が研究プロジェクトや参加者たちと絡まりあっているあり方を括弧に入れることはできない。私は、いわゆる正しい学問的主観性を生み出すために必要とされる、「自己規制、罪悪感、痛みや楽しみの否定、声の封じ込め」を信じていなかった[27]。また私は、研究者としてのいちばんの罪は、「個人的に過ぎる」ことだとは考えなかった[28]。私は、個人的なことを大切にし、仕事に取り込みたかったし、**取り上げたい**とさえ思った。

　さらに、ハードサイエンス（化学や物理学や生物学など）における予測や制御という考え（理念）は、社会的相互作用における人間の動きや意味には当てはめられないし、人間の思考や行動の意義を語ることもできない。私たちは文化的なパターンや慣習について知識に基づいて推測することはできるかもしれないが、決して他者が考え、述べ、行為するだろうことを**予測する**ことはできない。人間の関係性についての単一の、堅固で、確かな「真実」の主張を確立することもできない。**社会的**生活は、不規則で、不確かで、感情に満ちている。もし私たちが**社会的な**生活を研究することを望むのであれば、全力を傾けて、混乱や無秩序や不確かさや感情を認め、それらを包含する研究方法を採用しなければならない。

ありがたいことに、社会科学や質的研究、特にエスノグラフィーにおける科学的方法の前提や移転可能性に疑問を投げかけていたのは、私一人ではなかった。1970年代から1980年代にかけて、研究者は自身を研究の経験と切り離すことができるという考え方は、人間学（人類学、コミュニケーション、ジェンダー、人種研究、社会学、心理学など）において**表象の危機**（crisis of representation）を生み出した。それは、まさに「アイデンティティの危機」[29]であり、「社会文化的な調査や記述の形態と目的の再考を促す」ものだった[30]。この危機について、人類学者のレナト・ロサルドはこう述べている。「距離を置いた観察者が中立的な言葉を用いて『生（raw）』データを説明するというかつての支配的な理念は、人間の行動を時間のなかで、その行為者たちにとっての意味との関連において展開するものとして理解しようとする、新たなプロジェクトに取って代わられた」[31]。

　表象の危機は、以下のような、主流の社会研究の多くの目的と実践に疑問を投げかけた。

- 普遍的な真実、特に社会関係に関するそれを見出すという目的[32]
- 人間や経験、関係性、文化についての、確かで安定した知識を主張する可能性[33]
- 知る方法としての、物語や物語を語ることの禁止[34]
- 情緒や感情に対する偏見[35]
- 「ローカルな知」[36]を認めることの拒否と、社会的アイデンティティ（人種、性別、年齢、セクシュアリティ、能力、階級など）が、研究、読むことや解釈すること、書くことや行動に、いかに影響を与えるかを認めることの拒否[37]
- 植民地主義的で侵入的なエスノグラフィーの実践の（標準的な）使用、つまり、中に入って行き文化を研究すること、その文化について書く（代表する）ために立ち去ること、その文化の人びとの関心、関係性の倫理、そこで表現したことがその文化に及ぼすかもしれないことへの無視[38]

　社会研究者たちは、自分たちが研究をどのように行い表現したかを、「本質的に再考」し始めた[39]。彼らは、他者の経験を研究する、より現実に即した責任ある方法を求めた。そして、誰もが「文化的な『真実』として、知り、確か

め、責任あるかたちで提示」できるということに懸念を提起し、「対話、不完全さ、人生をテクストから、あるいは人生をテクストに、分離したり押し込めたりすることの不可能性を重視する説明」[40]を望んだ。ローレル・リチャードソンが述べるように、「私たちの多くは、もはやかつての伝統的なエスノグラフィーが求めるような —— 距離を置き、隔たり、中立的で、関与しない、見下ろすような —— そういうエスノグラファーになりたいとは思っていない」[41]。

　エスノグラファーにとって、「自分たち自身が自ら研究するものの一部であると理解すること」、そして研究者として、「フィールドワークの経験によって、自身がいかに形づくられ影響を受けるか」を示すことが、必要であり望ましいことになった。「自己というものが、フィールドにおいて能動的で、その中に埋め込まれた場であることを否定すること」は、ポール・アトキンソン、アマンダ・コフィー、サラ・デラモンが書くように、「自らを欺くことでしかない」[42]。エスノグラフィーのテクストは、「自己とフィールドがいかに一体となるか」を省察し始めた。「エスノグラフィーと自伝とは共生的である」[43]。エスノグラファーの視点をテクスト内に含め、個人的で省察的な物語を文学の伝統を用いながら語ることは女性の人類学者にとって一般的ではあっても、軽視され無視された実践であったが[44]、エスノグラファーたちはすぐに、物語を語ること、個人的な経験、美的感覚、そして文学的実践を率直に取り入れた研究を生み出し始めた[45]。

　研究者たちはまた、社会的な研究を行い理解するために、なぜ感情が不可欠なのかを示し始めた[46]。タミ・スプライが指摘するように、感情は、「客観性と現実主義のエスノグラフィーの方法という支配的な亡霊への反応として」研究のなかに現れた[47]。感情は、もちろん、社会生活の一部であり、私たちがいかに他者に（他者と）関係しあうかの一部分である。キャサリン・ブリーは、「私たちの個人生活や感情が、誰と、何を、どんなふうに研究するかと絡みあっている無数のあり方を認めるとき、私たちは研究者としてより誠実である」[48]と書いている。

　研究のなかで感情を考慮することは、研究者が、エスノグラフィーの研究のなかで、研究者と参加者の身体の不在や消去に立ち向かうことでもあった[49]。たとえば、不安、障害、病、死、死にゆくことの経験に焦点をあてるエスノグラファーは、感情が身体的な経験や身体化に浸透し、絡みあっているあり方を無視することはできないと気づいたのである[50]。

知識の不確実性と流動性、研究者の立ち位置、個人的経験の役割、物語を語ること、美学的・文学的実践、感情、身体をめぐる関心と考慮に加えて、表象の危機はまた、研究者に、自らの研究「対象」への倫理的責任を熟考し、発展させるよう促した。

研究の倫理とポリティクスについての関心

　かつて、伝統的なエスノグラファーは記録者として仕事をし、（異国の、「エキゾチックな」）文化に入り込んで、そのコミュニティの生活と活動を観察し、しばしば参加して、記録し、フィールドノーツを書き、その集団の表現を書き上げて出版するために去って行った。歴史的にその表現は、研究対象となった集団のメンバーと共有されることはなかった。しかしようやくのこと、研究者たちは、そのような実践は非倫理的で不完全であることを理解するようになった。研究者たちは、しばしば脆弱な他者を利用していた。そして、上に述べたように、彼らの他者の表現は、しばしば不完全だった。他者を記録し表現する際のエスノグラファーの判断ともども、エスノグラファーの他者との歴史、他者のなかでの存在、他者との経験を切り捨てていたからである。

　研究と表現における倫理は、記録者あるいはエスノグラファーのみの関心事ではない。私（トニー）の学部の学位は、「ラジオとテレビ」に関するものだった。その計画の一部として、私はニュースレポーターとして働き、コミュニティの会議に出席し、予め決めておいたトピックについて人びとにインタビューした。これらの出会いの後、私はラジオ局に戻り、うまく合うと思うインタビューをした人たちの言葉を入れ込みながら、ニュース記事を書いた。しかし私は、誰かにインタビューするたびに、無遠慮で利己主義的なものを感じていた。私は、**自分**の利益のために、人びとにインタビューしていた（ことによると、利用していた）。つまり、自分の学習課題を完成させ、発表経験を積むためにそれをしていた。それから、大学院では、私はフィールド研究法の一部としてインタビューすることについて学んだ。研究プロジェクトのために人びとにインタビューすることは、私がレポーターとして働いた仕事と同様なものを感じさせた。私の関心事について話す人を見つけ、彼らが提供する情報を自分の利益のために用いるのだ。

　私はいまだに、インタビューをして他者の言葉や見方を自分の研究で表現する権利があるのか、あるとしたら、それはなぜかと自問し続けている。私は、

自分のプライバシーと尊厳に劣らず、他者のプライバシーと尊厳を重んじている。私は、ゲイとして、私が誰を愛そうとそれを人びとに統制されたくないし、フェミニストして、他者、つまり私の家族や政府や医療産業などが、私の身体や他者の身体に干渉してほしくない。他者が危害を加えていたり危害を被りながら生きているなら、介入する責任があると私は信じている。しかし私はまた、ある人にとっては危害と見なされるであろうことが、他の人にとってはそうではないかもしれないということも知っている[51]。研究者として、私は自分自身について話す権利（そして特権さえ！）を確信しているけれども、他者のために話す権利についてはそれほど確信を持ってはいない。

　他者を研究し表現することの倫理とポリティクスについては、この数十年、研究者と施設内評価委員会の関心を占め続けてきた（第3章参照）。それには十分な理由がある。科学と知識の進歩の名のもとに、研究者たちは参加者へのひどい行為に関わった。たとえば、スタンレー・ミルグラムによる「破壊的な服従」についての研究が、いかに人びとに、「汗をかかせ、怖れさせ、声を詰まらせさせ、唇をかませ、苦痛でうめかせ、そして爪先を肉に食い込ませた」[52]かを考えてみるとよい。あるいは、1932年から1972年にわたって、梅毒への様々な治療の効果を調べた研究であるタスキギー梅毒実験での、参加者の扱いを考えてみればよい。研究者たちは皆白人であったが、梅毒に感染した貧しいアフリカ系アメリカ人のみを研究に参加するよう勧誘した。研究者たちは、彼らを「患者ではなく実験対象として、病者ではなく臨床的な材料」として扱った[53]。1940年代には梅毒に対する有効な治療が発見されていたが、研究者たちは研究のプロセスを阻害しないよう、参加者に治療を提供しなかった。三つ目の例として、ヘンリエッタ・ラックスというアフリカ系アメリカ人の女性のことを考えてみよう。彼女の同意なく彼女のがん細胞が採取され、保存されて、生医学的研究のために増殖された[54]。このような過酷で命に関わる欺瞞は、一部の文化集団（たとえばアフリカ系アメリカ人など）を、研究（者）に対して懐疑的にさせた。スティーブン・トーマスとサンドラ・クインが書いているように、「[タスキギー]研究で参加者を募集し維持するのに使用された方法が、今日のHIV教育やAIDSリスク低減プログラムで推進されているものときわめて似ている」[55]ことを考えれば、いくつかのアフリカ系アメリカ人のグループが、このようなプログラムに参加することを拒否するのも当然であろう。

　ドワイト・コンカーグッドは、「エスノグラフィーによる研究」を、「全面的

に権力や権威の問題に埋め込まれており、フィールドワークの実践は、誰が誰を観察しているのかを決定する一連の権力関係が介在している」[56] と特徴づけている。イヴォンヌ・ジュークスが書くように、「ラポールを築き［協力者の］信頼を得ようとする私の試みが、研究データを提供するよう彼を説得するという道具的目的に支えられていることを否定するのは難しいだろう」[57]。サム・ジョシはエスノグラフィーを、「西洋的な認識論の誇りである帽子の羽根、つまり、観察する者とされる者との間の感情的軋轢のない、もつれのない出会いという虚構」として特徴づけている。「この方法論を用いるために」と彼は言う、「私の本性に逆らわなくてははならない。そもそも、マッチョな世間知らずのように振る舞わなければ、『エスノグラフィー』を成し遂げることさえできない」[58]。

　このような懸念に応えようと、コンカーグッドは、しばしばエスノグラファーを悩ます倫理的に問題のある４つの「他者へのスタンス」について、以下のようにまとめている。

- 研究者が文化的伝統を濫用し、自分の研究プロジェクトを強化するためだけに材料を探してしまうときに起こる「管理者による窃盗」
- 研究者と被研究者間の文化的差異を矮小化するなど、「無邪気で」「口先だけの」表面的な研究実践となってしまう「熱心者の盲信」
- 研究者が「エキゾチックなもの、原始的なもの、文化的に遠いもの」に焦点をあて、センセーショナルなものに目を向けて、他者を「理解するというよりも驚かす」「資料鑑定家の自己顕示」
- 自分たちとは異なる人びとから学ぶことも彼らのようにすることもできない、ということを指摘して距離をとる、ニヒリストのスタンスである「懐疑論者の諦め」[59]。

　コンカーグッドは、これらの立場の一つを採用したり陥ったりするのではなく、エスノグラフィーのフィールドワークに対話的で、会話中心のアプローチを取り入れるよう呼びかけている。対話主義（dialogism）は、研究実践、アイデンティティ、差異の間の、継続的で、脆弱な、そして明示的なやりとりをモデル化する。彼は、「対話的な実践の目的は、自分と他者とに、互いに疑問を投げかけ、議論し、挑戦できるよう結びつけることにある」[60] と言う。文化的

な違いを受け入れ尊重するということは、研究者が、自らの経験やアイデンティティや文化に挑戦し、変革することに開かれていなければならないことを意味している。デボラ・リード゠ダナヘイが言うように、もはや研究者は、「客観的な権威の声や、自分の解釈が『真実』であるという独善的な確信を持つことはできない。現地の人びとは彼ら自身の解釈を持っているし、私たちの同僚もまた異なる見方を持つかもしれないことを、私たちは知っている」[61]。個人の見方や立ち位置を認め、多様な視点を重んじる実践は、アイデンティティ・ポリティクスの中心に位置している。

社会的アイデンティティとアイデンティティ・ポリティクスを考える

　アメリカの1960年代と1970年代は、社会的不安定と対抗文化活動の時代として特徴づけられる。ブラックパワーや障害者の権利、フェミニズムの第二の波、ラヴィング対ヴァージニア州裁判（Loving v. Virginia）、ストーンウォールの反乱（Stonewall Riots）、ヴェトナム戦争などである。これらの不安定の一つの特徴は、非主流派のアイデンティティを主張する闘いであり、「アイデンティティ・ポリティクス」の出現に貢献した。アイデンティティ・ポリティクスは、いかに複数のアイデンティティ（identities）が**重要であるか**に焦点があった。複数のアイデンティティが、誰を愛し結婚できるか、どこで働き、食べ、学校に行けるのか、何を学べるのかに対して、いかに影響を及ぼし支配しているか、ということである。アイデンティティ・ポリティクスは、多くの人びとに、こう問いかけさせることになった。いかに、そしてなぜ、ある人びとは、「より人間的に思いやり深く」扱われる一方で、「他の人びとは無言や無視、虐待に出会うのか」[62]。アイデンティティ・ポリティクスはまた、いかに「権力関係を用い、否定し、破壊し、再構成できるのか」を示しながら、これらの問いを政治的な使命に変え、非主流派の他者がより正しく公平に生きる条件を創り出していった[63]。

　このような不安定は、主流の研究実践や仮定に疑問を投げかけ、「自己のどのような側面が、世界、より具体的には、研究しているトピックを知覚する最も重要なフィルターなのか」を理解しようとする欲求を生み出した[64]。たとえば、手に取りやすさ（accessibility）や学術用語（jargon）についての新たな関心を引き起こした[65]。散文が特権化され、詩を含む他の種類の美学的テクストへの偏見に関心が高まった。オードリー・ロードが論じるように、この特権は、

人種差別的、階級差別的、そして男女差別的な含意がある。全ての者が、(白人の、男性の、上流階級の) 散文を書くための時間や技術、経済的、身体的、社会的資源を持っているわけではない。それに対して詩は、「貧者、労働階級、有色人種の女性の主要な声」として機能してきた。それは、最も「経済的な」芸術形式であり、「最も少ない身体労働と物を要する」形式であり、さらにその形式は、

> ･･･ 勤務交代の合間に、病院の配膳室で、地下鉄のなかで、余った紙の切れ端に書かれた。 ･･･ 散文を書くためには個室が必要であろうし、大量の紙、タイプライター、多くの時間を要する[66]。

　学者たちもまた、学問的な言説によって誰が声を獲得し、誰が沈黙させられるのかに関心を強めた[67]。彼らは、異性愛的な前提や、その他、献身、共同関係、親類関係、家族生活についての規範的・疎外的考え方を当然なものとする研究を批判した[68]。彼らは、研究者がどのように特定のグループにアクセスし、それを表現したのかを問い、特に、その表現が、それらのグループへの無視についての有害なステレオタイプを喚起し、それを永続化させる可能性を持つとき、疑問を投げかけた[69]。

　アメリカでは今日、偏見や不当な扱いを抑止し、差異と関わる構造がより充実していると思われるが、数年、数十年、数世紀にわたる不当な扱いと不信は、その修復に数年、数十年、数世紀を必要とするであろう。誰が他者を代表して語ることができるのか、集団を、特定のコミュニティや学校教育や軍隊などの活動から排除することができるのかについての問いが続いている。これらの不平等が続いたことは、多くのエスノグラファーが客観主義者や植民地主義者の研究実践に戻ることを妨げた。ロビン・クレアが論じるように、「素朴なエスノグラフィーの時代は終わった」[70]のである。

　これまで議論してきた相互に関係しあう三つの関心と考察 ―― 変化しつつある研究についての考え方と研究の理念、増大する研究についての関心と、研究の倫理とポリティクスへの配慮、アイデンティティ・ポリティクスの提起 ―― は、より柔軟で開かれた、そして倫理的な、オートエスグラフィーを含む質的研究方法の出現に寄与した。オートエスノグラフィーは研究者に、アイデンティティ、経験、関係性、そして文化への彼らの個人的な結びつきと、それら

への専心（investments）を明確に主張する方法を提供した。またオートエスノグラフィーは、社会科学研究に対して、問題の多い科学的方法の適用に取り組むための方法を提供した。そうした問題には、特異性や微妙な差異、アイデンティティの複雑さ、関係性、経験や文化についての洞察を生み出せない、ということに加えて、物語や物語を語ることの方法論的な軽視、ケアや感情、身体に対する偏見なども含まれる。オートエスノグラフィーは、人間の参加者と共に行う研究の倫理と責任に取り組むよう強く主張し、社会的な立場やアイデンティティが、私たちの読み方、書き方、研究のしかた、そして経験や文化や（研究）テクストを評価するしかたに、いかに影響を与えるかを注意深く認識するよう試みるための、場を提供してきた[71]。次の節では、これらの関心や考察に応える、オートエスノグラフィーの方法の発展と使用について説明する。

（簡略な）オートエスノグラフィーの歴史

　最初のオートエスノグラフィーへの言及は、アイデンティティ・ポリティクスの台頭と軌を一にしている。1975 年、カール・ハイダーは、「オート−エスノグラフィー」という言葉を、文化のメンバーが、自らの文化について説明する研究を記述するために用いた[72]。1977 年には、ウォルター・ゴールドシュミットが、「全てのエスノグラフィー」は「自己（self）エスノグラフィー」であり、そのなかで、個人的な専心や解釈、分析を明らかにする、と書いている[73]。1979 年、デイヴィッド・ハヤノが、「彼ら『自身の人びと』のエスノグラフィーを行い、書き」、また、自らのアイデンティティやグループの成員性の一つと結びついた「フィールドの場」を選ぶ人類学者を記述するのに、「オート−エスノグラフィー」を用いた[74]。これらのテクストにおいて、ハイダーは、文化の成員が自らを物語ることの価値を主張し、ゴールドシュミットは、全てのエスノグラフィーの仕事に研究者の軌跡が現れることを論じ、またハヤノは、研究者のアイデンティティと、それと類似していると同定された他者との関係性の重要性を述べた。オートエスノグラフィーのこれらの見方は、エスノグラフィーにおける内部者と外部者の区別を予見しているが、個人の経験を含めることへの動きは、明示的に受け入れているというよりは**暗示されている**。

　1980 年代、社会学や人類学、コミュニケーション、パフォーマンス、そして女性学やジェンダーの研究者たちは、研究における個人の語りや主観性、再帰性を記述し、主張し始めたが、彼らは「オートエスノグラフィー」という言

葉を用いることはあまりなかった[75]。それでも、多くの学者が物語を語ることと文化の実行の重要性に関心を抱き、しだいに個人の足跡を記しつつエスノグラフィーの実践に取り組むようになった。エスノグラファーは、客観性の威光の背後に隠れたり、それを不変のこととすべきだ、あるいはそうできるという考えを拒絶して、自分自身を研究の一部として取り込み始め、しばしば研究のプロセスについての物語を書き、時に自らの個人的経験についても書いた。80年代の終わりには、学者たちは、内省的な、個人的に関与する自己、文化的な信念、実践、システム、経験の相互作用を探求する仕事に「オートエスノグラフィー」の用語を充てるようになった[76]。

　1990年代になると、研究者たちは、個人のナラティヴと芽生え始めたオートエスノグラフィー運動を、より重視するようになった。私（キャロリン）は、オートエスノグラフィーに関する本を一冊刊行し、2ダース以上のエッセイを発表した。そして私は、研究における個人的経験の使用についての2冊の本を共同編集した——『主観性を探求する（*Investigating Subjectivity*）』（ミシェル・フラハティと共編）と『エスノグラフィーを構成する（*Composing Ethnography*）』（アート・ボクナーと共編）[77]。この間、ボクナーも、個人の物語の重要性とその理論との関係に関する数々のエッセイを刊行した[78]。私たち二人は一緒に、『エスノグラフィーの新たな展開（*Ethnographic Alternatives*）』シリーズの編集を開始した。これは、なぜ・いかにして個人的経験が研究で用いられるべきかの実例となる研究の出版で、私（ステイシー）の最初の本、『カレイドスコープ・ノート：女性の音楽と組織化された文化を書く（*Kaleidoscope Notes: Writing Women's Music and Organizational Culture*）』[79]も収載されている。この年代の他の重要なテキストには多くのエッセイ[80]や書籍[81]があり、たとえば、最初の『質的研究ハンドブック』[82]は、個人的経験や研究[83]、さらに探求の方法としての書くこと[84]についての諸章を含んでいる。これらのテキスト（他の多くと共に）は、感情的で個人的な学問のためのより良い空間を生み出し、「オートエスノグラフィー」はすぐに、選択可能な用語となった。

　2000年代最初の10年には、『質的研究ハンドブック』の第2版と第3版が刊行され、そのいずれもが、個人エスノグラフィー、個人的経験、個人的ナラティヴ、個人的記述、自伝、そして再帰性についてのエッセイと関連文献を含み、キャロリン、アート、ステイシーは、特にオートエスノグラフィーに焦点をあてた諸章を執筆した[85]。私（キャロリン）は、オートエスノグラフィーの

方法を用いた本をさらに 2 冊出版し、さらに 2 冊のオートエスノグラフィーについての共同編集の論集を出版した[86]。アートと私はまた、オートエスグラフィーに関する 2 番目のシリーズ本、『人生を書く（*Writing Lives*）』に着手し、レフト・コースト出版社から刊行された。

『エスノグラフィーの新たな展開』シリーズの 2 冊目となる『歌を照らして：ビリー・ホリディからエディット・ピアフまで、その抵抗と欲望を書く（*Torch Singing: Writing Resistance and Desire from Billie Holiday to Edith Piaf*）』に加えて、私（ステイシー）は、オートエスノグラフィーについて、またオートエスノグラフィーを用いたエッセイや書籍の章の出版を続けた[87]。さらに、この年代に、**多くの**注目すべき本がオートエスノグラフィーの方法を採用し、オートエスノグラフィー、再帰性、個人的ナラティヴについてのエッセイが書かれ、学術雑誌の特集になった[88]。2005 年、ノーマン・デンジンが、研究における再帰性や個人的経験の重要性を認識するための会議として、毎年開催の「質的研究世界会議（International Congress of Qualitative Inquiry）」を開始した。

過去数年の間に、オートエスノグラフィーは、多くの学問領域や研究分野で重要な方法として公式に認められるようになった。多くの学術雑誌や学術会議で盛んに取り上げられている。数多くの本や学術雑誌の特集が、オートエスノグラフィーの探求のために企画され[89]、人類学、芸術やデザイン、ビジネス、コミュニケーション、犯罪学、教育、地理学、看護学、心理学、ソーシャルワーク、社会学などの研究者が、オートエスノグラフィーを用いている[90]。オートエスノグラフィーについての課程が多くの大学で教えられ、研究方法についてのテキストは、このアプローチについての章を含むようになっている[91]。さらに、2011 年以来、デレク・ボーレンが、毎年「オートエスノグラフィーを実践する」と題した会議を組織し、2013 年には、パット・サイクスが、オートエスノグラフィーの基本文献を集めた 4 冊本を編集した[92]。そして、この本と並んで、最近私たちが出版した『オートエスノグラフィー・ハンドブック（*Handbook of Autoethnography*）』[93]は、研究において個人的経験を用いるための実践的なアドバイスと、オートエスノグラフィーを行うための将来的な可能性を提示しており、この方法を正当なものとして持続させ続けるだろう。

ほぼ 40 年にわたるオートエスノグラフィー研究を通して、この方法は質的研究者たちに、「表現のポリティクスに起因する様々な不安」[94]に応える、強力で揺るぎない方法を提供してきた。質的研究は（またいかなる研究であれ）、距

離を置いた、いわゆる客観的な、自己利益に奉仕する立ち位置を維持することはできない。そしてもはや、自らのアイデンティティや経験、社会的資本、意図、そして形成仮説を説明することなく、脆弱な他者を利用することはできない。リチャードソンが言うように、「『他者』を代弁する」ことは、「まったく疑わしく」なったのである[95]。

　さらに、オートエスノグラフィーによる個人的アプローチは、研究者のその研究への専心をよく示している。つまり、オートエスノグラファーは、個人的に、感情的に、美学的に、そして物語的に文化的なグループや経験と結びつくことで、自分自身や他者を表現することにより責任をとるであろうし、より大きく配慮することになるだろう。もちろん、オートエスノグラフィーは、研究についての、知的、美的、感情的、倫理的な関心の全てに対する答えを提供できるわけではない。しかしながら、一つの方法、表現のモード、**そして生き方**として、オートエスノグラフィーを行うこと、オートエスノグラファーであることは、研究者に、研究と表現プロセスの全ての過程を通して、研究と表現への関心を重視するよう求めるだろう。

　さらにオートエスノグラフィーは、どのように、そしてなぜ、アイデンティティが重要なのかを認識し、文化的差異に結びついた経験を含み、問いかける。オートエスノグラファーは、社会的なアイデンティティがどう研究プロセスに影響を与えるか、特に、何を、誰から、どのように学んだか、観察し、経験したことの何をどのように解釈したか、そして、生活における文化の観察や経験をいかに表現したかを、しばしば重視する。

　私たちの願いは、オートエスノグラフィーに行き着いた私たちの物語が、社会科学的な研究についての熟慮や懸念、またオートエスノグラファーがどのようにこれらの問題に取り組んできたかということも含めて、皆さんがオートエスノグラフィーを行い、書く刺激となることである。私たちは、この本が、皆さんの研究を成し遂げる助けとなるよう願っている。

この本を活用する

　私たちはこの本を、オートエスノグラフィーを行う実践ガイドとして、またオートエスノグラフィーによる研究プロセスと表現の模範となるよう企画した。そのために、オートエスグラフィーの鍵となるアプローチ、プロセス、倫理的

配慮と責務、そして表現に関わる問題等について**述べる**と同時に、私たちが、いかに自分たちの研究を実施し、上記の配慮事項を扱ってきたかを**示した**。ゆえにこの本は、皆さんがオートエスノグラフィーを行うことについて学ぶのに役立ち、研究者・著者としての私たちを紹介し、私たちが本書で示す教訓をいかに学んだかを述べる。

第2章の「オートエスノグラフィーの研究デザインと哲学」では、オートエスノグラフィーの実践とその目的について概説する。特に私たちは、オートエスノグラフィーの中心となる理念と、そうした理念を達成するためにオートエスノグラファーはどのようにするのかについて議論する。また、なぜ研究者たちが、自らの研究方法としてオートエスノグラフィーを選ぶのかも議論する。

第3章の「オートエスノグラフィーを行う」では、オートエスノグラフィー研究を行うプロセスを議論する。はじめに、研究を始めるよう促す個人的経験について考えることに焦点をあて、次に、フィールドワークを実施すること、手始めの研究を行うこと、倫理的配慮への取り組み、私たちの経験とフィールドワークを解釈し、分析することへと進む。

第4章の「オートエスノグラフィーを表現する」では、取りかかりからフィールドノートを書き、オートエスノグラフィーによる物語を作り上げるまで、研究プロジェクトの全ステージにおけるオートエスノグラフィーの記述のモードについて議論する。また、オートエスノグラフィーのテクストを書くことに関わるナラティヴと関係性の倫理について説明し、他者と記述を編集したり共有したりするうえでの示唆を述べる。

第5章の「オートエスノグラフィーを評価する」では、オートエスノグラフィーのテクストを生み出し、評価することの目標を示す。そしてこれらの目標を用いて、私たちの三つのオートエスノグラフィーのプロジェクトを評価する。この本で取り上げたオートエスグラフィーの旅をレビューし、皆さんがオートエスノグラフィー探求の未来にどう貢献できるかを述べて、この章を締めくくる。

第6章の「オートエスノグラフィーを行い、書くための資料」では、オートエスノグラファーのための資料ガイドとして、オートエスノグラフィーの仕事を歓迎する雑誌や会議などと共に、私たちのお気に入りの雑誌のリストを紹介する。

この本を通して、オートエスノグラフィーを行うことは、研究方法という以

上のものであり、それは生き方なのだということを述べる。私たちは、オート
エスグラフィーの物語をどう語るかは、自身の研究と人生を**より良くする**ため
の方法であると示すために書く。私たちは、自分自身や文化の物語を語ること
が、不注意に行われたり、あるいは脆弱さ（vulnerability）、リスク、術策への
配慮や準備なしになされてよい課題ではないと信じている。オードリー・ロー
ドが詩について書いているように、オートエスノグラフィーは**放縦**ではなく、
「生存と変化に向けた夢と希望を見出すその光の性質を形づくり、最初に言葉
にし、次に思考となり、さらにはより具体的な行動へと至る」[96]方法であると
思っている。

第2章
オートエスノグラフィーの研究デザインと哲学

オートエスノグラフィーの研究プロジェクトをデザインすることは、オートエスノグラフィーを行う目的や実践と関連している。もしオートエスノグラフィーによる研究を**行いたい**なら、オートエスノグラフィーの方法の中心となる理念と、**さらに**、オートエスノグラファーがそれをどう成し遂げるのかを知らなければならない。また私たちは、**なぜ**研究者がオートエスノグラフィーの方法を用いるのかを知る必要もある。この章では、この方法の目的と実践について述べると共に、なぜオートエスノグラフィーを行い、書くことを選ぶのかを議論する。

オートエスノグラフィーの中心となる理念

オートエスノグラフィーは**質的**方法である。それは、大集団の人びとについての**一般的な**情報よりも、**特定の**人生や経験、関係についてのニュアンスに富んだ、複雑で、固有の知識を提供する。質的研究は、人口統計的な情報や相互作用の一般的な記述を生み出すことよりも、人間の意図や動機づけ、感情や行動に焦点をあてる。第1章で議論したように、オートエスノグラフィーは、植民地主義に対する懸念、社会的差異とアイデンティティ・ポリティクスを認識する必要性、研究参加者に敬意を払うという主張、そして、文化について学ぶ多様な方法の認識などに応えて登場した。**表象の危機**は、研究者が自らの研究の文脈、研究対象、知見について主張する知識の限界を認識するよう促した。この危機は、**科学的**知識の限界、特に、アイデンティティ、人生、信念、感情、関係性、そして行動について実証的・実験的方法の使用を通して何を発見でき、

理解でき、説明できるのかを問うことになった。研究者たちは、社会科学的な研究が、「その研究における経験を構成する直観的な飛躍、誤ったスタート、間違い、未決事項、そして幸いな偶然」[1]を、しばしば説明できないことに気づいたのである。

　表象の危機はまた、研究者に、自らのアイデンティティ、人生、信念、感情、関係性が、研究へのアプローチや「発見」の報告に、どのような影響を及ぼすかを認識させるきっかけともなった。このように表現に焦点をあてることで、質的研究者は、研究を実施し共有するための、より透明で省察的で、創造的な方法を模索するようになった。質的研究者は、研究者と研究、個人的なことと関係的、文化的、ポリティカルなことを否定したり切り離したりするのではなく、個人的−文化的な絡みあいを**認識**し、**用いる**方法を採用した。なんと言っても私たちは、研究者として、人生における顕著な経験、つまり私たちをぞくぞくさせ、驚かせ、好奇心をそそり、悲しませ、怒らせたりする経験を探求し理解することに興味を抱いているのである。

　たとえば、私（ステイシー）は、養子縁組を考え始めたとき、実母や養母や養子の経験についてできる限り知りたいと思った。私は手記や小説、養子縁組の方法を論じたり養子の育て方をアドバイスするノンフィクションを読み、国際養子縁組に関する様々な研究報告（論文や本の一章や編集物）を読んだ。しかし、養子縁組**についての**「外部の」知識を理解できるようになったのは、私が養母となり、養子縁組の「内部者としての」経験について書き始めてからだった[2]。省察し、書くことによって、他者の観察や分析を通して生み出された経験的知識 ── ドワイト・コンカーグッドが言うところの、距離を置いた「上からの眺め」── と、「積極的で、親密で、実際の参加と個人的な結びつきに基づく」個人的知識 ──「物事に満ちた、地面からの眺め」[3]とを結びつけることができた。オートエスノグラフィーは、個人的経験から、それを通して、それを用いて、他者との経験との関連において、またその文脈において、探求し、理解し、書くための方法を私に与えてくれた ── そしてあなたにも与えることができる。オートエスノグラフィーにおいては、「客観性ではなく、近接性が認識論的な出発点となり、帰着点となる」[4]。

　経験についての地面からの、親密でクローズアップした視点を生み出そうとする衝動はまた、距離を置いた、一般化された客観的な態度や言語を用いることから研究者を遠ざけさせた。多くの研究者は、疑問や感情、声、身体を含む

研究を行い、表現する方法を探求した。特にオートエスノグラファーは、アイデンティティ、関係性、経験に意味を与え、そして過去と現在、研究者と参加者、書き手と読み手、語り手と聞き手との間の**関係性**を打ち立てるために、ナラティヴと物語を語ることに向かった[5]。

研究と経験を表現するのにナラティヴと物語の語りを使いながら、オートエスノグラファーはまた、**どのようにして**ナラティヴと物語が構成され、語られるのかということにも関心を向ける。クレイグ・ギングリッチ – フィルブルークが論じているように、オートエスノグラファーは、オートエスノグラフィーのテクストの認識論的（知識への主張）、美学的（想像力、創造力、芸術的な技能の実践）な特質を真摯に受け止めなければならない[6]。私たちにとって、このことは、**研究**を実施するための方法論や手段を研究し、実践することに加えて、芸術（たとえば詩、小説、パフォーマンス、音楽、ダンス、絵画、写真、映画など）を作るための仕組みや方法を研究し、実践することを意味している[7]。

たとえば、私（ステイシー）は、養子縁組についての物語の研究に加え、俳句という詩的形式と散文とを結びつけて書くジャンルである、俳文を書く技についても、この形式を用いて文章を書いている詩人や学者の作品や、そうした作品に対する批評を読んで研究した[8]。以下は、私のエッセイ「喪失と発見（Lost and Found）」からの抜粋で、私の俳文への関心とそれを用いた仕事を示している。

調べ

あなたはそれらの物語を何度も選ぶ。あなたは、ジェイムズ・メリルの『内なる部屋（The Inner Room）』の物語から「旅立ちの話」を選ぶ。選んだこの物語は、一連の俳文として展開され、親しい友人が自宅で亡くなるなか、恋人たちが日本に旅する物語、痛みと親密さの内的なスケッチをたどる物語、愛を死にゆく芸術にする物語が語られる[9]。俳文が、対話のゆっくりとした展開 —— 時間の経過、文の調べ —— を、俳句の煌めく「音節の刻み」、荒れ狂う外界の「意識的な回避」の形式と結びつける … [10]。

あなたは、あなたと共にその物語を取り出し、あなた自身の説明を織り込み、マントラや讃美歌のようにそのリズムを繰り返しながら、あなたが教える課程へと紡ぎあげる[11]。書き方の授業でどう思うか問いかけると、学生たちは目をパチパチさせながら、あなたを見つめ返す。彼らは、このテクストはとっつきにくい、

パッとしない、漠然としていると不満を並べ立てる[12]。人物たちはためらいがちだが、同時に廉直でもある。ここには、彼らが**利用できるもの**が何もない。彼らの批判は、書くことと読むこと、アイデンティティと人生は、他者との、そして他者への関係性のなかでなされるものであることを思い起こさせる。あなたは別の例、二つの世界の間、愛と喪失の間の空間を結びつける、しっかりとした、すっきりした結び目を体現する違う例を探す[13]。あなたは、形式で、主題で、そして愛でメリルとつながる、もう一つの俳文の言葉を試みる。イヴ・コゾフスキー・セジウィックの『愛についての対話（*A Dialogue on Love*）』は、関係性、クィアであること、病と美、詩と死についての瞑想である。あなたは質問する、

「この作品は何をしているのでしょう？」
あるいは、「これは何を知っているのでしょう？」
しばし離れて、
「私の夢は何を知っているでしょう？」[14]　彼らはあなたを見つめ返す。待ち、オープンに、期待して。あなたは、より単純に整理しようとする。「この本は何について書かれたものですか？」彼らは待つ。あなたは試みる。
それは、内側と
外側の喪失を書いている。それは愛を交わしている。
それは死にゆくことについて、
AIDS について、クィアであることについて、愛がいかに喪失と一体であるかについて[15]。

この抜粋では、知の限界と喪失の深さについての詩の簡潔さ —— 俳句における音節の刻み —— と、散文の明晰さと実用性についてのより広がりのある文章とが、くっきりと対照をなしている。

※　　※　　※

この本は、書く技能に関する道具と資源を提供するが（第 4 章）、オートエスノグラフィーを行うための他の資源を参照したり、好みの美学的媒体で訓練を積むようお勧めする。
研究実践や技能について問うことは、オートエスノグラファーに、洞察と知

識の創造と、説得力のある美学的実践への参加に専心し、説明責任を果たすことを要求する。しかしこれらは、オートエスノグラファーがオートエスノグラフィーを行うことを選択する際になすべきことの全てではない。彼らは同時に、責任を持って倫理的に研究を行わなくてはならない。つまり、オートエスノグラフィーを行う個人的、関係的、そして組織制度的なリスクと責任を考慮しなければならない。ジリアン・チュリスが指摘するように、オートエスノグラフィーは、研究者を自らの経験、参加者、テクストに「結びつけ」、「文脈的、偶発的で、本来的に関係的な」倫理的関与を要求する[16]。このような関与には、研究プロジェクトの前、最中、その後において、参加者に人間的に、敬意をもって関わり、より研究者中心でなく参加者中心で仕事をすることが求められる[17]。オートエスノグラフィーを行い、書くことの倫理的配慮については、第3章と第4章で論じる。

　要約すると、オートエスノグラフィーのプロジェクトをデザインする際に、研究者は以下のような**中心となる理念**を重視する。

- 特にアイデンティティ、人生、関係性に関して、そしてニュアンスに富んだ複雑で、個別的な個人的／文化的経験を作り上げることにおける、科学的な知識（知り得ることや説明しえること）の限界を理解する
- 個人的な（内部者の）経験、洞察、知識を、より大きな（関係的、文化的、政治的な）会話、文脈、慣習に結びつける
- ナラティヴや物語を語ることへの呼びかけに応え、知性／知識と美学的／芸術的な技能のいずれも同様に重視する
- 自分自身、参加者、研究の読者／聴衆に対する研究の倫理的な含意に留意する

オートエスノグラフィーのプロジェクトをデザインする

　これら中心となる理念は、オートエスノグラフィーのプロジェクトをデザインするのにどのように関わっているだろうか。科学的なデザインとは違って、アイデンティティ、人生、関係性、経験などのニュアンスや複雑さは、容易に、そしてきっちりと実験や調査、インタビューの質問項目に反映されるわけではない。しかし、オートエスノグラファーは、優先事項や関心事、研究の進め方

など、共通の枠組みを持っている。典型的にオートエスノグラファーは、

1. 研究や記述において個人的な経験を重視する
2. 意味が作られるプロセスを描き出す
3. 再帰性（省察性）を用い、示す
4. 文化的な現象／経験の内部者としての知識を描き出す
5. 文化的な規範や経験、実践を記述し、批判的に論じる
6. 聴衆からの応答を求める

　次節では、オートエスノグラフィーを行うに際しての上記の諸点について、例を挙げながら説明する。

1. オートエスノグラファーは、研究や記述において個人的な経験を重視する

　前述したように、研究プロジェクトに対する私たちの考えは、しばしば――たぶん常に――、自分の人生のなかで、人生について、持っている考え、感情、経験、疑問に導かれている。オートエスノグラファーは、自分の研究プロジェクトを選択するに至った個人的な理由に沈黙したり隠したりするのではなく、個人的な経験や主観性を用いて研究をデザインする。そのため、オートエスノグラファーは、多くの多様なトピックを取り上げる。

　オートエスノグラファーのなかには、**フィールドワーク**を行った経験を、文化的な現象への洞察と共に述べる人もいる[18]。また、文化的現象や、ある特定の状況（たとえば高校の同窓会）、虐待やネグレクトのようなトラウマとなった相互作用、または自らの健康／医療状態についての経験についてや、それらに対する**感情、態度、信念**を書くオートエスノグラファーもいる[19]。さらに、たとえば、家族の文脈においてレズビアンやゲイ、バイセクシュアル、またはクィアであること、学校で黒人女性であること、両親や子であること、低社会階層であること、「少数派の身体的なスティグマ」と共に生きる者であることがどういう意味を持つのか、自分の**アイデンティティ**に伴う経験について議論するオートエスノグラファーもいる[20]。

　オートエスノグラファーは、**エピファニー**（epiphany）についても書く。それは、私たちを変化させ、自らの生に疑問を抱かせる、驚くべき、日常からか

け離れた、人生を変えるような経験である[21]。その過程で、エピファニーはトラウマを刺激し、私たちを困惑させ、悲しみや不快を感じさせ、そして時には、より満たされた人生をもたらしもする[22]。

2. オートエスノグラファーは、意味が作られるプロセスを描き出す

　オートエスノグラフィーは、個人の経験を用いることで、人はどのようにして文化的な規範や経験、実践を意味づけるのかについての洞察を提供する。オートエスノグラファーは、**意味づけ**に複雑な内部者としての説明を与え、なぜ、またどのようにある特定の経験が挑戦的で、重要で、さらには変容的なものであるのかを示す。そのようにして、オートエスノグラファーは、他者が同じような経験の意味を理解するために用いることのできる視点を提供する。

　たとえば、私（キャロリン）が、アートと共に夏の別荘を建てたある山間部のコミュニティで根強く残る人種差別に直面したとき、私はこれらの経験について書くよう突き動かされた。

　「おれはどんな黒ん坊（nigger）にも投票しない」と63歳の白人男性が、レイジーボーイ〔訳注：アメリカの家具メーカー名〕の椅子のフットレストを押し下げ、座り込みながら宣言した。「黒ん坊は他の黒ん坊を世話するだけだ。あんたもおれも知ってることさ」と彼は言う。最初はアートを、それから自分自身を指さしながら。「とにかく、あの黒ん坊が勝つことはない。白人が投票ブースに入ったとき、有色人種に投票することはない。覚えておけよ。たとえオバマが選ばれても ── 民主党が汚いことをしない限りやつは選ばれないだろうが ── 誰かがやつを殺すだろう。そいつをきっかけに、市民戦争が起こるだろう。教えてくれよ。そうなったら、あんたはどっちの側につくんだ？　おれたちの方かやつらの方か？　どっちだ？　言ってみな。おれたちかやつらか？」彼は、満足げに椅子の背にもたれかかる[23]。

　このコミュニティでの人種差別の経験を問うことから、私は、なぜ、どうしてある特定の経験が挑戦的で、重要で、変容をもたらすものであるのかを示したかったし、また人種差別主義の他者のなかでどう生きるかを見出したかった。そして、こうした人種差別主義者の意志を是正しようとすることで、私自身の価値を尊重するような方法で応答したかった。私は、**内部者**としての説明

を、より大きな、**外部の力**、考慮、生き方へと転換したいと思った。私は、以下のように書いた。

アートと私にとっての困難は、生産的でもあり変容的でもある方法で、いかにこの人種差別に応答するかということだ。私は、この男や妻を避けるべきだとは思っていない。また、反論することもなく、黙って座っていたくもない。このコミュニティは、私の人生の一部を生きる場所としてある。私はもはや、新参者、エスノグラファーの役割を演じることはできない。なぜならそれは、しばしば自らの関心や価値や考え方を十分に声にすることなく、そこに生き、そこに受け入れられようとする人びとの目で、その世界を理解しようとすることだからである。私たちは、 ── 価値判断なしの方法で、人びとがいかに互いの人生を営んでいるかの理解を求める ── エスノグラフィー的な生き方と、本質的に間違っていると感じる信念を拒絶し、声に出す責任との間のラインを、どこに引けばいいのだろうか。

　…差異のポリティクスを免れるために、どうあるべきでどう考え、どう行動すべきかという問題は、たいへん複雑であり、その複雑さは、望むらくは、ここで私が語った物語の生きられた経験のなかに示されている。…［もしも］私たちの相違をどのように乗り越えるかを認識し、明らかにし、立ち向かい、粘り強く考えることに失敗するなら、もしも自分の考えに凝り固まっていかにも頑固な人びと全てに降参してしまうなら、もしも価値を共有しない人びとを無視するなら、「違いを超えて通じあう」ことはできないだろう。そして、私たちと他者は、互いにいかなる干渉もなく、ただわが道を行くことになるだろう。

　私たちは皆、同意できない偏見や価値を抜け出す道を見出したり、なんとか作り出したりする責任があるのではないだろうか。特に私は、自分が南部の田舎出身であって、この山間部のコミュニティへの参加者であることを考えれば、繰り返し問い続ける責任があるのではないだろうか[24]。

他のオートエスノグラファーはまた、内部者の意味づけのプロセスを重視している。エリッサ・フォスターは、「良い女性」であることと「良きフェミニスト」であることの間の葛藤の意味を理解しようと試み、出産、育児、生殖について考えるときに、これらのアイデンティティがいかに葛藤しうるかを強調している[25]。ロビン・ボイローンは、不在の父との関係と彼への愛の意味、そ

して父の不在が、どのように彼女の男性とデートしたり信頼する能力を複雑なものにしたのかを理解しようと試みた[26]。

バッド・グドールは『日々の語り（The Daily Narrative）』のなかで、「がんの国」で生きる日々の経験をブログに綴っている[27]。グドールの文章は、がん経験の洞察に富んだ感動的な記述に満ちている。彼は、診断に対処することや、医学的な治療に耐えること、この疾患と共に生きることについて、自ら述べることができ、医師が彼に言ったことや、研究者が彼の経験について報告したことに縛られることはなかった。これは、グドールのがん経験の表現がより正確であるとか、彼の経験が他の人びととの経験であるとか、そうありうるということではない。むしろ彼は、自身の不安、痛み、怒り、喜びを乗り越えていくただなかにあって、がんと共に生き、がんが意味することについて理解するユニークで直接的な洞察を、読者に届けたのである。

多くのブログのなかで、グドールは自分の物語の限界について省察している。彼は、働けること、「上流中産階級」であること、手厚い保険に加入していることの特権について話す。「自分が愛する人びとに囲まれている」と述べ、毎日を過ごす「様々な娯楽の選択肢」を持っていると記す。「がんの世界を、誰にも付き添われず、愛されもせず、信仰も保険も家もなく、ただ一人孤独で、通らなくてはいけない人びとについて考えるとき」、彼は、「彼らの救いのために静かに祈る。いくらかなりと彼らの行く先を慰める助けがあることを祈る」と言う。彼の文章全体を通して、グドールは、がんについての彼の視点と経験が、いかに自らの生きる条件と結びついているかを示している。彼は、自分の社会的な立場が、彼の見るものや生き方にいかに影響しているかを認める。これらの折々に、グドールは、オートエスノグラフィーのもう一つの優先事項と関心事を強調している。彼は「再帰的に（reflexively）」書いているのだ。

3. オートエスノグラフィーは、再帰性を用い示す

オートエスノグラファーは、「研究者の『自己』と『他者』との関係性」を問題にするがゆえに、再帰性を用いる。再帰的であるということは、「文化や学問における自分の立ち位置を真摯に受け止める」ことを意味する[28]。再帰性は、自分の経験やアイデンティティ、関係性が、現在の仕事にどう影響を与えているかを考えるために、それらに立ち返ることからなる。再帰性はまた、自分の研究が権力との関係のなかにあることを、明確に認めるよう求める。ベル

ナデット・カラフェルが説明するように、再帰性とは、「生きられた経験の細部と、統制や矛盾、特権における自らの空間や含意を巧みに、かつ芸術的に再創造すること」を意味している[29]。

　たとえば、アメリカ合衆国にずっと住んでいる 30 代半ばの健康な白人でゲイの私（トニー）は、特定の方法で、特定の特権と共に、様々な文脈のなかをスムーズに移動することができる。小売店で目をつけられたり、夜歩いていて「不審者」と思われたりする心配は、たとえあったとしてもあまりない。また、自分が身に着けていたりいなかったりするものについて、他人から攻撃される心配も、あったとしても希だ。私は、ただ人種／差別撤廃措置のゆえに、仕事に就いたと受け取られる心配はない[30]。万一警察の取り調べを受けたとしても、市民権を疑われたり、人種が不利になったりする心配はない。「人種カード」を切っているとか愚痴を言っていると他人に責められることを気にせず、人種や人種差別、そしてジェンダーや性差別について語ることができる。人種について考える必要がないのは、私が白人であることが与える特権であり[31]、ジェンダーについて考える必要がないのは、私が男性であることの特権なのである。

　オートエスノグラファーとして、私は、自分のアイデンティティ、限界、視点を説明し、読者に、文化的経験への洞察を提供するため自分の経験を用いる一方で、これらの経験を意味づける私の方法が唯一の方法ではないことを読者に示すために最善を尽くす。さらに、ゲイの男性として自覚した自らの経験が、研究プロジェクトに対する私の関心と決断をどのようにして、そしてなぜ導いたのかを認識しなければならない。たとえば、私は、日常会話における異性愛的な前提に非常に感度が高い。教室や研究室において、レストランやバーにおいて、オンライン環境やフェスティバルや教会において、私はしばしば、「女は〜な男を愛する」、「男は〜な女を愛する」などと言うのを耳にし、そんな一般論にうんざりしてしまう。また、**ただただ**異性愛関係だけを取り上げ、同性愛的なものを排除する映画を見ても嫌気がさしてしまう。他人によく、「ガールフレンド」がいるかとは聞かれても、「ガールフレンドかボーイフレンド」がいるかとは聞かれない。会話でパートナーが無視されるように感じたり、私たちが正当なカップルではないかのように感じるのが嫌なのだ。私は、どちらかが病気になり、病院に行かねばならなくなるのを心配している。受けられる治療ではなく、同性愛を嫌悪する宗教的背景を持っているかどうかで病院を選ばなければならないと知っているからだ。私は、これらの前提、発言、物語の

不在、疑問、悩みを研究テーマにしている[32]。「なぜ、何でもかんでもセクシュアリティの話になるのか？」という疑問や、「たかが映画」、「ボーイフレンドじゃなくて、ガールフレンドがいるか聞いただけ」、「ただの病院で、同性愛差別の施設ではない」といった忠告を、省察的に受け止めようと最善を尽くしている。私は、オートエスノグラフィーがいかに「自分自身の経験の聴衆」であるかを示し、そして、読者と共に、また読者のために、「この生きられた世界を意味づける」ことに立ち返ることができるために、自己／文化の経験を詳細に調べるべく省察を用いる[33]。

4. オートエスノグラファーは、文化的な現象／経験の内部者としての知識を描き出す

　この章の冒頭で記したとおり、オートエスノグラフィーは、文化的な現象／経験の解釈や意味、その実践の**内部者**の視点を与える方法である[34]。生きられた、経験の内側の瞬間から研究し、書くことで、オートエスノグラファーは「内部者としての認識論」、つまり「外部の」研究者には決してできない方法で経験を記述できる方法を発展させることができる[35]。さらに、内部者の知識は、これらの文化的現象についての、広く共有され、当然と見なされている仮説の複雑さに注意を喚起するために用いることができる。

　たとえば、2005年と2006年に私（トニー）は、フロリダ州タンパにある非営利の環境教育施設である、フロリダ水族館でボランティアとして働いた[36]。この間、私はこの施設で働く有給のスタッフ、特にボランティアと同じ仕事をしていた何人かとの交流を深めた。そして、彼らスタッフの多くが、給料を当てにして生計を立てていることを知った。ある日、一人のスタッフに、明日も働かねばならないのかと尋ねると、「それは、あなたが仕事に来るかどうか次第ね」と彼女は答えた。

　私は、その施設の有給スタッフの人数が、配備されるボランティアの人数に左右されることを知った。もしボランティアが一人勤務に就けば、スタッフの一人が無給の自宅待機か帰宅を要請される。有給スタッフには定期の仕事スケジュールがなく、彼らの仕事はボランティア次第の不確かなものだった。そのうえ、ボランティアが同じ仕事を無償で行ってしまうので、スタッフは昇給は難しいと話してくれた。

　ボランティアとしての内部者の役割のなかで、**私が**ボランティアをすること

が直接、**他者の**仕事のスケジュールと給料に影響を与えていることを知った。ボランティアをするのはいい気分だし、組織は私の存在で利益を得ることができるが、私の無償の労働が他者を傷つけているのだ。私は、自分のボランティアを有害なものと考え、その施設が作り上げたボランティア制度を不快に思うようになった。

　この例は、他の方法では見逃したり積極的に認められないような洞察を、内部者としての経験がどのように生み出す助けとなるかを例示している。もし私が、外部者（その水族館と関わりを持たない者）として、ボランティアやボランティアの活動について有給スタッフにインタビューして尋ねたなら、彼らは、ボランティア制度への批判がさらに彼らの仕事を奪うかもしれないと考えて、ボランティアが有給スタッフに作り出す問題について話すのを恐れたかもしれない。もし私が、外部者として水族館のボランティアにインタビューしたなら、彼らは、ボランティア制度が有給スタッフにどのように機能しているかを知らない限り、そこに何の問題も指摘できないだろう。しかも、「ボランティア活動」の文化的に称賛されるべき地位を考えれば、ボランティア**も**労働者も、多くの人びとは、その実践に反対して話すことは難しいと思うかもしれない。

　オートエスノグラフィーはまた、研究者の存在に邪魔されることなく、その人自身の時間のなかで起こる経験であるため、私たちが直接知ることが**できな**い社会的経験への洞察を提供してくれる。たとえば自己開示は、出来事としてそれが起きるところを目撃するのは難しい。レズビアン、ゲイ、トランスジェンダー、バイセクシュアル、クィアであると、親しい友人や家族にカミングアウトするところを観察するのは難しい。日々の差別の事例、他者との人間関係の破綻や解消、患者−医師の非公式で親密な交流、人の人生の最後の瞬間などもそうである。これらの経験は、実験や研究室で再現することはできず、インタビューや調査研究で議論するにはあまりに敏感すぎる。しかし内部者なら、それを生きたときの経験のニュアンスや複雑さ、感情や意味を記述することができる。たとえば、私（キャロリン）のパートナーのジーンが重病になって入院したとき、私は、ジーン、主治医、私の間のプライベートな会話を記録した。これらの会話は、病室の外の廊下や、電話、緊急事態になったときのベッドサイドで起こったもので、その直接性と自発性のゆえに、研究者の目や耳から隠されている[37]。リサ・ティルマンが、彼女の過食症の経験について書いているように、「私は、どんな医師やセラピストにも示すことができない光景を見せ

ることができる。というのも、それ以外は『正常』な生活のただなかで、私は過食症者がいかに**生き、感じているか**を経験しているのだから」[38]。ティルマンは、摂食障害の彼女への／生きられた経験に対する詳細でニュアンスに富んだ洞察を提供している。それは、他の研究方法では、もし可能であるとしてもたやすくは示しえない洞察である。

5. オートエスノグラファーは、文化的な規範や経験、実践を記述し批判的に論じる

　ほとんどのテクストは何らかの知識を生み出すが —— 全ての広告、映画、劇作品、小説は、社会についての洞察を与えてくれる窓である —— 、オートエスノグラファーは**意図的に**個人的な経験を用いて、文化的な規範や経験、実践の**ニュアンスに富んだ、複雑で、総合的な**説明を生み出す。オートエスノグラファーは、これらの説明 ——「厚い記述」[39] —— を提供し、読者が当然のこととしている規範や経験や実践を、新しくユニークで、複雑かつ挑戦的な方法で考えるように励まして、文化的な生活についての**理解**と、さらにはしばしばその**批判**を促す[40]。

　たとえば、私（ステイシー）は養子縁組についての研究と執筆を続けるなかで、養子縁組の物語やその関係性、そして養子縁組そのものが、国際養子縁組で起きている不正を無視し、覆い隠し、沈黙させようとする方法に直面せざるを得なかった。養子縁組関係には祝福すべきところが多々あるけれども、私は、養子縁組やその関係性についての実際や疑問、ニュアンスや複雑さ、そして挑戦について書く責任があると感じた。私はエッセイ「喪失と発見」で、以下のように書いた。

　　あなたは、自分がどのようにしてここに来て、どのようにこうした要求、可能性、贈り物の入り口にたどり着いたのだろうかと考える。あなたは、写真や公認証書や数字や指紋などの文書準備を繰り返しながら、養子縁組の事務手続きを進めた。あなたは、最近のように、養子縁組プログラム規定から外れる年齢を刻んでいるからではなく、心臓や手や心の時計が時を刻むことにあらがって進み続けた。息子と出会い、親となり愛するために備えながら、あなたは、妊婦や養子縁組の母が待ちわびる言葉で頭を満たし、日々を過ごしていた。娘と出会うのに備えて、あなたは、養子となった韓国人の大人が書いた本を読んだ[41]。そして、読んだこ

とに夢中になり、見ることをやめられず、夜も眠れなくなる。あなたは、「より
良い人生」に向けて「きっぱり断ち切り」、養子にできる孤児たちを次々生み出
す探求のなかで、いかに家族やアイデンティティが失われ、破壊されるのかを読
む[42]。結婚したカップルがいかにシングルマザーになるのか、一時の選択がいか
に仕組まれた放棄を生むのか、親のつけた名前がいかに人間の交流を貧弱なもの
にする一般名称となるのか[43]。あなたとは違う人びと、母語を話さない人びと、
あなたの血やあなたとの一体感を共有しない人びとに育てられるため、遙か遠く
の世界から船で送られた人びとは、いかに**感じる**のか。あなたに似ているが所属
しているとは思えない、話しはするがそこの言葉は話せない、感じてはいるが家
族といるようには感じない生まれ故郷に帰ることは、あまりにも徹底的で、決し
て埋められない孤独と切望の裂け目をいかに生み出すのか。孤独と切望が、いか
に国際的な救援や軍事的な支援、経済的発展のために交換される人間の通貨とな
るのか。強迫的に親子関係を望んでいる不妊の白人男女が、いかに、こうした交
換の代価を支払うのか。あなたは自分自身を読む、彼を、彼女を読む。

　そして、あなたは書く。書いて、いつか彼はあなたの言葉を読み、理解するか
もしれない —— 何を？　あなたが**知らなかった**ことを？　愛が喪失を耐えうるも
のとするかもしれないと、あなたが考えていたことを？[44]　彼を愛したのはあな
たが**自ら**の子どもを持てなかったからでなく、彼があなたのものではなく、子ど
もは決して誰かのものではないからであることを。自分の喜びがともかくも彼の
母であることの喜びとなるとも、喪失が彼だけが持つものとも責任とも信じてい
ないことを。これら全て —— 国際養子縁組の痛み、不正義、苦悩、悲しみ —— を
理解していたなら、あなたはその特権的な、暴力的な選択を再考しただろう。た
とえ、不正なシステムに貢献したくないという一人の思いが違いを生むと信じて
いるとしても、あなたの拒否が彼女の人生をどう変えるだろうかと思い巡らすだ
ろう。彼女は断念させられるのだろうか、それとも養子縁組されるのだろうか？
もしあなたが彼の母でないとしたら、誰になるのだろう？　もしあなたが彼女の
母でないなら、いったい誰が、そして何が、あなたの愛で満たされた洞窟を占め
るのだろう？[45]。

批判的エスノグラファーと同様に、オートエスノグラファーは、自らの研究
を「社会的意識と社会的変革」を促進し、「解放のための目標」を支援し、「抑
圧的な」文化的影響に反対するために用いる。ベルナデット・カラフェルが述

べるように、「読者のための共鳴作用、可能性、活性化の空間を創り出し」、文化的生活における彼ら自身の「特権、無力化、説明責任」を認めるために書くのである[46]。

6. オートエスノグラファーは、聴衆からの応答を求める

　オートエスノグラファーは、参加者と読者／聴衆に、アイデンティティ、経験、世界が展開する物語に参加して、これらの経験が示し、述べ、意味しうるものを —— 共に——創造的に考えていくよう招く。彼らは、研究を、社会的に——関係的に——**意識的な**行為として扱い、参加者、読者、聴衆との相互的な関係性を深めようと試みる[47]。相互性とは、物語や経験や資源の交換を意味しない。「受け取ったものにお返しをする」というのは、フィールドワークの関係性のなかでは共通して批判される[48]。そうではなく、オートエスノグラファーは**関係性**と**参加**を通して、多様な聴衆からの相互的な**応答**を求める。人生における肯定的で生産的な関係のように、相互的な関係性は、相互の責任とケアの感覚によって特徴づけられる[49]。

　私（キャロリン）は、ホロコーストのサバイバーであるジェリー・ラウィッキと、ホロコーストの間と後の経験に関する、関係的オートエスノグラフィーのプロジェクトに携わってきた[50]。私たちは、このプロジェクトとアプローチを「協働的な証言」と呼んでいるが、それは、物語の話し手と聞き手とが、経験と意味の再構成において、できうる限り幅広く共有するプロセスである。私は、オートエスノグラファーとして、協働的な証人として、ケアと思いやりのなかでジェリーに耳を傾け、彼のために、彼と共に書いている。「運以上のもの？　ホロコーストを生き残るなかでの運と主体性」というエッセイでは、私は、彼の生き残りにおける主体性を主張することの意味の感覚とそれへの抵抗について省察しながら、この関係的プロセスを例示している。

　　私はジェリーに尋ねる。「あなたは、自分の人生が意味あるものという感覚を
　　持っていましたか？」
　　　「当時、何であれ、意味についてあまり考えませんでした」ジェリーは答える。
　　「壊れた体で、そういった考えが可能だったとは思えません。本当に頭のなかは、
　　生き残ろうという、もう一日を生きようという意志で必死でした。」
　　　「死についてすごく考えましたか？」

「いえ、考えませんでした。少なくとも、よく言う『主のもとに行く』という意味では。死は問題ではありませんでした。生き残ることが問題だったんです。誰も死については言いませんでした。それはあまりに日常的だったので『魅力』を失っていました。死者やさらに悪いものを、餓え、死に瀕している人びとを見ていると、『死後のこと』より人間の苦悩の大きさを考えたのです。」

 … ジェリーが話すことの深みにふれて慄然とし、突然私は理解の新たなレベルを経験する。傷つき泣きながら死にかけている身体の群れのただなかで、生き続けようとしている 14 歳の少年であるジェリーを想像する。もちろん、私はその少年を知らなかったけれども、老人となった彼が話す物語を聞き、それらを語る感情を感じる。ホロコーストの映画やドキュメンタリーや写真を見て、その当時彼がどのような姿だったか、振る舞ったであろうかのイメージを持つことはできる。しかし私は依然、そのように幼いときに、こうした経験を持つことの意味を十分に思いやれたかは疑わしい。私はジェリーに、もう一日を生きることに精一杯の少年であったときを思い起こして、彼の頭や心を何が占めていたのか思い出し、彼の行動を説明するように尋ねることが、いかに難しい質問であったかに気づく。

 … 私は、ジェリーがヒーローとして見られるのを望んでないことを知っている。彼は自分を、与えられた環境でなしうる最善を尽くした普通の男だと考えている … そして、それはまた、敬意を払うべき人物像であり、私はますます彼に敬意を抱いた[51]。

なぜオートエスノグラフィーを行うのか？

オートエスノグラフィーの中心となる理念を理解し会得して、オートエスノグラフィーを行うための上述のアプローチを用いることに加えて、研究者は、**なぜ**オートエスノグラフィーを行いたいのかをよく考えなければならない。オートエスノグラフィーに行き着き用いる理由は研究者それぞれであり多様であるが、いくつか基本的な理由があると考えている。

1. 既存の研究や理論を批判的に評価し、それに貢献し、拡張する
2. 感情を理解し社会生活を改善する方法として、脆弱さを受け入れる
3. タブーを排し、沈黙を破り、失われ無視された声を復活させる

4. 研究を、多様な聴衆が手に取りやすいものにする

以下では、これらの理由について詳述していく。

1. オートエスノグラファーは、既存の研究や理論を批判的に評価し、それに貢献し、拡張する

　エスノグラフィーのプロジェクトは、回顧録や自伝、個人の日記、ブログなどと異なり、**学術的な会話**に寄与しようとする。他の個人的記述形態も学問的な洞察をもたらすかもしれないが、オートエスノグラファーはしばしば、明確な方法で広範な研究や理論に関わる。彼らは、意図的に、既存の研究や理論的会話に貢献し、拡張し、あるいは批判しようと試みる。伝統的な社会科学的記述方法の言語や様式を用いてこれを行うオートエスノグラファーもいる —— つまり、文献レビュー、リサーチクエスチョン、方法、データ、結果という形式を用いて構造化する[52]。彼らがこのような言語と形式を用いるのは、それが多くの学問領域を横断して、学者にわかりやすいからである。

　また、物語、詩、写真、その他の非伝統的ないし実験的な学問的様式と併用して、学問的書き方の伝統に沿うと認められているテクスト内引用や注記などを用いるオートエスノグラファーもいる[53]。私（ステイシー）の仕事では、既存の研究や理論を私の語る物語や経験に関連づける方法として、よく注記を用いる。たとえば、父の脳卒中と、私が同性愛者であると告げた後、父との関係性がどのように変わったかについてのエッセイを取り上げてみよう[54]。本書巻末の第2章の注記にあるように、私は父との経験を、ジュディス・バトラーのアイデンティティの関係性、そして承認を求める（そして与える）ことのリスクと可能性についての著作と会話しながら意味づけている。

　電話で話しているとき、父は、娘と私の、改築した家での暮らしはどうかと尋ねる。私は、「慣れてきたわ」と言う。そして父は、「赤ちゃんはおまえがクィアだと知っているのか？」と、彼の祖母 —— 私の曾祖母 —— の言葉、少なくとも脳卒中になる前には使わなかったであろう言葉を使って言う。
　「ええ、父さん。**赤ちゃん**は7歳で、私がゲイだって知ってるわ。」
　「おまえは**ゲイ**なんかじゃない。おまえは15年間も結婚してたじゃないか。」
　「12年よ。」

「12年だって？」

「結婚していたのは12年間 … まあいいわ。そう、赤ちゃんは私がゲイだって知ってるわ。」こう言ってから、訂正する。「私がクィアだって知ってるわ。」

「ゲイ。クィア。最近おまえが自分をどう呼ぼうともね。母さんも私も知ってるべきだったよ。」

「何を？」

「おまえのことについてね。」

「父さんにどうしてわかるの？　私にはわからないわ —— 自分は誰で何者か、誰を、何を愛してるのか。今もわからない。」

「一つ知ってるさ。」

「何？」

「おまえが変わってるってこと。**おまえは、いつだって変わってた。**」

「それで、変わってるってことについて、**父さんは何を知ってるの？**」

父は笑う。「すごくいろいろね。腕輪やバッグや金属やら何もかも？　おまえはおれを見たらいい。モンスターみたいに見えるから。」

「ありがたいことに、父さんは愛すべきモンスターね。」

　父はもう何も言わない。そして私も自分が考えていることを言わない。この私たちのアイデンティティと関係の変化以来、これまでずっとそうだったように、**以前**からそうだったように、私たちがずっと自分たちは誰で何者なのか互いにわかろうとしてきたことを言わない[55]。しかし、私たちがこうした理解を願うとき、互いに**関する**将来を祈願している … 問うなかで、私たちは新しい何かになる[56]。

✳　✳　✳

　さらに、既存の研究や理論に物語や他の美学的な方法によって貢献し、それら全体を拡張しているオートエスノグラファーもいる[57]。私（キャロリン）は、理論的な問いを立てて他の学問的な仕事を参照することなく分析を提供する、短い物語をいくつか書いた。たとえば、「母性的な結びつき」は、病気の母の介護についてのエッセイで、介護を人が互いに抱きうる愛を目覚めさせるプロセスとして示すことで、不毛な活動であるとか負担として描く研究を批判して

いる[58]。同じく、「Lechem Hara（悪いパン）、Lechem Tov（良いパン）」とい
う物語では、寛大な自己犠牲と本能的な生存への欲求との間の葛藤にある人物
を描くことで、ホロコーストについての既存の議論と悪の定義を拡張してい
る[59]。

2. オートエスノグラファーは、感情を理解し社会生活を改善する
　方法として、脆弱さを受け入れる

　オートエスノグラファーとして、私たちは、個人的な経験を用いて文化的な
実践や信念を記述し、理解し、それらに挑戦して、既存の研究と理論に貢献し
ようとしている。私たちはまた、社会的な現象をより良く理解するために、あ
るいは自らの経験について持つ疑問を探求するために、研究を実施する。つま
り、多くの質的研究者と同様に、オートエスノグラファーは「リサーチクエス
チョン」に取り組む。リサーチクエスチョンは時に、「同性愛者であると公表
すること —— そして結果として、そうあり続けること —— は何を意味するの
か」[60]と問うときのように、また「ゲイの人たちは、関わり合いのなかでどの
ように矛盾（パラドクス）を経験しているのか」と問うときのように、明示的
である[61]。しかし時には、「私はどのように、関係性のトラウマや喪失を経験
したか」、「私はどうすれば、読者や聴衆が自身の意味づけのために私の物語や
経験を用いるよう彼らを招くことができるのか」と問うときのように、リサー
チクエスチョンはあまり型に収まらず、明示的でもない[62]。
　オートエスノグラフィーのプロジェクトの目標は、経験についての疑問を問
い、答えることの**脆弱さ**を受け入れることである。そうすることで、私たち研
究者、そして参加者や読者は、それらが生み出す感情や経験を理解できるかも
しれない[63]。「私は、打ちのめされた経験や、自分で組み上げた意味の構築に
挑戦するような経験について書くことが多い」と、私（キャロリン）は、『エ
スノグラフィックな私（*The Ethnographic I*）』に書いた。「私は、自分の世界
がバラバラに壊れるとき、そして、自ら構築した意味が維持できなくなったと
きに書く」[64]。研究や表現におけるこの種の脆弱さを受け入れるとき、私たち
は、自身と共に他の人びととの生活を改善することに関わっている。
　たとえば、私（トニー）は、父との葛藤に満ちた関係について二つのオート
エスノグラフィーのエッセイを公刊した[65]。これらのエッセイで、私は関係的
な視点 —— 関係性に関わる**全て**の人びとは、数え切れぬ不確かなあり方で絶え

ず互いに影響を与えあっていると仮定する視点 —— を用いて、私と父が自分たちの言葉や振る舞いで互いに傷つけあう様を記述した。これらのエッセイを書く前、私は、私たちの問題について父を責めた。しかしながら、オートエスノグラフィーを行いながら —— 自らの経験を省察し、それを、「父」や「息子」であることへの文化的な期待の幾ばくかを理解するために用いるなかで —— 私もまた、私の／彼の／私たちの問題にいかに責任を負っていたかに気づいていくこととなった。私はオートエスノグラフィーを、自分自身について学ぶだけではなく、いかに私たちが**共に**、問題を作り出していたのかを見出すために用いた。

私は、父との関係についての自分の怒り、痛み、混乱を克服するためだけに自分の物語を書きたかったのではない。私は**他の人びと**に、関係性についての彼らの感情を克服する方法を提供したいとも思った。もしこのような目的を持たなかったら、私はこれらのエッセイを公刊する必要はなかっただろう —— ブログや個人的な日記に書くことだってできただろう。私は他の人びとがそれらを、「生きるための備え」[66]、関係の苦しみのなかで「支えとなる」物語として利用できるかもしれないがゆえに、私の物語を出版した[67]。

オートエスノグラファーは、自分のアイデンティティや経験の諸相についての物語 —— しばしば脆弱な物語 —— を語ることによって、「[私たちが]いかに生きてきたかについての批判」に、そしてその結果として「傷つき攻撃される」ことに、あえて自らを曝す[68]。オートエスノグラファーは、他の人びとが耐えているであろう脆弱さ、疑問、不正、沈黙、恥に注意を向けるために、そうした選択をする。オートエスノグラファーは、**目的を持って**、脆弱さを受け入れる[69]。ルース・ベハールが書くように、「脆弱さは、ただ個人的なことなのではない。」「目撃者でもある自分を曝すということは、そうでなければ届きえなかった場所にまで私たちを連れてゆかないではおかない。それは、そうした議論に本質的であるに相違なく、見映えの良い飾りでも、開示のための開示でもない」[70]。

たとえば、私（トニー）の本[71]の第2章と第3章で、私は、過去の男女との性的な経験を、彼らの何人かをいかに欺き操作したかを記しながら、詳細に述べている。私は、隠蔽し、嘘をつき、向こう見ずな行動にふけった物語を述べる（たとえば飲酒運転や、無防備なセックスなど）。私は、私の人生の不幸で混乱した部分 —— 他の人びとから責任を問われる部分 —— を知らせようとした。

なぜなら私は、同性に惹かれる人に起こりうるであろう痛みに満ちた破天荒な経験を記したかったからだ。私が可能な限りありのままに私の経験を示すことで、他の人びとが私の誤りから学び、こうした行いを避けるかもしれない。

　第3章で述べるように、オートエスノグラファーは、何を言うことが重要で公正であり正しいかを考えるだけでなく、関係性や評判、地位、個人の安全に対するどんなリスクを私たちが耐えることができ、耐えるつもりであるかを考えなければならない[72]。タミ・スプライが指摘しているように、個人的記述の空間は、「強烈な個人的・文化的リスク」の一つであり、同時に「深い慰め」の一つでもある。スプライにとって、この個人的空間は、彼女に「個人的に政治的なものを公的に話す」ことを可能にし、「それは解放であり苦しみでもあったが、常に何らか力を与えるものであった」[73]。

3. オートエスノグラファーは、タブーを排し沈黙を破り、
　失われ無視された声を復活させる

　オートエスノグラフィーは、文化的アイデンティティや関係性、経験の特定的で個人的な理解を促進し拡大することに加えて、既存の研究にある経験的な「裂け目」にニュアンスに富んだ個人的視点を付け加え、それを埋めることで、研究者が声を取り戻すことも可能にする[74]。もっと伝統的な研究とは異なり、オートエスノグラフィーは、規範的なナラティヴを拒み、それに抵抗し、覇権的な信念や実践に対峙して書き[75]、文化的経験を**一般論**としてでなく、**固有の生きられた経験**として描く。さらにオートエスノグラファーは、よく研究されていない、隠された、敏感なトピックをめぐる沈黙を破ることで、無視されてきた文化的経験を語り返すためのテクスト空間を生み出し、同時に、他の人びとがこれらの経験の「証人となる」ことを可能にする説明を提供する[76]。

　たとえば、私（トニー）の最近のオートエスノグラフィーの仕事では、カミングアウトが区分可能な要素からなる直線的なプロセスであるという仮定に対抗して書いている[77]。多くの先行する研究とは対照的に、私は、カミングアウトがいかに終わりなきプロセスであり、それぞれの新しい聴衆に左右されるものであり、一度の開示で成し遂げられるようなものでないかを示した。私はまた、同性に惹かれる人間の闘いが、カミングアウトすれば終わるという考えにも反対して書いている。

　ここ数年、私たち3人は、他者の死によって人が経験する悲しみや喪失はや

がて終わるし終わるべきだという考えに反対して書いている[78]。私たちは、悲しみや喪失に対する期待をめぐる沈黙を破り、愛する人を失ってから何年も何十年も経っても、いかにこうした感情が私たちの日常的な経験の多くを占めうるかを示すために書いている。私たちは、悲しみを合理化することも、生と死の特異的で不変な物語を信じることも拒否する。そうではなく、私たちは、死によってなされないものを書き、認識されず言葉にできない悲嘆の事例をつくり、悲嘆の経験がいつ、どのように起こるかを、なぜ他人が明らかにすることができず、またそうすべきでもないかの理由を示している。

4. オートエスノグラファーは、研究を、多様な聴衆に手に取りやすいものにする

　私（トニー）の学位論文のアドバイザーだったアート・ボクナーに、かつてこう尋ねられたことがある。「君は5人の人に読んでもらいたいのか？　それとも5千人に読んでもらいたいのか？」アートの質問は、従来の難解な学術雑誌の論文への真っ向からの批判だった。それらの論文は、棚に納められたり、オンラインで素早く検索されたりするが、人びとの生活に変化を生み出す影響力や潜在力は、入手しやすさ、手に取りやすさが乏しいゆえに失われている。アートの質問で私は、他者を除外したり遠ざけたりするようなしかたで書きたくはないと自覚した。西洋のテクスト中心主義は、他の形式の理解や知識のあり方を考慮に入れることはほとんどないが[79]、学者として、また社会の一員としての私の義務は、できる限り多くの人びとが手に取りやすい著作を生み出し、共有するために最善を尽くすことである。

　グドールは、書き手になるとは「読者を触発することであり、読者を触発するということは、彼らのためでも、彼らの上に立ったり超えたりするのでもなく、彼らとコミュニケーションすることである。そのため私たちは、次世代の学者たちをより良い物語の語り手になるよう訓練する必要がある」[80]と述べている。手に取りやすさ、入手しやすさは、文章を魅力的なものにすること、そして、**心**（感情、経験の感覚的、身体的側面、直観、価値）と**頭**（知性、知識、分析的なもの）に訴えて学問と情緒に架橋するオートエスノグラファーの能力にかかっている[81]。「私たちの物語を学問の外で公共的なものにすることは、私たちが到達する範囲、影響力、能力、聴衆を拡大する」とロビン・ボイローンは書いている。「私は、学問のドアの後ろに隠された（学術雑誌に閉じ込めら

れた）種類の閉ざされたオート／エスノグラフィーは、その仕事の潜在力を限られたものにしてしまうことを学んだ」[82]。

　オートエスノグラファーの多くは、難解で専門用語を多用したテクストを生み出すのではなく、学問畑**でない**聴衆にも語りかける必要性を認識している。彼らは、魅力的で創造的な方法で書くことで、この必要を満たしている。このような技術は、一部の訓練された少数の人びとだけではなく、より多くの人びとに読めるようにするであろうから、研究をより**価値あるもの**にする。

　手に取りやすさのもう一つの側面は、**どのような**自己、アイデンティティ、経験、文化について書くのかという点にある。代表性の低いアイデンティティのカテゴリー（ジェンダー、人種、民族、宗教、階級、セクシュアリティ、年齢、そして能力を含むがそれらだけに限定されない）の人びとは、長らく自らの人生を表現する物語を持てないことを嘆いてきた。作家のチママンダ・アディーチェは、いかなる経験、人びとや文化のグループについても、たった一つの物語を持ちそれを信じることの危険を述べている。ナイジェリアを旅立ってアメリカに留学して、あるルームメイトに出会ったときのことを、アディーチェは次のように書いている。

　　私が衝撃を受けたのはこういうことだ。彼女は私に会う前から、私に同情していたのだ。アフリカ人としての私への基本的態度は、ある種の恩着せがましい、善意の哀れみだった。私のルームメイトは、アフリカについてのただ一つの物語、つまり破局の物語というただ一つの物語を持っていた。この一つの物語のなかでは、いずれにしてもアフリカ人が彼女と同じようになる可能性はまったくなく、哀れみ以上の複雑な感情を持つ可能性はなく、平等な人間としてつながりあう可能性もない[83]。

　たった一つの物語に関わるあれこれの経験から、アディーチェは、こう助言している。「多くの物語こそ重要である。物語は、奪ったり中傷するためにも使われてきたが、力を与え、人間らしくあるためにも使うことができる。物語は、人びとの尊厳を破壊することもできるが、その破壊された尊厳を修復することもできる」[84]。

　手に取りやすさの第三の側面は、物語を語ることの伝統、そして聴衆の言葉の用い方や知識を得る方法を考慮することである。ナラティヴ合理性（第4章

参照）は、物語を語ることは合理的で社会科学的思考に匹敵する方法であるという考え方に立っているが[85]、私たちは、物語を語るには多くの方法があることを認識している。ある物語は直線的であり、西洋の劇の５部構成（導入部、展開部、最高潮（クライマックス）、収束部、終局）に従うが、他の物語は循環的だったり「混沌」としていたりさえする[86]。こうした物語は、非直線的で、非時間的で、反問題解決的な継起を用いる。書き手として、意図する聴衆に対してどの物語**形態**が最も親しみやすく手に取りやすいかを考慮しなければならない[87]。

　手に取りやすさの第四の側面は、オートエスノグラフィーのテクスト中心主義に関わっており、それは、経験とフィールドワークのその瞬間における、体現された、過ぎゆく手触りを軽視するだけでなく、周縁化された他者を萎縮させ、沈黙させ、支配するためにテクストが用いられてきた方法をも無視しようとする。「先住民が、自分たちの文化的歴史を記録した他者による記録に依存することは、敵意を生む」と ケヤン・トマセリは書く。そこには「テクスト的（文化的、言語的、霊的）収奪への疑念」があり、「テクストは解放と征服双方のための手段と見なされるようになる」[88]。「それらへの応答として、オートエスノグラファーのなかには、テクストのみに頼るのではなく、パフォーマンスや音楽、ダンス、ビデオやフィルム、写真などの他の表現と研究成果の表現形態を用いる研究を創造している者もいる」[89]。

　たとえば、黒人のスーダン人難民で、オーストラリアに住み働いているレベッカ・ロングと、アメリカ系オーストラリア人の白人の養子で、クィアである教育学者のアン・ハリスは、自分たちの経験と関係を探究するオートエスノグラフィー映画を製作している。彼らは指摘する。「インターネット、ユーチューブやソーシャルネットワーキングサイトを通して配信される動画は、おそらく今日、最も平等な公共教育的な手段である。それは数百万の人びとに届くことができる。比較的検閲されることもない。それは、資金調達や査読を必要としない … それは、視聴、制作、配信するのに、高度な読み書き能力も、私たち教育者がコンピテンシーと呼ぶものも必要としない」[90]。

　私たちは、オートエスノグラフィーのテクストを作るという実践を放棄しようと提案しているのではない。そうではなく、オートエスノグラファーは自らのテクストの手に取りやすさを考え、自分自身だけでなく、参加者や読者にとって、自分の仕事がどんな価値や利益をもたらすだろうかを問うよう勧めて

いるのである。トマセリは、彼の研究が先住者の参加者にとって持つ価値についてこう書いている。「私たちは、物質的には彼らを助けることができないが、彼らが理解できるスタイルで書き続けること、撮った写真のコピーを返すこと、そして彼らの声が権力の中枢 —— 地方当局、国、学界、開発 NGO など —— に確実に届くようにすることを指摘した」[91]。

❋　❋　❋

　これまで、オートエスノグラフィーの理念、アプローチ、そしてそれを行う理由について個別に論じてきたが、それらは全て相互に関連している。たとえば、沈黙した声や失われた声を取り戻そうとするオートエスノグラフィーは、しばしば、そういう声を沈黙させ置き去りにしてきた学問的会話の文脈のなかで行われる[92]。ほとんどのオートエスノグラフィーは、他者を助け、生活をより良くするために書いており、そして個人の経験を用いることを通して、はっきりと学問の内外の聴衆に届くことを目指している[93]。さらに、多くのオートエスノグラフィーは、著者が痛みや困惑や見通しの持てない経験をくぐり抜けることを可能にした。そしてそういう経験を、著者にとってだけでなく他者にとっても、批判し、変化させていこうという意図を持って書かれることが多い。

　加えて、オートエスノグラフィーは、上述した以外の理由でも魅力がある。たとえば、アンドレアス・フィラレトウとキャサリン・アレンは、オードリー・ロードの詩についての考察（第1章参照）に共感を寄せつつ、オートエスノグラフィーの魅力は、「他のより主流の量的、質的研究方法に比べて低コストである」ことだと論じている。そのため、この方法は「研究資金の乏しい研究機関の研究者には特に魅力的であろう」。こうして、周辺化されたグループに話す余地を生み出してくれる[94]。なんと言っても、誰もが書くための自分の部屋を持っているわけではない[95]。

　まとめると、オートエスノグラフィーの中心となる理念、それをデザインする方法、それに携わる理由は、この方法の挑戦と可能性をよく示している。次章では、オートエスノグラフィーを行うプロセスについて、経験から始めて、研究、フィールドワークへと進み、そしてオートエスノグラファーの倫理と責任について述べる。

第3章
オートエスノグラフィーを行う

autoethnography という単語は、**自己**（auto）、**文化**（ethno）、**書く**（graphy）から成っている。オートエスノグラフィーを行うとき、自己の視点から文化を研究し書く。オートエスノグラフィーを行うとき、私たちは**内側** —— 自らのアイデンティティ、思考、感情、経験を見つめ、そして**外側** —— 自らの関係性、コミュニティ、文化を見つめる[1]。研究者として私たちは読者／聴衆を、同じプロセスを通って行きつ戻りつ、表と裏、内側と外側へ連れ出そうと試みる[2]。

たとえば、私（ステイシー）が養母になろうとしていたとき、私は自分の経験を、研究の過程で出会った人びと、ソーシャルワーカー、医師、公務員、養子縁組をした両親や子どもたち、そして養子をとろうとしている両親などの経験と関連させながら理解したかった。もっと身近なところでは、養子のことを家族に話すときまで、私は祖母が養子であったことを知らなかったのだが、彼女とつながりたいという思いもあった。私の研究の関心と、書いたものがきっかけとなって、祖母の人生に深い影響を与えたものの、いまだ家族の誰にも詳しく話したことがなかった経験について、彼女と話す機会が生まれた[3]。この内側を表出する（inside-out）旅は、私と私の祖母の養子物語を読んだ人びとへ、そして彼ら自身の物語を提供してくれた人びとへと広がっていった[4]。

オートエスノグラフィーのこの内側を表出する軌跡はまた、私たちがどのように研究プロジェクトを始めたかも描いている。しばしば研究プロジェクトは、**私たち** —— 私たちの思考、感情、自己の感覚、世界 —— そして**他の人びと** —— 友人、家族、自身の社会のメンバー、政治的・文化的コミュニティ、そして私たちとは異なる他者 —— の**内側を表出する**出来事と共に始まる。オートエスノグラフィーは、私たちを不確実にし —— 意味の堂々巡りに陥らせ、打ちのめす

——、私たち自身、他者、世界の理解を再整理させる思考、感覚、アイデンティティ、経験から始まる[5]。

　この章では、私たちの内側を表出させることになった経験から始めて、オートエスノグラフィーを行うプロセスを説明する。次に、オートエスノグラフィーによるフィールドワークについて述べ、オートエスノグラフィーのプロジェクトの倫理について考える。フィールドワークで起こったことの意味を私たちがどう解釈するか、どう分析するかを議論して結ぶ。私たちは、オートエスノグラフィーを**行うこと**と、オートエスノグラフィーを**書くこと**とは不可分であると認識しているが、この章では、フィールドを基とする、オートエスノグラフィーの方法論的な考察に焦点をあてる。第4章で、オートエスノグラフィーを書くことと再構成の実践について考える。

あなたがいるところから始め、物語の中にあなた自身を見出す

　オートエスノグラファーは、時に、より十分に、より深く、より意味深く理解したいと思う個人的経験からプロジェクトを始める。第2章で述べたように、そのような経験は時に**エピファニー**であり、それは私たちの（知覚された）人生のコースを大きく形づくる、あるいは変化させる、変化をもたらす瞬間であり、気づきである[6]。エピファニーは、私たちのなかに残る印象、「危機的な出来事が終わった後もおそらく長く」持続する「想起、記憶、イメージ、感情」を生み出す[7]。これらのエピファニーは私たちを立ち止まらせ、省察へと導き、その出来事の前には探究する機会も勇気も持ち得なかったであろう、他者や私たち自身の姿を探究するよう促す。たとえば、私（ステイシー）の祖母の死は、私の人生において決定的な出来事だった。私たちの関係を思い出し記憶するために書くことで、彼女が亡くなるまで、亡くなったがゆえに、考える準備もなく考えることもできなかった他の喪失を考えるようになった。すなわち、二番目の養子をとらないという決断であり、この決断に感じた喪失の感覚である。これらの喪失について書いた文章にあるように、「もし私たちが、実際に、少なくとも悲しみの『背後に一つの喪失』があるなら、打ち続く（そしておそらく終わりのない）悲しみに気づくことが、関係性のなかに存在しているいろいろな喪失を再訪する助けとなりうる」[8]。

また、私（トニー）の元ボーイフレンドのブレットの、おそらく自殺による死が、私に同性愛者であることを隠し、隠し続け、そしてカミングアウトした結末を書くようどのように促したかを考えてみよう[9]。ブレットが死んでから、私は、自分の同性愛者としての初期の経験を考え、また、自らの同性愛的な関心を話さない方がいい、さもなければ友人や家族から無視や嘲りにあい、見捨てられるかもしれないことを学んで、いかにして同性愛者であることを隠すようになったかについて調べ始めた。10代の男性として、私は女性とデートしようと努力し、理想の「妻」を見つけようとした。しかし、自分が同性愛者であり、結婚すれば私自身だけでなく相手の女性をも傷つけるだろうことに気づいたとき、そして、ついに自身がゲイであると考えるのを自分に許したとき、私はエピファニーを経験した。同性愛者としての認識と個人的な受容は、これからどんな人生を歩んでいくかについての考えを大きく変容させた。

　オートエスノグラフィーによる研究プロジェクトに点火するようなエピファニーを受けなかったとしても、もちろん、オートエスノグラフィーの方法を用いることができる。たとえば、デレク・ボーレンは、彼の父との関係を構成する平凡な「美的瞬間」をめぐってオートエスノグラフィーを組み立てている。それらは日々の経験であり、エピファニー的ではないし、「変革的な力を欠くために見過ごされる」[10]かもしれないものである。

　少なくとも、どのようなプロジェクトであっても、今いるところから始めるという、シンプルでありながら深く省察的な作業が求められる。ソイニー・マディソンはこう記している。

　過去と現在のあなたの人生における経験、そして、ユニークな個人としてあなたがどのような存在であるかが、世界についての不可避な疑問や、なぜ物事がそのようにあるのかについての必然的な問題へとあなたを導くだろう。あなた自身の個人的歴史と今まで蓄積してきた知識を尊重すること、そして、あなたを特定の方向や疑問、問題、トピックへと惹きつける直観あるいは本能を尊重すること——なぜ、どのようにして、そうした方向に惹きつけられるのか、あなたは常に正確に知っているわけではないと知ることが重要だ。あなたはあなただけが答えうる疑問を自身に投げかけるべきだ。「私が本当に興味を惹かれるものは何か？私は何について本当にもっと知りたいのか？」「社会に関して、私が最も気になることは何か？」[11]

エピファニーにせよ、美的な瞬間、直観にせよ、私たちは、今いる場所から出発してオートエスノグラフィーのプロジェクトを始める。そこから自分自身を**物語**——私たち自身の物語、自分のトピックや経験についての既存の文章や研究で語られている物語、そして他者が語る物語——のなかに位置づけてゆく。多くの、おそらくはほとんどの研究者はこの作業を同時に行い、内側へ、外側へ、そしてまた内側へと行き来しながら、エピファニー、美的瞬間、直感から、「解釈的コミュニティ」、つまり、同じトピックについて書き、その会話に加わりたいと思う研究者のグループへと移動していく[12]。バッド・グドールは、解釈的コミュニティを探索し、自分のトピックについて他者が書いた研究を読み、その会話に参加する方法を探すこのプロセスを、「研究文献物語」のなかに**手がかりを探す**ことだと説明している[13]。このプロセスでは、**ストーリーライン**——つまり、筋、繰り返される（諸）テーマ、学際的な副産物など——を探索し、物語のなかに、失われた、よく理解されていない、あるいは十全に、あるいは正確に語られていないトピックや経験を見出すことができる始まり、あるいは「裂け目」を探すことになる[14]。

　既存の研究の物語に手がかりや裂け目を探すことに加えて、オートエスノグラファーは、写真、個人の日記、大衆書やブログ、映画、ポッドキャストなど、他の関連する個人や文化のテクストも調べる。オートエスノグラファーは、これらのテクストを用いて、自分の経験や物語が、どのように他者の経験や物語に貢献するか、それらを補完するか、それらと対比されるかを確かめる。たとえば、ラガン・フォックスは、高校時代の様々な「学校資料」——高校の建物配置図、指導教師名簿、成績表、卒業写真アルバムなど——に当たり、同性愛嫌悪的な教育制度が、いかに同性愛者のアイデンティティを作り出し、持続させ、変貌させることに影響を与えるかを示している。フォックスはこの研究を「自己考古学」と呼び、これらの資料と彼の個人的経験を組み合わせて用いることを、「一人の同性愛者のアイデンティティが高校においていかにパフォーマンス的に演じられたか」を示す「考古学的な発掘」に喩えている[15]。

　オートエスノグラファーが自らの声を継続する会話に加えるのは、ここ、既存の物語——研究、資料、テクスト、映画、本、ブログなど——の空間においてである。オートエスノグラファーはここにおいて、手がかりを追い求め、裂け目に架橋し、不確かで不満足な文化的説明を修正するために、フィールドワークを開始する。

オートエスノグラフィーによるフィールドワークを行う

エスノグラファーと同じく、オートエスノグラファーは文化を研究する。彼らはしばしば、集団や自分自身をより良く理解することを目的として、集団的で関係的な実践や共通の価値や信念、人びとのグループで共有された経験などに焦点をあてる[16]。エスノグラファーのように、オートエスノグラファーも、実証的な（観察と経験に基づいた）**フィールドワーク**の方法を用いて、「地に足が着いた、物事の豊かな厚みにおいて」文化を研究する[17]。エスノグラファーのように、オートエスノグラファーも、「フィールド」を定め、そこへのアクセスを得るまで、フィールドワークを始めることはできない。時にフィールドとは、とりとめもなく関係的であり、物理的な空間というよりも、言語と相互作用によって構成されていたり支配されていたりする[18]。また別なときには、フィールドは、文化的な他者と出会う場所、現場、機会であるかもしれない[19]。

接触する

フィールドにアクセスするには、他者と接触し、日々の生活のなかで彼らと話し行動を共にする許可を得[20]、そして自分自身の経験と並行して、またそれと対照させながら、彼らの経験を表現する必要がある。フィールドにアクセスすることは、あなたの研究の方向づけとプロジェクトの目標を自分自身が知り、他者にも知らせるということを意味する。「日常生活においてフィールドワーカーであるということは、周囲の社会的パターンに注意を払い、自身の行動を分析し、行った観察と聞いた言葉をつなぎ合わせて統合するということを意味している」とシェリル・クラインマンは書いている。「**フェミニスト**のフィールドワーカーであるということは、私が性差別的なプログラムを生き抜く術を含む、様々な不平等（人種、階級、ジェンダー、性的指向、能力、年齢、その他における）の微妙さに関与するということを意味している」[21]。

マディソンは他者と連絡をとる努力を、「あなたが誰で、何をするつもりなのか、そしてそのプロセスで「参加者の」役割はどんなものになるか」を平易に詳しく書いた**計画書**を作成することから始めるよう推奨している[22]。この計画書は、あなたのプロジェクトにとって「中心となる人びと」に向けたもので、

あなたのプロジェクトへのガイドとして役立つよう、できる限り、以下の質問に答えるべきである。

- **あなたは何者か？**

  この質問に答えることは、あなたの個人的な背景、後援する研究機関／所属団体、その他、何であれ参加者があなたと共に仕事をするにあたって知っておく必要があると考える、あなたの文化的、民族的、個人的アイデンティティに関する情報の詳細を公開することである。

- **あなたは、何をしているのか、そしてなぜそれをしているのか？**

  この質問に答えることは、あなたが何のためにこのフィールドに来たのか（つまり、ここでのテーマ、場所、機会など）についての個人的物語と、このフィールドを調査するために用いる方法、このプロジェクトで何を成し遂げたいのかを述べることである。

- **あなたは、どのように研究の場所／機会／参加者を選んだのか？**

  この質問に答えることは、あなたがどのようにしてこのテーマ、場所、機会、そして参加者のグループ（たとえば、個人の推薦、イベントの広告、因果関係のある出会いなど）に至ったのかを開示することである。

- **あなたは、どれくらいの頻度で、またどれくらいの期間、この「フィールド」に来るのか／滞在するのか？**

  この質問に答えることは、どれくらい長く、そしてどれくらいの頻度で、イベントに参加したいのか、他者を観察したいのか、インタビューを実施したいのかを詳しく述べることである。

- **あなたは、自らのプロジェクトの「結果」について何をするつもりか？**

  この質問に答えることは、あなたの集める物語、情報、経験がとるであろう形式、それらの情報の共有のしかた、それら情報の予想される聴衆について述べることである。

- **あなたの研究は参加者にどのような利益をもたらすか、あるいは危険をもたらすか？**

  この質問に答えることは、あなたの存在が参加者の経験にどう影響を与えると考えているか、あなたのプロジェクトがいかに彼らの生活に貢献し豊かにするか、あなたとやりとりしあなたに開示することがどう参加者に悪影響を与えるか、加えて、そのようなリスクや悪影響を和らげるために何

をしようと計画しているかについて述べることである。

- **あなたは、研究場所、機会、参加者の秘密保持、必要であれば匿名性を保護するために、どのような努力をするか、そして、プロジェクトを実施する許可を参加者からどのように求めるのか？**

  これらの質問に答えることは、研究の公開（表現）において、どのようにアイデンティティ、細部、出来事を削除、変更、保護するか、また、参加者の言葉、行動、経験を書き、記録し、表現する参加者の許可を得るための方法と仕組みを、詳しく説明することである[23]。

　計画書は、私たちにとって新しい、あるいはあまり馴染みのない文化で**参与観察者**となる場合に役立つ。しかしながら、アクセスや責任の問題は、私たちがある文化のメンバー ── 内部者 ── である場合にも重要である。たとえば、私（トニー）は自分をゲイとして自覚した経験を持つため、レズビアンやゲイ、バイセクシュアル、そしてクィア（LGBQ）を自認する人びとから、セクシュアリティを開示する経験について尋ねられたりアドバイスを求められたりして、非公式で突然の数多くの交流に容易にアクセスできる。いつ誰が、秘匿やカミングアウトや同性に惹かれることの個人的な葛藤について話してくるかわからない。なぜなら私は、「彼らの一人」なので ── つまり、ゲイの男であり、「内部者」だと受け取られているので ── 、彼らは、秘密やカミングアウトのジレンマを私と共有しても安全だと感じ、私が彼らをあざ笑ったり、他の人に漏らしたりしないと信頼しているのだと推測している。それでも、この計画書の質問を通して考えることで、これらの突然の開示の間や後におけるプライバシーと秘密保持の問題に焦点をあてることができた。

　コミュニティやフィールドの場、場面によっては、内部者、あるいは信頼でき安全だと認識されていない研究者を受け入れない場合がある。そういう場としては、個人的な治療場面、AA のような匿名の支援グループ、クー・クラックス・クランのようなヘイトグループ、医師−患者のやりとり、不法滞在者、そして周縁的で逸脱的欲望を持つグループなどがある[24]。オートエスノグラファーがこのようなグループを研究したい場合、これらの個人的で時に脆弱な人びとに近づくための案内人を持つことが、必要であり重要である。この章の後半で、フィールドワークの倫理の問題に立ち戻る。

他者と話をする

　グドールは、フィールドワークとは「社会的世界の渦と混沌に自身を適応させることである」と書いている[25]。現場に入り、「他者と一緒に行動を共にし」、彼らと話し、「彼らの日々の実践を共有し学ぶこと」は、オートエスノグラフィーのフィールドワークの最初の、また最も価値ある瞬間である[26]。さらに、人びととの非公式な会話は、アイデンティティ、経験、文化への、ユニークな洞察を研究者に与えることができる。たとえば、私（トニー）のLGBQの人びととの非公式で意図しない会話は、カミングアウトへの「予定外の」「驚かされる」[27]経験を垣間見せてくれ、それは「人生そのもの」、つまり「日々の出会い」の世界に立ち会わせてくれる[28]。これらの会話を意味あるものとして扱うことによって、私は「インタビューの深い雰囲気」を感じつつ、「研究の文脈の**外**の人びととの生活」を探索していくのである[29]。

　あなたがこのような会話をするときには、重要な細部を記録する瞬間において、あるいはまた後に、フィールドノーツにそこでのやり取りを詳述する際にも、それらのことに留意しなくてはいけない（これについては第4章で議論する）。また、話された言葉を記録するだけでなく、ためらいや沈黙の瞬間、声のトーンや揺らぎ、強調のパターン、表情やジェスチャー、喚起されたイメージ、動き、そして話者の体の構えなどを確実に記録するようにする[30]。また、あなたが自分自身の関心、経験、研究課題などを脇に置いて、話し手にとって話しやすいようにすることができれば、話し手の語ることや語られている物語や経験に対して、より鋭敏に**耳を傾ける**ことができるだろう。

声に出して聞く

　デラ・ポロックは、オーラルヒストリーと記憶と想起の交錯について幅広く研究している、パフォーマンスとカルチュラルスタディーズの学者であるが、プロジェクトの参加者と共に用いる「声に出して聞く（listening out loud）」と呼ぶ物語を共有するプロセスについて述べている[31]。聞くこと、話すこと、そして再び話すことに焦点をあてるこのアプローチは、オートエスノグラファーにとっても有用である。このアプローチは、参加者が、ペンや紙やその他の記

録音具を用いずに会話することによって、互いのアイデンティティや生き方や経験を学びあうことから始まる。道具を用いることなく、参加者は、「耳という技術のみ」を使い、「体と体で、心と心で聴く」。つまり彼らは、「他者の物語」を「吸収」して、互いについて何かを学ぼうとする。そして、一人称の声（「私」）を用いて「私が聞いたのは ･･･ 」という言葉から始めて、参加者に互いの物語を語り直すように促す[32]。語り直す目的は、その物語を「正しく」捉えることでも、話し手が言ったことを真似ることでもなく、その代わりに、「私たち自身の身体へと、そして再度、パフォーマンスをやり直すことを通して他者へと、他者の記憶」を織り込んでいくことであり、また、人と物語とがいかにつながり、区別され、親しいものとなり、誤解されるかを受け入れることにある。言い換えれば、語り直すことは、物語とそれを語ることの、裏返しの動きを体現している。ポロックは、このプロセスはしばしば「困難なレッスン」になると言っている。

> ･･･ 物語は、それが語られるまで物語ではない。それは、聞かれるまでは語られない。ひとたび聞かれれば、それは変化する ･･･ あなたの物語を語ることで私がなる「私」は、── **どんな類いの完全あるいは十全な意味においても** ── **あなたのことを知らず、知ることができない私**であり、再現の限界を学び ── そして、それらの限界のうちに現れる自己を楽しみ、思い出し始める ･･･ [33]。

　会話のなかで他者と話し、声に出して聞くことは、インタビューも含めて、より長く、より発展した交流へと導きうるプロセスである。

他の人びとにインタビューする

　オートエスノグラファーは、様々なタイプのインタビューを用いる。個人的視点から社会的、歴史的、政治的な経験や出来事を詳述する**オーラルヒストリー**、参加者がアイデンティティ、出来事、経験についての個人的省察を提供する**パーソナルナラティヴ**、参加者が特定のテーマや問題、プロセスを論評する**主題的インタビュー**など様々ある[34]。これらのインタビューのタイプは、実際には重なりあっている。
　これらのインタビューの前や間に、オートエスノグラファーは、多様な技術

を用いることができる。たとえば、研究者中心の方式は、ジェイムズ・スプラ
ドリーの「発展的研究手順法」のように、インタビュー参加者を選び、予め決
められた質問をする、体系的で逐次的なプロセスを採用する[35]。もっと協働的
で、参加者が多様な相互作用に関わることを選ぶオートエスノグラファーもい
る。そうした相互作用には以下のようなものがあるが、これらに限られるわけ
ではない。

- **創発的インタビュー**
  非公式な相互作用からより構造化された質問と応答のセッションにつな
  がったり、あるいは、インタビュアーが参加者と共に彼らの日常の環境や
  文脈を訪れて、それらが起きる時の経験や実践や知覚について会話したり
  尋ねたりする[36]。
- **感覚に基づくインタビュー**
  研究者と参加者は、感覚的な経験、環境、隠喩、記憶に焦点をあてる[37]。
- **参加型写真**（またはフォトボイス）**インタビュー**
  参加者に、自分のアイデンティティや経験、文化、生活のなかの他の側面
  の写真を提供したり撮ったりするように求める。これらの写真の意味や重
  要性について、研究者と共に協働的に議論する[38]。
- **相互作用的インタビュー**
  研究者と参加者が、個人的／文化的経験を共有し、彼らの関係性の文脈で、
  それぞれの物語を語る（そして、おそらく書く）[39]。

　インタビューは、私たちの個人的な経験やエピファニー、直観を他者のそれ
らに結びつける方法である。時に、これらの結びつきは私たちの経験を確認す
ることになる。あるいは時に、インタビューでの会話は、私たちの経験と矛盾
したり対立したりもする。いずれの場合も、他者と話し、他者に耳を傾けるこ
とから得られる洞察は、私たち自身の物語を深め、複雑なものにすることがで
きる。たとえば、アミール・マルヴァスティは、アメリカで中東系の人間とし
て生活し存在することは何を意味するかについて、人びとにインタビューし
た。彼は、インタビューを彼の経験で補足しつつ、何人かのインタビューイー
が言ったことにどのように同調したりいらだったりしたかを示している。「私
の元々の意図は、9月11日の余波のなかでいかに中東系米国人が［スティグマ

を〕切り抜けるかを示すために、自分の個人的経験だけでなくインタビューを利用することだった。」マルヴァスティは次のように書いている。

　最初の原稿を書いているとき、私は、イラン人の友人アフマドと昼食を共にしながら、「中東系米国人のスティグマ管理方略」という論文を書いていると話した。彼は頷き … 少し間をおいて尋ねた。「なぜスティグマなんだ？　スティグマってなんだい？」
　　私は、彼が明白なことを理解できていないのに少し驚いた。私は説明した。「9月11日の後、中東から来ている人びと、特にイスラム教徒は、疑惑の目で見られ、民族的特徴づけの対象になっている。これが、スティグマを着せられる理由だよ。」
　　彼は、淡々とした調子で答えた。「いつもじゃないよ。君とここに座り、大学のカフェテリアで話しているとき、私はスティグマなんて感じないよ。」[40]

　私たちの物語を拡張し複雑にするインタビューにおいて経験を話し、共有することで、オートエスノグラファーは、フィールドワークやそれを記述する際に、参加者と協働できるようになることがある。オートエスノグラファーが用いることができる協働の一つのタイプが、「協働的な証言」である。

協働的な証言

　私（キャロリン）は、ホロコーストのサバイバーであるジェリー・ラウィッキと、5年間仕事をした。私たちは、自分たちのプロセスを「協働的な証言」と呼んでいるが、これは、サバイバーと研究者が「物語の共同の語り手」になる一種の研究関係である。それは、意味を理解するために、彼らの物語を協働的に記述し議論するし、また知識を生み出すために挑戦し、親密で気遣いのある関係で結びついている[41]。協働的な証言、とりわけトラウマとなる経験についてのそれは、語り手と「共にいる」ことを求められる[42]。それは、**共**に生きるだけでなく、物語の**なかで**私たちが語り、他者から聞くことが求められる[43]。ジェリーとともに、私は、単に聞き手であるだけでなく、共同の語り手であろうとした。それは、彼の視野のなかに私を置いて感情移入し[44]、彼の物語に共鳴し、彼の感情やニュアンスを感じ[45]、そして、なぜどうして、彼の物語が私

たちにとって重要なのかを学ぶべく、私は可能な限りのことをしなければならないということだった。私は、まるで私が彼の物語のなかの人間であるかのように、ジェリーと共にオートエスノグラフィーを行い、書くことに心を傾けた[46]。このような仕事は、上に述べたフィールドワークのプロセスや技術のそれぞれと同様に、他者とオートエスノグラフィー研究を行う倫理への注意深い配慮が求められる。

オートエスノグラフィーを倫理的に行う

　以前、私（トニー）が書いたように、「自分自身を書くことは常に他者を書くことを含んでいる」[47]。オートエスノグラファー、すなわち自己／個人的経験について書く研究者は、それゆえに、倫理的な配慮を研究の中心に据えなければならない[48]。オートエスノグラフィーは、必ずしも常に施設内審査委員会（IRB）と認可プロセスの範疇に収まるわけではないかもしれないが[49]、研究者は、人間対象者保護のためのアメリカ委員会のベルモントレポートに示された、研究実施のためのガイドラインと基本的倫理原則を遵守しなければならない[50]。これらのガイドラインには、以下のことが含まれている。

- **人格の尊重**
  研究参加者を自律的な人格として扱わねばならず、研究プロジェクトへの同意を得ると共に、自律性の低下した人には、研究に参加する彼らの保護者からの同意を求めることを含め、その保護を提供しなければならない。
- **恩恵**
  参加者のアイデンティティを保護することを含んで、危害を加えることなく、参加者にとっての研究の可能な利益を最大限にすることによって、参加者の福祉を確保するようにしなければならない。
- **正義**
  研究の利益と負担の公平な分配が確保されるようにしなければならない。

　しかしながら、個人的な経験を使用し書くことは、不可避的に家族や友人、配偶者、同僚、隣人、他の知人を巻き込むのであって、人格への尊重、恩恵、そして正義の倫理的な基準を認識し満たすことは、常に簡単というわけではな

い。そのため、これらの基本的な倫理的原則やガイドラインに加えて、オートエスノグラファーは、同意を求め、リスクを最小化して利益を最大化し、参加者を守るための考慮事項を開発してきた。それには、プロセス・コンセント、帰結の倫理、参加者のプライバシーとアイデンティティを守ることなどがある。

プロセス・コンセント

「プロセス・コンセント」は、研究プロジェクトからフィールドワーク、オートエスノグラフィーのテクストの起草と共有まで、プロジェクトの**それぞれの段階**で研究者が参加者に確かめ、参加者が**引き続き**プロジェクトに参加する意思を持っていることを確認することを指す。プロセス・コンセントは、同意をダイナミックで進行中のものとして捉え、プロジェクト全体を通じて持続し、参加者にとって理解しやすく快適な形式と文脈で行われるものである。換言すれば、オートエスノグラファーは、文書による同意が同意について議論し同意を得るための最も適切な方法であるとか、唯一の方法であると見なしてはならない[51]。

　たとえば、私（キャロリン）のジェリーとの仕事では、私は常に、サバイバーとしてホロコーストの経験について私と話す意思があるのか、話すことができるのかを確認する。私はまた、そうした経験を論じることが彼にどう影響するかをはっきりと自覚してもいる。より深いトラウマを刺激しないように、私は会話を注意深く監視し、いつ質問をしても大丈夫か、いつ沈黙を保ち応答を待つことが重要か、そしていつトピックを変えるのが最善かに鋭敏であろうと努める。私は彼の人生の状況も注視している。なぜなら、あるときに話しても大丈夫でも、他のときにはそうとは限らないからだ。たとえば、ジェリーの妻が亡くなろうとしていたとき、私は彼に、トレブリンカ強制収容所での彼の母と姉妹の死について尋ねようとは思わなかった。そして私は、私たちの仕事が彼の家族にどう読まれるだろうか、他のサバイバーたちにどう影響を与え、受け取られるだろうかについて考えた。この研究における私の指導原理は、ジェリーや他のサバイバーの人生に害を与えず、何らかの好影響を与えることである[52]。

帰結の倫理

オートエスノグラファーは、キム・エサリントンが「帰結の倫理（ethics of consequences）」と呼ぶものにも配慮しなければならない。すなわち、研究に参加することの肯定的・否定的理由を説明することであり、研究者と参加者の間に必然的に存在する力関係の差異と目標の差異を認識し、最小化するよう努力することである[53]。たとえば、ジェリーとの私（キャロリン）の仕事では、互いの異なる聴衆と目標に取り組まねばならなかった。

> … 最初に私（キャロリン）が聴衆として想定していたのは、ホロコーストの学者たちだった。私は、[ホロコーストで他の人びとが死んでいくなかで、なぜジェリーが生き残ったのかを説明するナラティヴとしての]「幸運」を脱構築し、幸運という説明を支える主体のあり方を示そうとした … 私は、ジェリーがしたように唯一の説明として幸運に頼ることは、ホロコーストの間、受動的で抵抗に失敗したユダヤ人という根拠のないステレオタイプを強化する結果になると思った。こうして私は、彼が生き残ったのは単に幸運によるものだったという彼の強い確信を変えよう、彼を説得しようとしていたのだった。
>
> ジェリーはこのプロジェクトの研究的側面の価値を認めてはいたが、彼の聴衆は、彼の物語の出版を励ます家族や、彼の物語をより若い世代に手渡すであろう一般読者、そして彼の経験に個人的に反応するであろう他のサバイバーたちだった。このような聴衆の多くは、幸運や主体性の議論よりもジェリーの経験の物語に興味を持っている。また、ジェリーは、ホロコーストで殺された彼の親戚たちの声に呼応していた … 彼は、何の気取りもなく自分を提示し、自らのサバイバルに褒められることなど何もないということにこだわった。彼は、自分が、死んだ人びとが持ち得なかった特別な技能や力を持っていたと受け取られないように注意を払った。「それは間違いでしょう」彼は言った。「単純に、間違いです …」[54]

参加者のプライバシーとアイデンティティを保護する

オートエスノグラフィーを行う全プロセスを通して参加者の同意を得、研究

62

による他者へのリスクを最小化して利益を最大化するよう努めることに加えて、オートエスノグラファーは、参加者のプライバシーとアイデンティティを保護するための戦略を開発しなければならない。私たちの洞察は自分の経験に基づいているにしても、私たちの回想、説明、解釈は他者を当惑させ、害し、露出させるかもしれない[55]。

たとえば、私（キャロリン）は、年老いた母の介護について書いた文章を出版する前に、母と共有しなかったことで感じた当惑について書いたことがある[56]。学生に、母の反応について聞かれたときも、母にそのエッセイを見せなかったと言いながら気まずく感じていた。私にはそれなりの理由があった。私たちの関係性を守りたいと思い、彼女の衰えつつある状態の記述のいくつかが、彼女を動揺させないよう願っていたからだが、そうした理由は倫理的に疑わしく感じられた。最終的に、私はそのエッセイを、他の人びとの介護について書いた二番目の物語と一緒に、母に読んで聞かせた[57]。私のアプローチは矛盾のないものではなかったが —— 私は、いくつかの箇所を飛ばして読み、それから、母が自分で読めるように印刷したエッセイを置いてきた —— 彼女は、私が書いたものを喜んだようで、他の家族にも見せたがった。彼女の人生と私たちの関係に焦点をあてたこと、私自身と彼女、そして私たちを理解したいという私の願い、そのプロセスで彼女に注いだ配慮は、彼女が亡くなるまで私たちの間で育まれ続けた強い愛に寄与したと思う[58]。

キャロリンは、最後には、自身のオートエスノグラフィーの再現を母に読み、話すことができたが、私（ステイシー）は、養子縁組についての仕事を、亡くなる前に祖母と共有することができなかった。そのうえ、今私は、養子縁組について書き始めた頃には赤ん坊だった22歳の子どもと、この仕事を共有し話すことができるだけである。養子縁組に対する見方は私自身のものではあるが、その仕事を祖母と共有できないのは、彼女が家族の他の誰よりも、この著作の支持的で注意深い批判的な読者だったので、とりわけつらいものである。私は、彼女のコメントがあれば、より良いものになっていただろうとわかる。私は、自分の子どもについて何を明らかにするかについてよくよく考えていたし、今も考えているが、私の仕事がインターネットで閲覧でき[59]、それに学校の友人たちがアクセスするかもしれず、困惑させられる原因になるかもしれない可能性について、最近難しい話し合いをしている。

プロジェクトの概要、プレゼンテーション、パフォーマンス、文章表現のな

かに名前、ジェンダー、人種／民族、年齢、役割や肩書、その他の参加者の特徴を特定するものの詳細を含めるなら、他者が参加者を特定できるだろうことを意味している[60]。人物、出来事、研究の場所に関するこのような情報を開示することは、他者に害を与えるかもしれない。たとえば、文脈によっては、レズビアン、ゲイ、バイセクシュアル、トランスジェンダー、クィア（LGBTQ）をカミングアウトすることは、依然問題の多い行為でありうる。仕事をクビになるかもしれないし、家族から排除されるかもしれないし、言葉で虐待されたり身体的に傷つけられるかもしれない[61]。そのため、私（トニー）は、他者のカミングアウトの経験を含めるときは、しばしば彼らのアイデンティティを厳重に隠すようにする。参加者の名前だけでなく、いかに、どこで会話が起こったか、その参加者の年齢、そして他の特定可能な特徴を変えるようにしている。

さらに、私（トニー）はかつて、海外の学生とアメリカにおける彼らの経験に関するオートエスノグラフィー研究を行う学生に、アドバイスしたことがある。その女子学生は、プロジェクトの間に、参加者の違法な娯楽的薬物使用に遭遇した[62]。その結果、これらの参加者 —— 私たちのキャンパスの学生たち —— は、研究のなかで特定されれば、学校当局あるいは法執行機関による処罰を受けかねなかった。その学生の論文では、合成されたキャラクターを通して、そして海外の学生たちの経験から一つの一般的な物語を作り出すことによって、参加者のアイデンティティがわからなくなるよう最大限の注意を払った[63]。彼女は、いかなる読者にとっても、不可能とは言えないまでも、個々の学生を特定するのが難しいようにした。

手続き的な倫理（IRB審査、研究参加者への尊重、利益、正義を保障するその他のプロセス）と状況的な倫理（プロジェクトの進行に伴って他者と倫理的に関わるためのプロセス）に加えて、オートエスノグラファーは、研究プロジェクトにおいて、関係性の倫理にも注意を払わなければならない[64]。

関係性の倫理

私（キャロリン）が別のところでも書いたように、関係性の倫理は「研究者と研究される者、また研究者と彼らが生活し働いているコミュニティとの間の相互尊重、尊厳、つながり」を認識し、それらを尊重する。関係性の倫理を認識することは、研究者として、「心の底から他者との対人的つながりを認めて」

行動することを意味している[65]。研究者が関係性の倫理を実践するために用いるアプローチの一つが、「方法としての友情」である[66]。方法としての友情は、研究者に、参加者との関係を友情と同等にアプローチするよう求める。たとえば、以下のようにである。

- 参加者に寄り添い、参加者の時間や財産や感情に対して不適切な要求をしないなど、関係性を最優先する
- 適切な手段で関係性を育み、関係性に合わせて交流のパターンを変えることを厭わない
- 関係性と研究のプロセス／プロジェクトにおいて起こりうる葛藤に明示的に対処する
- 友情の要請と研究の要請を**共**に満たす方法で、秘密保持、忠実性、批判性の課題を認識する
- 研究が完了するかもはや継続不可能となった後も、関係性を維持する[67]

　方法としての友情においては、「フィールドから離れることはない」[68]。他の研究志向と同様に、方法としての友情は、研究者であると同時に友人として吟味されること、研究と友情という複数の要請を調整する困難さなど、限界とリスクがある。研究者はまた、方法としての友情研究へのIRBの認可を得ることや、どの時、文脈、トピックが研究にふさわしいかを決めるという困難に出会うかもしれない。方法としての友情は、オートエスノグラフィーのプロジェクトにおいて生じうる倫理的ジレンマの**全て**に応えるものではないが、参加者をケアし、尊重し、正しいことを行うためにデザインされた関係的に倫理的なアプローチである。オートエスノグラフィーを行うための関係的に倫理的なアプローチには、他にも以下のようなものがある。

- 回想、フィールドノーツ、プレゼンテーションやパフォーマンスのテクスト、文章表現を参加者と共有し、参加者がそれらを読み、コメントできるようにする[69]。
- 参加者のアイデンティティを不明確にしてプライバシーを尊重するために、合成されたキャラクターや架空のナラティヴ、三人称やその他距離を置く、または抽象化する書き方を用いた表現を生み出す[70]。

• 他の研究者、そして参加者と協働して研究を行い、表現を記述する[71]。

　これまで、オートエスノグラフィーにおける倫理に関する議論は、親しい人びと、参加者、協働者やコミュニティとの研究者としての関係性が中心にあった。研究において出会う人びとに倫理的なあり方で対応するとき、私たちは、自分自身をどのようにケアし、尊重し、自身に正しいことを行うかということもまた考えなければならない。

自分をケアする

　オートエスノグラフィーは自らをケアする方法である。私たちはしばしば自分自身のために何かを解決しようと書くが、そうするとき、自分自身をどのようにケアするか、また、他者との緊張や対立をどのように経験しているかを考慮しなくてはならない。時には、先ほどのステイシーの祖母の例のように、他者を含む私たちの物語を共有する彼らの同意を得る機会を持てないかもしれない。また、他者と自分の個人的な経験についての物語を共有することが可能でも、安全でもないと考える場合もあるだろう。たとえば、シェリー・カーターの例を考えてみよう。彼女は、自身の安全を危惧し、プライバシーとアイデンティティを守りたいと思い、結果として、仮名を用いて自らの虐待についての論文を書いた[72]。あるいは、「母なるものとのつながり」のごく一部だけを母親と共有した、私（キャロリン）の例を考えてみよう[73]。あるいは、キャロリンのクラスの学生の事例のように、自分の物語を共有する必要性は自身自身や他者をケアする責任に勝るものでは**ない**、と決断した場合を考えてみよう。その学生は、きょうだいからの虐待についての物語を書いたが、最終的には公刊しないことを選んだ。公刊すれば、きょうだいや彼らとの関係に害を及ぼすかもしれないと考えたからである。これらの事例において、オートエスノグラファーは、癒やしや乗り越えて前に進む必要性と、自分自身と彼らとの関係性、他者のプライバシーへの配慮とのバランスをとらなければならない。

　自分の研究を書いて出版することがなすべき適切な方法であると、どのように判断すればいいのだろうか。いつ、どのように自分の研究を共有するかを決める、単一の、あるいは規範的な一連のルールはない。それぞれの事例はそれぞれに検討しなければならない。そして研究者は、そのプロジェクトの目標と

潜在的な影響の両方を考慮しなければならない。さらに私たちは、これらの問題について他の研究者たちと議論し、他者によって書かれた倫理的配慮に関する記述を参照すべきである[74]。このプロセスで役立つアプローチは、「特定の事例から指針となる原理へと、何度も何度も立ち戻る」ことである[75]。この内側を表出するプロセスは、私（キャロリン）が、パートナーだったジーン（彼は、肺気腫との闘病の後に亡くなった）との関係を書いた本『最後の交渉（*Final Negotiations*）』で、何を話し何を省くかを決める助けとなった。私は、「語ることの制約と回復への可能性の間で、ジーンへの忠実性と彼の死後に私がなりうる最善の自己を生み出すこととの間で、行ったり来たり」し、「可能な限りジーンとの暗黙の個人的信頼を尊重しながら、自分にとって語るべきことを考えた」[76]。

　これらの例が示すように、オートエスノグラフィーを行うことは、個人的・職業的なリスクや脆弱性を生み出しうる。このようなリスクや脆弱性は、参加者や読者／聴衆が、オートエスノグラファーの個人的／文化的経験の再現にどう**応答するか**にも感じられるものである[77]。オートエスノグラフィーでは自身のアイデンティティ、経験、関係性、コミュニティを検討するよう求められるため、オートエスノグラフィーを行う**個人的な**リスクが重大になりえるのである。

　オートエスノグラフィーのプロジェクトによっては、再度トラウマ的な出来事や経験を思い起こさせるよう促され、これらの経験を再訪して思考や感情や行動を乗り越えられなかったり適切に対処できなかったりして、再び不安に陥ることがあるかもしれない。たとえば、エイプリル・チャタム－カーペンターは、（過去の）無食欲症の経験を書くことで、その疾患に引き戻されてしまったことを率直に書いている。彼女はこう記す。

　そしていきなり、一見まったく突然に、私は、再び細くなりたい、本当にそうなりたいという思いにぐるぐるととりつかれ、そのためには何でもしようと思い始めた。私は、自分がしていることに気づいていたが、その誘惑が頭から離れなかった。「実行に移さなければ大丈夫だ」と、自分に言い聞かせた。どうすればこの研究に害されずに、この研究を続けられるだろうか。このまま無食欲症に焦点をあてて研究を続けても、またかつての道をたどることにならないようにするにはどうしたらいいのだろうか[78]。

チャタム－カーペンターは、摂食障害を持つ当事者の経験についての率直で正直な説明は、この病と闘っている多くの人びとに潜在的な利益があると考え、このプロジェクトを継続した。彼女は、自身の安全を確保する規律ある努力と、彼女の説明が誰かの役に立つという信念に基づいて、彼女のオートエスノグラフィーを完成させた[79]。

　ソフィー・タマスは、痛みと喪失について書くことの可能性と利益について、もっと相反する気持ちを持っていた。混乱した、終わりのないトラウマの出来事を「きれいで」「道理にかなった」「読みやすい喪失の説明」として提示する作家は、トラウマには意味があるべきであり、もしそうでないなら、私たちはともかくも不適切であり失敗であるに違いないという期待を強化してしまうと、彼女は懸念する[80]。それでもタマスは、オートエスノグラファーとして、しばしば「自分に警告を発する声で」書いていると述べ、そのような執筆を辛抱強く続けている[81]。

　オートエスノグラフィーを行うことの個人的な脆弱性とリスクは、親密で専門的な関係性にも及ぶ。たとえば、バーバラ・ジェイゴのうつ病との個人的で専門的な闘いの記録を考えてみよう。彼女は、読者がどう自分の物語を受け取るだろうか、そして、特に、著者として、教師として、学者として、そして人間としての自らの信頼性を損なっているのではないかと懸念する[82]。アヤンナ・ブラウンとリサ・ウィリアム－ホワイトは、彼ら自身の権力と人種差別の経験の吟味を通して、学術機構における権力格差と制度的な人種差別について書いている[83]。その後のエッセイで、ウィリアム－ホワイトは、同僚や管理者たちの、彼女の最初の論文に対する批判的で差別的な、密かに攻撃的な反応について述べている[84]。これらのオートエスノグラファーはトラウマのコストと、自身や読者に対する抑圧の重さを列挙している[85]。やはり多くの人は、個人的、関係的、そして専門的なリスクに自らを曝すのは、「その価値があるのか」と訝しむかもしれない[86]。オートエスノグラファーは、自分自身で、このような質問に答えるしかない。

　オートエスノグラファーの自己ケアに関する最後の検討は、いったん特定のトピック、文脈、コミュニティで研究を始めたら、そのフィールドから離れることができないという問題をめぐるものである。述べてきたように、私たちは、研究の文脈**と**関係性の文脈のなかで、オートエスノグラフィーを行う。倫理的に、いったんプロジェクトを終えたり必要とする情報――「データ」――を受

け取ったら、そのフィールドで築いた関係性を置き去りにすることは困難であり、不可能であるかもしれない[87]。さらに、オートエスノグラファーは、フィールドのトピックや現場にあまりに同一化してしまって、読者／聴衆の反応から逃れることは困難だと感じるかもしれない。

　たとえば、もう20年以上も前になるが、私（キャロリン）とパートナーのアート・ボクナーは、妊娠中絶の選択の制約に関するエッセイを公刊した[88]。経験を通して一緒に書くことは、私たちの絆を回復し、強めるのを助けた。しかしながら、このエッセイの公刊後、私たちは他者の批判や非難にさらされただけでなく、公刊したテクストに限界づけられ縛られて、その後どう変わったかを説明できないことを思い知った。「あなたは、あなたが書く物語になった」と、私は後に書いたエッセイで述べた。「アートと私は、中絶を経験し、それについて書いた夫婦になった。今はそのときとは違うと感じており、自分がその物語で描いた人物とは違うと知っているにもかかわらず、この自身の描写が印刷物のなかで発し続けられる」[89]。

　トピックや現場にあまりに同一化して、そのフィールドを後にすることは不可能ではないにしても、困難だと感じるオートエスノグラファーもいる。パトリシア・リービーはこう書いている。

　　　… 私が教えるコースが、時に、学生にとってまったく個人的なものになりうる性質のものなので、私はオフィスで、数え切れないほど女子学生たちが、涙を流しながら自分の経験を訴えるのを聞く —— これだけに限らないが、破局、不倫、ボディイメージの葛藤、うつ病、家庭内暴力や性的暴力などの経験である[90]。

　同じように、私（トニー）が、オートエスノグラフィーを使って同性愛やそのカミングアウトについての自分の経験を書いていること、そして多くの文脈でゲイを自認していることから、私は決して同性愛やカミングアウトのフィールドを去ることができない[91]。カミングアウトは終わりのないプロセスであり、それぞれの文脈、それぞれの新たな聴衆と共に変化するものであり、何度も同じ種類の開示を繰り返し必要とする行為なのである。私は、同性愛やそのカミングアウトの経験について書くのにオートエスノグラフィーの使用を止めることはできるが、セクシュアリティが意味のある社会的アイデンティティであり続ける限り、また、異性愛と異性愛規範の前提が多くの文脈に浸透している限

り、私は依然として、自分にも他者にも、特定の方法で、特定のときに、特定の場所で、私の同性愛を開示する（あるいは開示しない）責任を負っている。さらには、ゲイを自認する者として、私は、他者のカミングアウトの物語に耳を傾けていくつもりである。特に、その人たちが私の研究関心を知っており、また私が行ってきた、また今も行っているオートエスノグラフィーの仕事を知っているなら、なおさらである。

＊　＊　＊

　この章では、「フィールド」へのアクセスを得てそこに入っていく最初の段階から、他者と交流し、参加者と自分自身へのケアを培いながら倫理的に研究を行う方法まで、オートエスノグラフィーを行うことについて述べてきた。まだ吟味していないのは、オートエスノグラフィーを行うなかで関与する、意味を生み出していくプロセスである。この章の最後の節では、オートエスノグラフィーによる解釈と分析について述べる。

意味を解釈し、フィールドワークを分析する

　会話やインタビュー、フィールドワークは、多量の情報を生み出すだろう。しかし、このように扱いにくく、おそらく圧倒されるような「情報のかたまり」を、どのように組織化し、利用し、意味づけるのだろうか[92]。文化の物語の中で／それと並んで、どのように自身の物語を話すのだろうか[93]。フィールドで生み出された考えや相互作用、洞察に対するテーマを作り出すことによって、解釈と分析の仕事を始めるのが有用だろう。

　オートエスノグラフィーによるフィールドワークをテーマ化するための、有用なガイドがいくつかある[94]。ここでは、**物語**を通して、フィールドワークを意味づけることに焦点をあてる。グドールが言うように、フィールドワークをテーマ化する物語的アプローチは、「**研究者**としての、**個人**としての、**あなたの物語**」との関連において、文化の物語を語ることを求める[95]。

　私（キャロリン）が物語を書き始めるとき、私は自らに問いかける。「ここで何が起きているのか？」それから、アイデンティティ、関係性、機会や出来事、場所や文脈などを詳細に書く。書くきっかけは、たいてい、私をつかんで

離さないトピックや経験、あるいは私に何かを教える可能性を持つトピック／経験、さらには、他者の経験とつながることができるような話題や経験である。書くとき、私自身や読者が物語の動きや感情から抜け出すことがないよう、そうした経験に関わる十分な機会が与えられるまで、その経験の**なか**に、私自身と想定する読者を留めておくよう努める。

　いったん、出来事をできる限り深く内省し、その時起こったこと、そして時間が経ち省察を経て、今それを再体験していることの両方についての意味をつかんだら、次の段階の編集プロセスを開始する。そこでは、「こんなことが起こった」それから「こんなことがあった」という経験を、意味のある一貫したナラティヴにして、できる限り最良の**物語**を生み出すべく試みる。この段階で行う編集と書き直しの作業は、「何が起きているか」（そのフィールドのなかで、私の想起のなかで、私が話すその物語のなかで）と同時に、その経験が何を意味しているのかを理解する重要な一部である。この段階で、私の経験の諸側面を照らし出すかもしれない、より広いプロセスやテーマ、視点により深く関わっていく。それから、私の経験が、これらのプロセスやテーマ、視点の諸相にどのような疑問を投げかけるだろうか、付け加えるだろうか、あるいは照らし出すだろうかについて、注意深く考えていく。

　たとえば、軽度の身体的スティグマについてのオートエスノグラフィーのなかで、私は、自分の声の嫌悪について書いた。私は、以下のように説明した。

　　私は、最初に自分の軽度の身体的スティグマというカテゴリーに没頭することなく、このカテゴリーから抜け出すことができたかどうか疑問だ。カテゴリーというものは、その影響力を意識することなく私たちを限界づけてしまうことがあまりにも多く、いったん意識してしまうと、それを突き破ろうとしても無駄だと思い込んでしまうことがあまりにも多い。私の個人的な物語を語り、分析することは、軽度の身体的スティグマというカテゴリーを生み出し、可視化するのに役立っただけでなく、それを突き破る方法も提供してくれた。このカテゴリーに関わる物語は、以前は恐怖しかなかった私の経験に名前を与え、この個人的な物語は、以前は隠蔽と否定という戦略だけしかなかったこのラベルに、感情を持つ現実の人びとを結びつけた。この研究は、私がカテゴリー的知識と個人的知識との間の切り離せない結合を理解するのに役立った[96]。

* * *

　この章の冒頭で、またこの本を通して述べているように、オートエスノグラフィーを**行うこと**とオートエスノグラフィーを**書くこと**を切り離すのは、不可能ではないとしても困難である。この章では、書くことでフィールドにおける経験を**省察する**ことよりも、**いま現在**に身を置き、フィールドで自分自身や他者と共に**存在している**ことに集中して、オープンに、積極的に、そして倫理的にオートエスノグラフィーを行うことに注意を集中させることの重要性を強調した。作家でありパフォーマンスの研究者でもあるリン・ミラーの言葉を借りれば、オートエスノグラフィーを行うことは、「どこに行こうとしているのかよりも、どこにいるのかにより焦点をあてる」[97]ことを求める。次の章では、オートエスノグラフィーを書き、表現する実践 ── 文化のなかで自己の物語を語るための追加的、代替的なプロセスについて述べる。

第4章
オートエスノグラフィーを表現する

　書くことは、プロジェクトの始まりから完成に至るまで、オートエスノグラフィーのプロセスの一部である。探求のモードとして見れば、書くことは経験をより良く、あるいは別のしかたで知るための方法である[1]。オートエスノグラフィーは、多くの場合、学会誌投稿、ナラティヴ、詩、ブログ、あるいは他の形式の個人的文章などとして始まり、著者は自分の経験を理解することを目的として、それらを探求する。時に、心を揺さぶる出来事が書くこと促す —— 愛する人を亡くしたとき、病気になったとき、子どもが生まれたとき、引っ越したとき、新しい人間関係を築いたとき、転職したとき、その他多くのエピファニー的な瞬間を経験したときなどである[2]。スプライが指摘しているように、書くことは、プロセスのための方法を提供し、それをめぐって意味を生み出し、それに耐えるための手段を提供する。「何年も紙とペンで痛みを乗り越えてきた私にとって、出産時にわが息子を失ったその朝、看護師にこれらの道具を求めることが、私が自分の体にさせうる唯一のことであった」[3]。また、書くことを促す経験は、よりありふれた「美学的瞬間」[4]であることもある。長年にわたる友人関係のリズム、仕事や運動の習慣、再会によって蘇った感覚や記憶、料理したり家族と過ごす日常だったりである[5]。

　この章では、まず書くことに取りかかることから、編集し、そしてオートエスノグラフィーのテクストを「完成する」までの、オートエスノグラフィーのプロセスの全ての段階における書くことのモードについて論じる。また、声についての決定、理論に沿い一貫して書くこと、ナラティブの忠実性の問題、そして関係性の倫理など、オートエスノグラフィーの表現の様々な形態を探求する。

書くプロセス

取りかかる

私（ステイシー）は、以前、キャロリンに書くことについて助言を求めたことがある。彼女は、「お尻を椅子に置いておきなさい」と言った。彼女は以前、この話を『エスノグラフィックな私』のなかで語っている。

> 私は新しいドキュメントを開き、「方法論的小説を書く」と名づける。私は空白のスクリーンを見つめ、自分の文章の書き方をどう可視化するか思案している。私は、マニラ紙のフォルダーを開く。そこには、このプロジェクトが始まったときから書き続けている、書くことについてのフィールドノーツが入っている。それらに目を通した後、私は再び空白のスクリーンを見つめる。この章は後回しにしたい、でもこの本は書き上げたい … 深呼吸し、ため息が出て、この仕事がどれほど重荷になっているかを物語っている。どこから手をつければいいのか
> …
> 私は腕時計を見る。十時過ぎだ。もう一杯コーヒーを飲もう。空っぽのカップを持って私は立ち上がり、躊躇して、また座り込む。「お尻を椅子に置いておきなさい」、私はそう言い、書くときの呪文を唱える[6]。

椅子の上にお尻を置いたままにすることに加え、多くの書き手が、毎日書き続ける実践を推奨している。スティーブン・キングは、新米の書き手に毎日の目標を作るよう助言している。「私は、一日に千語書くことを勧める」、そして言う。

> また、少なくとも書き始めの頃は、一週間に一日は休みをとってよいと提案する。それ以上はだめだ。そんなことをしたら、物語の緊急性や即時性が失われるだろう。この目標を決めたら、それを達成するまで、ドアは閉じたままだと決心しなさい[7]。

書く時間を確保することは、運動したり食事を準備したり勉強するための時間を作るのと同様に、優先順位を定める行為である。時間を作るということは、

それをすることが重要であり、非常に重要なので、日常の習慣のなかに永続的な場所を与えるに値するということを意味している。書く習慣は、あなたの仕事に安定した構造を与える。小説家のエイミー・ベンダーはこのように見ている。

　… 書くことは、恐ろしくて苦痛を伴う仕事でありうるから、どんな種類の構造や緩衝材であっても、使えればたいへんに役に立つ。もう 17 年もの間、私は毎朝一日 2 時間、週に 5 日か 6 日のペースで書くことを習慣にしている。起床し、椅子に座り、手短に E メールをチェックし、それからメールとインターネットを終了し、コンピューターの時刻を確認し、机の上の小さなメモ帳に 2 時間後を記し、そして始める … 毎日書くことは、断固たる行動であり、自分の想像力を信じる姿勢でもある[8]。

　バッド・グドールは、エスノグラファーのために同様の習慣を勧め、こう書いている。「あなたは、他の芸術家がするように、あなたの技を実践しなくてはならない。それは、あなたの全生涯のうち少なくとも毎日の一部を、それだけに捧げるということだと私は思う」[9]。

　この章の冒頭で述べたように、オートエスノグラフィーは、エピファニーや日常的な美学的瞬間、あなたを惹きつけた直感、あるいは疑問を持った直感をめぐって個人的に書くことから始めることが多い。書き始めるのは、書くこと、考え感じること、そして身体に、**注意を向ける**ことと同じくらい容易なことでありうる。経験はしばしば私たちの注意を惹くが、それは、それらを理解したり説明したりするのが難しいからである。私たちは、ある物事や出来事、人物が自分にとって何を意味するのか、より良く、異なるかたちで知りたいと思う。そして書くことによって、この理解を生み出すことができる。

　興味深い経験について自問自答しているとき、私たちは、同様な経験を持つ、あるいはそれについて書いている他者とつながろうとする。他者とつながるなかで、私たちは、体や心や精神や生活の**内側**で起きていることから、文化のなかで起きていることへと**外側**に移動する。確かに、私たちは常に文化のなかにあり、文化はまた常に私たちのなかにある。しかし、経験をめぐる新たな気づきは、私たちの自己と他者の自己とを、手触りの感じられる意味のあるしかたでつなぐように促す。第 3 章で述べたように、つながりへのこの欲求と欲望は、

状況に埋め込まれた自己（auto）、文化（ethno）、そして自己や文化について書くこと（graphy）の間の関係を示している。

第3章で述べたように、私（キャロリン）は、「打ちのめされた」経験、「いったいここで何が起きているんだ」と私に問いかけてくる経験から始めることが多い。私は、その経験を最大限の詳細さで記述するために書く。私は、その経験のなかで、私自身と私が想像する読者を感じながら書き、さらに私は、一連の出来事を、より一貫して形づくられた物語に変えながら、私のより深い継続的な考察から生み出される、より一般的な視点を獲得するために書くのである。

しかし、あなたの文章が、自己から始まり文化へと展開したり、フィールドワークやフィールドノーツ、インタビューから分析や結論へと展開し、全てが切れ目のない物語で提示されるとは限らない。私（ステイシー）のオートエスノグラフィーの文章は、たいていそのようには展開しない。そのかわり私は、物語の断片、私の思考のなかで繰り返される会話の一片、時と共に再浮上してくる感情や身体化した記憶、テクストの行、そして何度も立ち戻る物語から始める。

書く作業で、私はよく、物語の筋や明快な結論を生み出す可能性を**意図的に**遅らせるようなテクスト構造を作り上げる[10]。そのかわり、いったん書きたいと思う経験を得たら、「取りかかり」のセッションを一つの考えやキャラクターや場面に固執しないようにして、多重の物語や筋の始まりを生み出すことに集中し、語りたい物語を書くプロセス全体を通して展開できるようにする。

私（トニー）の執筆手法は、これら二つのアプローチを組み合わせることが多い。キャロリンのように、私は時に、「打ちのめされた」経験から始め、「ここで何が起きているのか？」と自問する。これが元パートナーの突然死や、カミングアウトをしたときの友人や家族とのやっかいな関係や、困難で直観に反するフィールドワークでの観察について書いたときのアプローチである。しかしステイシーのように、私は時には、過去の疲弊させられる経験や感情、記憶が不意に襲ってきて、それらについて書くように迫られる。そういうとき、私はどんな最終目標も持つことなく書くよう努め、会話の一片一片に注目し、疑問や不確かさや不快さについて読んだ文章のメモをとりながら、これらの経験や感情、つきまとう記憶について、そしてそれらをめぐって書く。プロジェクトではときおり、自分がどこに向かっているのかわからないこともあるが、そ

れでかまわない。私は、書く**プロセス**を信頼し、それに没頭する。

＊　＊　＊

　次の節では、私たちが用いる記述技法のいくつかについて述べる。これらのアプローチは、書くプロジェクトに取りかかるときだけでなく、書くプロセスの全体を通して使うことができる。

テクスト・スピニングとコラージュ

　まず、最近読んだり読み返したりした本やエッセイをいくつか（3〜5）集める。これらの資料は、哲学や理論的な文章、短編、詩、学術論文、本のなかの章、フィクションあるいはノンフィクションなど、何であってもよい。あなたの**心に響いた**テクストを選ぶ。それは、そのアイデアや主張、結論が刺激的だったり複雑だったり、物足りなかったりしたからかもしれない。その文章が説得的だったからかもしれない。感情的に、知的に、政治的に訴えるものだったからかもしれない。あるいは、あなたが書こうとしている経験と、何らかつながりあう文章だったからかもしれない。次に、

1. これらの作品を読み込んで、下線を引いたり、注目した一節をタイプしたり書き出したりする。
2. 個々の資料を読んだり、複数の資料に一度に取り組んで、注目すべき一節を集めて紡ぎ合わせ（スピニングし）、いくつかのまとまった項目にする。
3. これらの項目の一覧に目を通して、あなたに興味深く、意味があるように、つなぎ合わせグループ化する —— コラージュする。
4. このコラージュを、物語を書き始めるインスピレーションが湧くまで続け、コラージュされたアイデアを出発点として物語を書いていく。あるいは、もしすでに物語を書いているなら、引用を物語のなか、横、前、後に組み入れて、作り上げた物語と結びつける適切な場所を探す。
5. 引用した全ての材料や書いた物語の全てを使わなくても心配ない。前の草稿で行ったことを読み返すことから始めて、作成中の文章に追加していくなど、複数の書く作業のなかでスピニングとコラージュを続けることができる[11]。

6. あなたが書いている文章と言葉をつなぐものは何なのかを考えながら、オープンな態度で、自分の選択に現れてくる論理に注意を払う。

　しだいに、あなたのコラージュは内的に一貫した筋や論理に展開していくだろう。この一貫した筋／論理は、理論的なアイデア、繰り返される経験、経験を記述する方法、繰り返し現れるキャラクター、対象、感情、空間、場所など、何であってもよい。この一貫した筋／論理を用いて、書くプロジェクトを発展させてゆく。

　たとえば、私（ステイシー）のエッセイ「喪失と発見」[12]では、スーツケース、電話の呼び出し、手紙が繰り返し現れ、ヴァルター・ベンヤミンの失踪と死、そして養子をとる可能性の喪失という、一見バラバラのナラティヴを結びつけている。

カルテナ・グランデ

　… ベンヤミンと一緒にフランス－スペイン国境を越えた女性がシカゴに住んでいることを知って、（人類学者マイケル）タウシグは、公衆電話から彼女に電話をかけた。彼女は、タウシグの電話の理由を知っていた —— あるいは知っていると思った。タウシグは、ベンヤミンの唯一の荷物 —— 大きな手提げ鞄、カルテナ・グランデ —— を追っていた。ベンヤミンはこの黒く重い鞄を「失うわけにはいかない … **絶対**守らなくてはならない原稿だ。自分より大切だ」[13]と言いながら苦労して運び、ピレネー山脈を越えた。ベンヤミンの死後、当局はカルテナ・グランデを発見し、その中身の目録を作成した。それらは、懐中時計、パイプ、ニッケルフレームの眼鏡、何枚かの写真、レントゲン写真、何枚かの紙とお金で、原稿はなかった。そして、タウシグが言うように、「死体もない」[14]。

　　死体もなく、偉大な
　　作品もなく、言葉もない。ただ空っぽの
　　スーツケース。
　　過去の積み重なった苦痛と物語の断片がぎっしり詰まっている …

保留

> 彼は言い張る：ソーシャルワーカーに
> 電話するんだ、そして言うんだ、
> 「養子縁組は取りやめる」と。

　あなたは、（夫の）怒りと悲しみを和らげようとして、自分自身のそれらは無視して同意する。しかし、電話しようと受話器を取るたびに、非難するようなダイヤル音があなたをあざ笑う。あなたは、受話器を受け台に押し戻す … 手紙を出すことにする。そのなかで、あなたは説明することもなく、前に進む前に、解決すべきことがあると言う。あなたの娘として彼女が被るだろう和解できない喪失を知りながら … この関係を望むのを諦められない … あなたは、養子縁組を保留するように求める。

電話を待つ

　彼が死ぬ前、彼の失われた名前、失われた体、失われた墓、失われた鞄、失われた原稿、失われた**命**が発見される前、ベンヤミンは4回電話をかけ、そして一通の手紙を書いた[15]。誰に電話したのか、返事があったのか、誰も知らない。誰も彼の散逸した文章を、遅延した配達物を除いては受け取っていない[16]。誰も、すなわちベンヤミン以外は。そしてこの知識さえも消え失せ、無くなってしまった。それでも、わからないからといって、誰が、何が無くなったのかを探し求め、失われた文章に書き込んだり、それをめぐって書いたり、理解しようとするのを止めることはできない。わからないからこそ、電話が鳴るのを待ち続け、養子縁組の、死の、物語の、可能性の呼びかけを待ち続けることができる[17]。

❋　　❋　　❋

　2番目の養子をとらないと決めたことについての物語を書き始めたとき、私は、ヴァルター・ベンヤミンの物語作家についての考えや、彼の亡命、謎に包まれた死、そして失われた原稿と鞄についての記述を読んでいた。私は、これらの物語がどう関係しているのか、そもそも関係しているのかどうかさえわか

らなかったが、自分が書いているものを**なぜ**書いているのかを無理にわかろうとはしなかった。私はただ書き続け、ある日、彼の物語の断片や引用した文章などを読んでいて、スーツケースや電話、そして手紙が、両方の物語に現れることに気づいた。私は、これらの鞄や電話が何を意味するのかを考え始め、やがてテクスト／経験の断片をつなぎ合わせる方法に気づいた。

見出された類似した詩と物語

　上述したテクスト・スピニングやコラージュの技法のバリエーションとして、あなたのテクスト資料から見出された類似した詩や／または物語を生み出す方法がある。見出された詩または物語は、もう一つのテクストに見出された単語や句から構成されている。類似した詩または物語は、明確に異なるトピックに焦点をあてつつ、もう一つのテクストの構造を用いながら構成されている[18]。あるテクストを別の形に転換する —— たとえば、散文体から改行や連（stanza）を要する詩的な形へ変換することで、書き手は、言語やリズム、ビート、呼吸に注意を払い、また、テクストがいかに私たちの経験、イメージ、身体を映し出す身体的かつ視覚的な表現であるかに注意を払うことになる[19]。

　私（ステイシー）は、エッセイ「喪失と発見」の断片をまとめていくにあたって、イヴ・セジウィックの『愛についての対話』やジェイムズ・メリルの『内なる部屋』に披露されている「俳文」の形式を実験してみた。この２冊は、私のスピニングとコラージュの練習に使っているものである。第２章で述べたように、「俳文」は、段落の広がりと俳句[20]の節約とを結びつける。散文は広い見通しを持つことができるが、俳句はもっと限定された視野を要請する。セジウィックは、メリルのこの形式の使用を、「俳句がちりばめられた散文 … 彼のまさに張りつめた文章

　　　星のような密度や
　　　輝きの
　　　内破のなかに
　　　それから、外へ

まったく詩とは異なる散文へと」と描いている[21]。私のエッセイにとって、俳文は、クローズアップしかつ広角にもなりながら、失うことと見出すこととい

うテーマを探究するのにぴったりだった。俳文はまた、失った人びと、アイデンティティ、愛との関係、そしてまだあるかもしれない、あるいはいまだない人びととの関係を、物語が生み出し伝えていく方法を映し出し、あるいは成し遂げる。

　テクストを、詩の形式や類似した構造でアレンジするときの、形式と内容の関係を考えてみよう。テクストを並べて声に出して読み通してみよう。形式が何を強調し何を不鮮明にしているか、どんな感情や考えを触発するか、そして、文章構成が伝えたい経験とどのように結びついているかに注意を払う。形式を実験することは、経験の感情、動き、潜在的な意味を最も容易に捉えることができる物語形式を見出す助けになる。

イメージとイメージ化

　直接的な思考プロセス（すでに書いたものを批判したくなる衝動も含む）の**外**に出ることを可能にする書く活動は、また、書くプロジェクトを開始し維持するのにも役立つ。自由に文章を書いていくどんな意識の流れも、**内側を表出し**また内側に戻る動きを支えてくれる。オートエスノグラファーにとって、リンダ・バリーの『あるがまま（What It Is）』やマイケル・タウシグの『私は確かにそれを見た（I Swear I Saw This）』などのイメージを基にした著作は、文脈と周囲の環境、つまり直接的な経験をめぐる、そしてそれを越えたエスノグラフィーの世界にいかに私たちの注意を向けさせるかという点で、特に有用だろう[22]。

　バリーの書き方についてのセッションは、書き手が、文脈のなかのイメージに焦点をあてるのを助けてくれる。彼女は、以下のように勧めている。

1. すぐ頭に浮かぶプロンプト（名詞なら、「知っている犬」、「電話番号」、「車」など、動詞なら、「話す」、「見失う」、「見つける」等）から始める。これらのプロンプトを使って、思いついた最初の10のイメージのリストを作る。このリストを見直して、そのなかの一つを選ぶ。

2. 誰、何、いつ、なぜ、どこ、そして、どんなふうに、という質問に答えていって、イメージを膨らませる。そのイメージのなかで、誰と一緒にいるのか？　それは、一日の何時頃か？　一年のいつ頃か？　そのイメージに、いつ到着したのか？　他の人たちはいつ到着したのか？　なぜあなた

はそのイメージのなかにいるのか？　なぜ他の人たちはそこにいるのか？　あなたはそのイメージのなかで、どのような位置にいて、どのように話し、あるいは動いているのか？　あなたと他の人たちは、そのイメージのなかでどのように関係しあっているのか？

3. その場面について書くことで、そのイメージのなかに入る。あなたの前に何があるのか？　左には？　右には？　後ろには？　上には？　下には？

4. タイマーをセットして、10分間、あなたのイメージについて、そのイメージのなかで、イメージを通して、「私は …　」という言葉で始めて、中断せずに書く[23]。

　バリーは、（テクストに批判の声が忍び込むのを防ぐために）数日か数週間、書いたものを見直ししないよう助言している。もっとも、この遅延は、あなただけが決めうることではある。このようにイメージについて書くことは、より大きなプロジェクトの「種」となり、あなたと響きあうイメージ、考え、テーマについて、より意識的に徹底的に書くための出発点となりうる。

　これらの技術（テクストスピニングとコラージュ、見出された類似した詩と物語、イメージとイメージ化）は、書くときに自己と文化を結びつけるための、道具のいくつかにすぎない。次の節では、フィールドにおける経験について書くことに焦点をあてる。

自己と文化、個人的経験とフィールドワークを融合する

　第3章で述べたように、私たちは「フィールド」に入ると、他者と話し、自分の注意を捉えた経験を共有し、学び、それらの経験についての自分自身や他者の記憶を探索していくことが多い[24]。これらの会話や相互交流や経験について後に書くために、他者との会話を記録し、それらを覚えておくようノートをとったりするのであるから、書くことにはこうした相互交流が伴う。私たちはこの書き留めるプロセスを、ドキュメンタリー作家の仕事になぞらえている。そこでは、**ある経験の詳細**を記録することがプロジェクトで重要となる。

　私たちはまた、経験や会話を**省察して分析**し、フィールドノーツや他の記録をテーマ（あるいは複数のテーマ）に沿った物語、キャラクター、声、対話、話の筋についての／それらをめぐる物語を作り出していく。次の節では、会話、

相互作用、文脈、文化のなかで、自分自身と参加者に何が起きているのかを知り、それを示すように書くための方略を探っていく。

テーマを探す

　フィールドノーツやインタビューの逐語録はたいへん膨大になりうるので、執筆においてそれらをどう使うか、どれを除外するのかを決めるのが難しいかもしれない。フィールドノーツを読み通して、繰り返されるイメージ、言い回し、あるいは経験など、**手がかり**を探すことから取りかかる。そして、それらの手がかりをいくつかのグループやカテゴリーに整理する。第3章で論じたように、このグループ化やカテゴリー化は、**テーマ化**として知られる作業である。テーマ化することで、ナラティヴの論理やパターンを想像し、個人的な経験を文化に明確に結びつけやすくなる[25]。またテーマ化は、キャラクターを特定・創造して、それらのキャラクターを対話や相互作用のなかで書くのに役立つ。

キャラクターを創造する

　テーマを探し、追うことに加えて、あなたの物語に何度も何度も現れる「キャラクター」にも注目する。キャラクターたちは、あなた自身（研究者）や参加者など、文字どおりの人物であることもある。また、アイデンティティや主体の位置のなかに見出されるかもしれない。たとえば、ソフィー・タマスは、ジェンダーの暴力に反対して運動している女性グループのために脚本を書いていた際の、キャラクターの探究について書いている。

　私は、自宅に帰り、全員が輝けるような劇を書こうとしたが … できなかった。どうすればうまくいくのか、どうすれば彼らの声を全て聞かせることができる物語になるのか、わからなかった … この劇を書くのにどこで行き詰まっているか説明すると、（賢い兄は）彼らを主題ではなく、複数の主観性として考えたらいいのでは、と言った。

　それで私はそうした。自宅に帰り、小さな町の典型的なカナダ人夫婦についての劇を書いた … しかし私は、パートナーのおのおのの側面を3人の俳優に演じさせた … それぞれは、一つの主観性 —— 声あるいはペルソナ —— を演じた。時折、彼らは互いに慰めあったり口論したりした。しばしば彼らは、私が今は支配的ナラティヴと呼ぶものをめぐって競いながら、妨害しあった。それぞれが個

性と優先順位とを持っていた。そして、筋が展開するにつれて —— 彼らの人生を通して彼らを追うにつれて —— それぞれのパートナーはより大きな内的統合に向かっていった。それは単純な工夫だったが、うまくいった[26]。

　グドールは、私たちが創造するキャラクターは「修辞的」人物であり、「そのナラティヴに『責任』があり、ナラティヴが読者に何を言い、何をするかについて彼らに『説明責任』があると書いている[27]。要するに、彼らが創造するキャラクターや関係性や意味は、優れたオートエスノグラフィーの魂を構成している[28]。**語り手**（narrator）のキャラクターは、あなた自身とあなたの経験を他者 —— 物語のなかの他のキャラクターや読者 —— と結びつけるための仕組みであり、私たちの人生や文化のなかで起こることについての知識や理解、そして意味を創造する媒体でもある。

ナラティヴの声を選択する

　オートエスノグラファーは、物語の話し手としての**研究者**という位置をとり、しばしば**一人称**の声や視点を用いて書く[29]。一人称の視点は、見て、経験し、知り、そして感じたことを報告し、私の目という目撃者の説明を読者に提供するのであるから、決定的に主観的である[30]。一人称の話し手は、その行動のなかに、その心と心臓と身体のなかに、読者を招き入れる[31]。

　オートエスノグラファーはまた、**二人称**の声や視点も用いる。ここでは、**読者**は直接「あなた」と呼ばれる。二人称の話し手は、読者に、彼ら自身が場面、出来事、あるいは経験を生きているように想像させる[32]。二人称の声を使用することで、話し手と目される人物のまわりに曖昧な空間が生み出される。著者や読者が自分自身のものと主張するのが困難な、論争的で苦痛であり恥ずべき個人的な経験から距離を置きながら、読者に、話し手の言うことを考え、感じ、行動し、言える人間として自らを見るように促す[33]。

　しばしばオートエスノグラファーは、「キャラクター」の経験や思考、感情、行為を記述するために、**三人称**の声や視点を用いる[34]。三人称の話し手は、報告の客観性の雰囲気や、匿名性さえ帯びるようになる。その物語は、外部から来た人がその行為を覗き込み、分析するような、「外部者による内部者」の視点を与えるように感じられる[35]。三人称の語りは、読者にその物語から距離を置き、話し手の個人的／文化的な分析を、正確で完全で真実のものとして受け

入れるよう促す。

　複数のキャラクター、視点、立ち位置をその説明に活かすために、一人称、二人称、三人称の声を組み合わせるオートエスノグラファーもいる[36]。どの種類の語りも、「書いているもののなかに、そして書くものの上に印された、私たちは何者かという個人的な修辞的刻印」[37]であり、読者に、ユニークで揺り動かされるしかたで話しかけられ、理解され、考察されていると感じるよう動機づける。

対話を書く

　ナラティヴの声に加えて、オートエスノグラファーは、物語にいかにして、またなぜ、対話を含めるのかを考慮すべきである。キャラクターが何を言うかに加えて、いつ、どのように、なぜキャラクターは話すのかは、いずれも考慮すべき問いである。アン・ラモットが言うように、「何ページもの記述でもできないしかたで、真実味のある一行の対話がキャラクターを照らし出す」[38]。スティーブン・キングは、対話はキャラクターを定義する鍵であり、単に彼らについて**語る**ことよりも、行為や相互作用のなかでキャラクターを**示す**、という優位さを持っていると言う[39]。キングはまた書き手に、他者の話に耳を傾け、アクセントやリズムや方言、俗語などに焦点をあて、話を聴き、書き留める「耳」を養うよう助言している[40]。さらに、対話は**正直**でなければならない——たとえ、粗野で、偏っていて、害があっても、あなたのキャラクターの話したことを再現するものでなくてはならない。「話は、醜くても美しくても、キャラクターの指標である。それは、締め切ることを好む人の部屋への新鮮な涼風ともなりえる」[41]。

　キングはまた、副詞、つまり動詞や形容詞やその他の副詞を修飾する言葉は、書き手の「友」ではない、と助言している[42]。書き手は、その場面や行動をどれほど明確に描いたか確信がないときに、たとえば、「彼女はドアを**ぴしゃり**と閉めた」などと、しばしば物語のなかに副詞を用いる。その場面の雰囲気や感情や文脈は、副詞で明確にするのではなく、物語のなかで伝えられるべきである。特に、対話のなかで使われるとき、たとえば、「彼女は怒ったように言った」あるいは「彼は惨めそうに言った」などのように、副詞は物語を堅苦しく、響きの悪いものに感じさせてしまう。

　私（トニー）がどのようにある場面で記述と対話を混ぜあわせたかを考えて

みよう。初めて長くつきあったボーイフレンドのブレットに、自分がゲイであると家族に言ったかどうか尋ねたときのことを詳しく述べている場面である。先に記したように、ブレットが2006年3月に亡くなったとき、彼の家族は、彼が若年型糖尿病で亡くなったと言った。しかしブレットの友人二人は私に、死の直前、ブレットは父親に自分がゲイであると告げたと語った。この友人たちは、父親の敵対的な反応にあって、ブレットは自殺したに違いないと信じていた。

　私たちがつきあう前、ブレットは4年間、男性と暮らしていた。だから私は、彼が家族にカミングアウトしていて、自分がゲイであることを家族に告げていたものと**思い込んでいた**。彼が死んだ後、私は頭のなかで、ブレットとの以前の会話を繰り返した。

　　「君は、家族には『告げた』のかい？」私は尋ねる。
　　「彼らは知ってるよ」彼は答える。
　　そして
　　「ご両親は、君のセクシュアリティについてどう思ってるんだ？」私は尋ねる。
　　「それについては話さない」彼は答える。
　　そして
　　「君の家族に会ってみたいな」私は言う。
　　「いつかね」彼は答える。

　ブレットは、自分のセクシュアリティについて、家族に何か**言った**かどうか、決して語らなかった。彼は、「彼らは知ってるよ」とだけ言い、それ以上は言わなかった。「彼らは知ってるよ」は、何を意味していたのだろうか[43]。

　ここで私は、ブレットの死について知っていることを**語る**ことから離れ、ブレットの早すぎる死について自分が感じた（そしていまだに感じている）緊張と不確かさを示すために、副詞を用いずに、類似した、短い、単純な対話を使用している。私は読者に、私が持っていない、そしてブレットが亡くなった今決して持ち得ない知識に、どれほど追い詰められているかを感じとってほしい。彼のセクシュアリティについての彼の家族の知識をブレットに尋ねたときの**全**

てを示したい。私は読者に、あやふやな間違った推測、つまり、ブレットの家族は、彼が同性愛者であることを実際知っていた、という推測にどれだけ頼っていたかをわかってもらいたい。そして、「ブレット、君は、自分がゲイだとご両親に言ったんだね？」と決して尋ねなかったことに、後悔があることを示したい。

　キングは、対話の属性を「彼は言った」や「彼女は言った」などのように単純化し、キャラクターがその言葉を「速く、あるいはゆっくり」言ったのか、「幸せそうにか、悲しげに」言ったのかがわかるように**物語**を語るよう、推奨している[44]。さらに、もし会話の交代が短ければ、「彼は言った」や「彼女は言った」をしばしば省いて、対話のリズムを活かすことができる。私（ステイシー）のエッセイ「いつも変わっている（*Always Strange*）」から例を挙げる。

　　娘は、『リンクル・イン・タイム（*A Wrinkle in Time*）』（邦題『5次元世界の冒険』）の最初の数章を読む。偉大な科学者である父が行方不明になり、頑固で風変わりな娘が彼を探し出そうとする物語である。娘は、（この本について話してほしくて）私の父に電話する。彼女は、彼が話している間、耳を傾けている・・・（それから彼女は）電話を私に差し出す。「おじいちゃんがママと話したいって。」

　　「やあ、パパ、調子はどう？」
　　「あまり良くはないよ。」
　　「よくない？　何があまりよくないの？」
　　「この本について説明してやれないんだ。」
　　「できない？」
　　「ああ、何度か最初の章を読んだが、何が起きたのかわからないんだ。」
　　「ああ、パパ、大丈夫よ。」
　　「私の頭は、昔のようにはもう働かないのさ。」
　　「私も最初の章を読んだけど、ずいぶんややこしかった。」
　　「おまえには複雑じゃないさ。でも、自分にはだめだ。昔は何でも読むことができたんだが、今は（脳梗塞の後は）できない。孫に、おじいちゃんは宿題を手伝うことができないだろうって言ってくれ。」
　　「心配しないで、パパ。私が彼女を助けるわ。『リンクル・イン・タイム』を読

んだことはないけど、読んでみるわ。」

「すまない。」

「**そんなこと言わないで**。パパにとってイライラすることだなんて思わなかったの。」

「私はただ、もう読めない。だけどなあ、おまえ」

「何？」

「娘がこの本を読み終えるようにしてあげて。」

「もちろんよ。娘と二人でね。」

話の筋と物語を形づくる

　テーマ化し、キャラクターを創造し、ナラティヴの視点について選択をし、対話を書くとき、以下のことを問う必要がある。「あなた自身やあなたのフィールドワークについて、どんな物語を話しているのか？」「あなたの経験は、文化についての何を示唆しているのか？」「その文化／文脈は、あなたの経験について何を教えるのだろうか？」「あなたの物語の可能な意味を生み出すなかでの、あなたの役割は何か？」

　私たちが構成するどんな物語も、部分的で特権的であり、聴衆のために修辞的に作られたものである。第3章で述べたように、グドールは、エスノグラフィーの文章は二つの物語から構成されていると考えている。一つは文化についての物語であり、もう一つはあなた、つまり文化のなかの研究者についての物語である[45]。書き手として、それらの物語の均衡を保つよう努めるか、あるいは、どちらを優先させるかを決めなくてはならない。これらの物語が場面、継起、文脈で展開していくことで、そのナラティヴの筋が構成される。作家のアン・ラモットは、物語に（予め決められた）筋書きを当てはめるのではなく、書くプロセスから、そしてキャラクターの発達を通して、筋が成長するに委ねるよう助言している。言い換えれば、書くことが探求のプロセスになるようにするのである。

　私は、筋について心配するなと言っている。キャラクターについて悩みなさい。彼らが何を言うか、行うかが彼らが何者であるかを明らかにし、彼らの人生に関わり、さて、どうなるか、と自身に問い続けなさい。関係性の展開が筋を生み出す … それぞれのキャラクターが大事にしていることを見つけ出しなさい …

というのも、そうすれば、何が問題なのかが見つかるだろう。その発見を、行動で表現する方法を見つけなさい ・・・[46]

先に述べたように、グドールは筋の探索を、関係性と行動のなかにあるキャラクターを通して、より大きな**ミステリー**の手がかりを探索することになぞらえている。書き手として、書くなかで、私たちは必ずしも物語がどんなふうに展開するだろうかを知らない[47]。語り手、キャラクター、対話にあふれた筋と物語を生み出すという仕事は、私たちの自己、経験、文化の、いかに（how）、何（what）、なぜ（why）の探求である。

たとえば、エスノグラフィー的な小説『エスノグラフィックな私』の主要な物語の筋は、私（キャロリン）がオートエスノグラフィーを教えていた架空の授業クラスを追っている。その物語のなかで、私は、そのクラスと学生を持った経験を示そうと試みた。その筋は、オートエスノグラフィーを行うことについての学問的で実践的な情報を伝えながら、クラスで実際に起こりうることに合致していなくてはならなかった。同時に、「小説」としては、読者を惹きつけ、何が起こったのかが気になるような、魅力的で喚起力のある物語を提供する必要があった。先に書いたように、前もって概略を決めずに、筋が展開するがままに委ね、物語の劇的な展開が高まるように前もって見直したり、あまりに多くをあまりに性急に話したりすることを避けた。それから、一貫性と連続性を求めつつ、それぞれの章をテーマに沿って輪郭づけ、再編成し、オートエスノグラフィーの方法論的な課題を述べ、一つのクラスで用いるだろう以上の材料を持ち込まないようにした。私は、結論よりは、むしろ持続的展開と連続性の感覚を生み出すよう書いた。一貫性を高めるために、私はまた、それぞれのキャラクターの発達に集中した。出版の前に、私は、全ての章にわたって個々のキャラクターについて書いた全てを印刷し、そのキャラクターの物語が全体として意味をなしているかを確認するために、それぞれのキャラクターについて全体を読んだ。それから、キャラクターたちの物語を比較し、全体として機能しているかを見た。このように、**ナラティヴ**の筋は、基本的にキャラクターによって展開し、いっぽう**学問的な**筋は、方法論的なテーマと、それぞれのキャラクターが行ったプロジェクトの議論によって導かれた[48]。

オートエスノグラフィーの表現形式

　ひとたび文章が形になり始め、最初のいくつかのテーマ化がなされると —— つまり、キャラクター、経験、フィールドワーク、インタビュー、そしてあなたが書いているアイデアを結びつける論理や物語の筋を見出したら —— オートエスノグラフィーの表現形式について考え始めるだろう（もしまだであれば）。オートエスノグラフィーが取り得る形式は、あなたが読み、楽しむテクストと同じくらい多様である。より伝統的な研究レポートやモノグラフを生み出すかもしれないし、あるいは、ナラティヴや詩、パフォーマンス、話し言葉、歌、写真、ダンスなどの創造的な形式を使いたいかもしれない[49]。

　オートエスノグラフィーは、自分というレンズを通した文化の研究なので、そのテクストの**内容**を表現の**形式**から分離することは、望ましくないし、また可能でもない[50]。第1章で述べたように、研究者は自分自身と文化を切り離すことができるという考え方は、社会科学と人文学に**表象の危機**をもたらすこととなった。ジョン・ヴァン・マーネンの『フィールドの物語（*Tales of the Field*）』は、この危機に取り組んだ初期の著作の一つで、様々な程度で表現のモードを研究者の声や焦点と**融合させる**、エスノグラフィーの表現形式の類型を研究者に提示した。ヴァン・マーネンは、自分自身、他者、文化、そしてフィールドワークにおける経験を表現するために研究者が用いる三つの形式 —— または「物語（tale）」—— を提示している。写実主義者の物語、印象主義者の物語、告白の物語である。**写実主義者の物語**は、研究している文化に（そして研究者についてはまったく述べないということはないにしても、より少なく）焦点をあて、三人称の語りを用い、博識で、客観的な、権威的な視点からフィールドワークの経験を文書にする。**告白の物語**は、研究者に（そして文化については、より少なく）焦点をあて、一人称の語りを用い、研究者にはどのような限界があり脆弱性があるかを明確にする。**印象主義者の物語**は、その研究者と文化に同等に焦点をあて、写実主義者と告白の物語の特徴を併せ持たせて、フィールドワークと個人的／文化的な経験に焦点化された想像的な解釈を生み出す[51]。これらの形式は重なりあいうるし、実際重なりあうが、それぞれの物語形式は、自分自身、他者、文化、経験、そしてフィールドワークの間の特定の関係性を浮き彫りにさせる。

ヴァン・マーネンが、視覚芸術から「写実主義者」や「印象主義者」という用語を借りているのにお気づきだろう。これらの用語は、現実の**包括的あるいは完全な**バージョンを創造するために、形式的で高度な演出や様式化された場面を用いる**写実主義者**の絵画から、日常の対象やフィールドでの出来事の細部に焦点をあて、文化経験の一般像を描き出す —— 経験の真実で確かな再現よりも、印象を創造することを目標とする —— **印象主義**への動きを示している。ヴァン・マーネンは、研究者に焦点化した表現に**告白的**物語という用語を選んでいて、彼の類型に視覚芸術の用語だけを用いているわけではないが、オートエスノグラフィーの表現の多様性を記述し理解するための図式として、視覚芸術における運動を取り入れている。上述したように、表現形式は、重なりあいうるし、実際重なりあっている。これらの形式を独立した排他的なものと読むのではなく、それぞれの形式によってどのように執筆プロセスに集中することができるか、また複数の形式／タイプの表現をどのように組み合わせることによって執筆の目標を達成することができるかを検討するようお勧めする[52]。

写実主義

　写実主義者のオートエスノグラフィーは、**真実らしさ**の感覚、現実であるという感触や錯覚を創造するために、視点を —— 基本的に研究者の視点、しかし参加者の視点もまた —— 用いる。写実主義者のエスノグラファーは文化的経験を、可能な限り、**十全に**、**複雑に**、そして**喚起的**に記述し理解するための方法、手段として個人的な経験を用い、クリフォード・ギアツが、文化的生活の「厚い記述」[53]と名づけたものを生み出す。写実主義者のオートエスノグラフィーにおいては、多くの場合三人称の声が用いられるが、一人称の語りも用いられることがある。写実主義者のオートエスノグラフィーは物語から解釈へと進み、しばしば（いつもではないが）、経験と分析を区別した文章を生み出す。写実主義者は、生き生きとして包括的な経験像を生み出すよう勧めるが、この方法は、物語を語ることを表現の**唯一**の形式とすることはそれほど多くない。それよりも、写実主義者のテクストは、物語**と**分析、示すこと**と**解釈を含んでいる。写実主義者のテクストには、たとえば以下のように、多くの形式がある。

• 研究報告や再帰的インタビュー
　研究者の経験は、フィールドワーク、インタビュー、分析を補完し、拡張

し、また、文脈化するために用いられる[54]。

- **分析的オートエスノグラフィー**
  研究者は、研究コミュニティの一員であることを認め、フィールドワークの文脈で研究の経験を省察し、ナラティヴとは明確に分離して、その研究の理論的貢献を記述する[55]。
- **エスノドラマ**（Ethnodramas）
  脚本や演出の技術や技法を用いて、研究者の解釈との対話のなかで、参加者の経験の生きたパフォーマンスを生み出す[56]。
- **多層的記述**
  経験、記憶、内省、研究、理論、その他のテクストの断片を並置する[57]。多層的記述は、個人的／文化的経験と解釈／分析の間の関係性を反映し、屈折させる。

印象主義

　印象主義の方法で書いているオートエスノグラファーは、読者に**全体的な経験**を生み出すことに関心があり、私たちを揺さぶり、試し、変化させるエピファニーと同様、しばしば日々の出来事に焦点をあてる。印象主義の画家は、筆のタッチと色の深みによって光と動きの感覚を生み出し、（特定の対象や場所ではなく）場面や時の経過の**印象**を与える。印象主義の書き手は、言語、リズム、沈黙を用いて、研究／フィールドの経験の感覚を生み出す。印象主義のテクストは、しばしば一人称あるいは二人称の語りを用いて、自己と文化を見て、知り、経験するユニークな方法を喚起する。印象主義のテクストは読者を、その場面、匂い、味覚、そして、その場所と空間や文脈の動きのなかに連れてゆき、文化的経験の断片化された、不確かな、日常の、モザイク的な性質を重視する。写実主義者のテクストは、物語と分析、示すことと解釈とをしばしば分離するが、印象主義のテクストは、理解するための方法として、経験のなかに読者を引き込む。それらは、その解釈と分析のモード**として**際立たせた／作った、印象に頼っている。印象主義者のオートエスノグラフィーは、以下を含む多くの形式が用いられる。

- **時間的、感覚的、身体的説明**
  個人的／文化的経験を、時間、感覚、肉体のレンズを通して探求する[58]。

これらのテクストは、その説明に関係する経験の場所、音、匂い、感触の
なかに読者を引き込もうとする。

- **空間と場所のナラティヴ**

空間と場所が、いかにして私たちのアイデンティティと経験を与え、知ら
せ、形づくるかを示す[59]。これらのナラティヴは、これらの空間や場所が
オートエスノグラファーと読者に作り出す印象に焦点をあてる。

- **相互作用的インタビュー**

二人かそれ以上の人びとが、経験、文化、エピファニーを共有し、それら
のニュアンスに富んだ印象主義的な視点を提供することを目標として集
う[60]。相互作用的インタビューでは、インタビューする人とされる人との
区別がほとんどなく、全ての参加者が、そのインタビューに有意義に参加
することが可能である。

- **共同構成的ナラティヴと協働的オートエスノグラフィー**

共通の経験や社会的課題、またはエピファニーをめぐって、多彩な語り手
によって話される物語。それらの物語は、経験、課題、エピファニーにつ
いての多重の視点を提供し、物語と分析とを分離することなく、語られる
物語への反応の印象を与える[61]。

表現主義

　視覚芸術では、写実主義者の作品も印象主義者の作品も、**外部** —— 場面、外
部の物理的世界 —— から、**内部** ——「現実」の感覚、あるいは経験や文脈の全
体的な印象 —— への動きとして見られるであろう。対照的に、表現主義者の仕
事は、**内側を表出する**ことから動き出し、気分を喚起し感情を表現することに
焦点をあてる。表現主義者の絵画は、しばしば鮮やかな色彩や、画家の内面の
特定の経験を際立たせる、思いがけない、不快でさえあるような並置を特徴と
している（写実的な、あるいは「自然な」外的現実とは対照的に）。

　表現主義者のオートエスノグラフィーは、研究者の内面的な**感覚**と**感情**を表
現することに焦点をあて、完全に主観的な視点から個人的／文化的経験を提示
する。表現主義者のオートエスノグラフィーは、身体的あるいは経験的現実を
文章にするよりも、読者が感情的に巻き込まれ、物語の語り手のアイデンティ
ティや挑戦、楽しみ、エピファニーの意味を探求するように促す。表現主義者
のテクストは基本的に一人称や二人称の語りで書かれ、ヴァン・マーネンが**告**

白的テクストと呼ぶものに似ている。それは、私たちを、その研究プロセスについての話し手の視点、物語られた経験、研究者と他者との相互作用や関係性、そして、その物語と物語の語り手が、どのように、文化的信念や実践に埋め込まれており、それらによって生み出され、変化させられたかへと誘う。表現主義のオートエスノグラファーは、人生をより良くすることを目的に、痛みや混乱、怒り、不確かさを吟味し、それらを乗り越えていくために書く。これらのテクストは喚起と感情に依存しており、解釈と分析のための仕組みとして物語を用いる。表現主義のオートエスノグラフィーは、以下のような多くの形式をとる。

- **告白的な研究の説明**
  研究者のフィールドワークにおける特定の経験や、フィールドワークを行った結果としてどう変化したかに焦点をあてる[62]。
- **協働的な証言**
  研究のパートナーとの深く自己関与した関係を発展させ、支えるという目的のもと、参加者の経験に思いやりをもって焦点をあてることに関わる[63]。
- **感情の描写**
  研究者と参加者の感情的な生活と旅とが、ナラティヴの核心と雰囲気を形成する[64]。
- **献身的テクスト**
  他者、アイデンティティ、ケアすること、あるいは、霊的なコミュニティの創造と維持に賛辞を送る[65]。献身的テクストは、自己と他者の間の主観的で、愛情に満ちた、熱のこもった関係性を図式化する。

概念主義

　概念主義者の芸術においては、観念が支配し、概念が「その芸術を作る機械」となる[66]。概念主義は、芸術とは何か、それはどのようにして創造され価値づけられるのか、それは何を意味して、誰のためなのか、という自明とされる仮定を問い、私たちを「外側」の世界へと引き戻す。概念主義は、また、文化における芸術家の役割を再考する。芸術家を（批評家や美術館や購入者によって決められるような）具体的で信頼性のある価値システム内の、物質的な対象（絵画や彫刻など）を創造する職人として見るよりも、概念主義者の芸術家は、

新しく、そしてしばしば思いもよらない考えや視点や経験を創造する革新者と見る。

　概念主義者のオートエスノグラフィーでは、個人的な物語が、文化的な経験を伝達し批評し、沈黙を破り、声を取り戻すための仕組みとなる。概念主義者のオートエスノグラフィーは一人称、二人称、三人称の語りを用い、高度に再帰的である。概念主義者のテクストは、研究と執筆の役割と目的、研究テクストの正式性、芸術家としての著者の役割、そしてオートエスノグラフィーが書き手や読者に提供できる教訓に疑問を投げかける。概念主義者のテクストでは、解釈と分析は、物語のためのインスピレーションであり、示すことと解釈は緊密に一体化している。また概念主義は、テクストを創造し完成させるうえでの聴衆の重要性を強調し、多様な協働的な読みを可能にする。概念主義者のオートエスノグラフィーは、以下のようないくつかの形式をとることがある。

- **パフォーマンス的に書く**

　書くこと自体が、論じている（諸）経験や（諸）文化に近づく —— パフォーマンスする —— ことである。パフォーマンス的に書くとは、「意味するように書く」よりも「行動するように書く」ことである[67]。パフォーマンス的なオートエスノグラフィーでは、熟慮のもとにある考えや概念、経験、そして文化が、その仕事の形式と構造を導く。

- **内部者のテクスト**

　周辺的で従属的なグループのメンバーが、文化や研究、表現における権力の働きや濫用を明らかにし、以前の研究の誤りや害を正すよう作用する表現を創造する[68]。

- **批判的オートエスノグラフィー**

　不公正と不正義の事例に取り組むと同時に、文化的アイデンティティ、経験、実践、そして文化的システムの公然とした批判を重視する[69]。批判的オートエスノグラフィーは、書き手の視点を重視し、判断や評価のためそれらをアクセス可能で、透明で、批判可能なものにする[70]。

- **コミュニティ・オートエスノグラフィー**

　研究者はコミュニティのメンバーと協働し、特定の、しばしば抑圧的な課題を調査し、応答する[71]。

上に述べたように、オートエスノグラフィーの表現形式についての私たちの議論は包括的でもないし、また、提示するカテゴリーは固定されたものでも確たるものでもない。自分自身のオートエスノグラフィーの表現を創造するとき、これらのカテゴリーや形式を再考し拡張するよう勧めたい。

理論としての物語と理論化された物語

　オートエスノグラフィーが形を成してきたら、理論と物語の間の関係をどう明瞭化するかについても考える。オートエスノグラファーにとって、理論と物語とは相互的で、共生的な関係にある。理論は、経験のニュアンスと文化の出来事について問い、そして説明する。物語は、それらのニュアンスや出来事を例示し、具体化する仕組みである。このように考えれば、理論は、物語の付け足し**ではない**。そうではなく、理論は、私たちの物語における経験や出来事を理解する —— それらによって、それを通して考え、それらについて問い、それらに働きかける —— ための方法である[72]。

　オートエスノグラフィーは、理論を行動に移すための方法である。オートエスノグラフィーのテクストはこうして、固定化された信念や実践、経験を理解する方法に対して異議を唱えることができる。物語と理論が**一体として語られる**オートエスノグラフィーもある。そこでは、物語は理論であり、理論は物語である[73]。また別のオートエスノグラフィーでは、物語と理論が、直接的な会話のなかに置かれる。そこでは著者は、個人的／文化的な経験のニュアンスに富んだ説得力のある説明を創造すべく、理論の語彙と物語のモードを用いる[74]。

　この節では、物語、自己、理論、そして文化をつなぐための技術について議論する。書くものを最も意味あるものにする技術は、書こうとしている文化やフィールドワークでの経験、それに、語りたい物語に最も意義深くつながる表現の形式に依存している。さらに、これは、理論と連携する方法の完全なリストではない。理論と物語の関係性が良好であり説得的であると確信できるか、オートエスノグラフィーとテクストを確実に検討してほしい。

物語と共に生きる —— 理論としての物語
　第2章で、私（トニー）は、「生きるための備え」[75]として、関係の苦しみのなかで「支えとなる」[76]ために用いる物語を提供するために、オートエスノグ

ラフィーを出版したと述べた。この、私たちは物語を**支えとする**ことができる、という仮定は、物語と理論の間のつながりを理解する一つのしかたであり、物語とは、私たちが経験を理解するために用いる理論なのである。

　私たちはそれぞれ、他者の物語を支えにして人生がどう変化したかを証言できる。その物語は自身の理論となり、個人的／文化的経験を理解し、解釈し、分析する枠組みとなった。たとえば、人種と再帰性についてのバイロンのオートエスノグラフィーを読んだ後、私（トニー）は、人種が日々の交流に吹き込み、それを変えるしかたを認識する必要性に気づかされた[77]。ボクナーの、彼の父との関係についてのオートエスノグラフィーも、私自身の父について書く推進力となり、案内として役立った。彼の父についての物語を共有しながら、アートは私に、**自分の父**をどう理解し愛するかを教えてくれた[78]。私（ステイシー）にとって、ロナイ[79]とエリス[80]の仕事を大学院生として、また若い学者として読むことは、私に正直に、無防備にさらけ出し、統合性をもって書くよう強く促してくれた。しかし、これらの親子の関係や、複雑な愛と喪失についての仕事が、私の人生と研究において、いかに中心的なテーマとなり関心になるかを理解するまでに、そう長い年月は要らなかった。私（キャロリン）は、学生たちが彼らの人生について書いた物語から、いつも刺激を受けている。彼らの物語は、私にはない経験、小さい頃に父親を亡くしたり、摂食障害を克服したり、ゲイであることを告白したり、抵当のため家を失ったことなどについて教えてくれた[81]。彼らの物語は、私をより良い教師、指導者、そして人間にしてくれた。

　これらの事例は、いかにオートエスノグラフィーによる物語が、私たちの考えや生き方を変えたかを示している。それらは、私たちが経験を理解するために用いる理論となり、私たちに働きかけ、そして私たちがより公正で人間的であるよう促す。これらのオートエスノグラフィーにおいて、物語は理論である。著者たちは、特定の理論的な枠組みの言葉や議論を取り立てて用いる必要を感じなかった。とは言え、自己、物語、理論、文化の間のつながりを示す会話を生み出すために、理論の言語と物語りの伝統を用いているオートエスノグラフィーもある。次の節では、理論と物語とをつなぐための、いくつかのテクニックについて概説する。

引用性 —— 理論の詩学で書く

　引用性は、自らの物語を書く際に、理論を**使用可能な言語**として扱って、理論の詩学に焦点をあてる。このアプローチは、考えや感情、結論を明確にするための手段として、**引用**（テクストを引き合いに出すこと）を用いる。このアプローチは、全ての理論的な著述でうまくいくものではないが、批判的理論家の著作ではしばしばうまく機能する。彼らのプロジェクトは、**著述**そのもののなかに、理論の介入を**実現する**ことを目的としている[82]。

　たとえば、私（ステイシー）の仕事のなかで、ロラン・バルト、ヴァルター・ベンヤミン、ジャック・デリダ、ジュリア・クリステヴァ、ジュディス・バトラー、マイケル・タウシグ、キャスリーン・スチュワートといった批判的学者たちが、特に詩的理論を提示している[83]。私にとって、これらの著者の作品のなかの言葉、文章のリズム、アイデアの流れは美しく圧倒的だ。私は、私／私たちの仕事のなかで、私たちの仕事として、私の言葉と彼らの言葉をつなぎ合わせ、彼らの仕事を主文や注記に引用して、これらの理論家の言葉を用いている。たとえば、「喪失と発見」[84]から次の一節を見てみよう。タウシグとスチュアートの言葉が使用されている（ここでは太字で示されている。これらの考えや引用の議論については、本書巻末の第4章の注を参照)。

　これらの物語は可能な未来への旅を語る。それは巡礼の旅をその途上で起きることへと変え、危険、損失と渇望への一時的な**モニュメント**を組み立てる ⋯ あなたたちはこれらの物語を**記念碑として、ペースを落とす方法**[85]として、そして、必要なパフォーマンスをするに十分長く、表現し評価する衝動に抵抗するために語る。
　　常にいまであり、
　　常につくられている
　　そして悩まされ[86]、**構成され、住まわせられている**
　　世界のなかに私たちは抱かれている
　この仕事が知っているものは、もし何かを知っているとすれば、それは変化することであり、手放すことであり、「**いまだまったく与えられていないが、ともかくも起こっている何か**」[87] ⋯ ［について］物語を語ることである。

　クレイグ・ギングリッチ – フィルブルック、タミ・スプライ、ソフィー・

タマス、ステイシー・ウルフ、ジョナサン・ワイアット、ケン・ゲイルなど多くのオートエスノグラファーは、引用の詩学に焦点をあて、彼らの声と理論の言語との間をシームレスに動き、物語と理論を詩的に融合して、物語が実践の理論となっている[88]。

夢想のなかで／夢想として書き、結びつきを掘り下げる

　理論と物語を融合するもう一つのアプローチは、理論的な考え／イメージを、ある考えや一連の観察の動きをマッピングする出発点として用いることである。このような書き方は、単一の考えに誘発されて一連の思考を地図にして追う瞑想 —— あるいは**夢想** —— を提供する。このアプローチのもう一つのメタファは、思考のなかで掻き立てられ、経験を理解するための結びつきを求めて、単一の思考を掘り下げることである。このアプローチを用いるには、一つの（そしてしばしば単純な）語句や考え、イメージから始めて、書いていくうちにそれが導いていくところに従っていく。

　私（トニー）はこのテクニックを、「母、ファゴット（ゲイ）、そして対抗可能な（可能でない）経験を目撃する」というエッセイで用いた。私は、この「ファゴット」と呼ばれる経験を、意図、文脈、意味の可能な関係性を示すため、4つの方法で掘り下げた。私は、各反復を同じ一連の文で始めた。

> 「おれは、おまえの母親をファックした。ファゴットめ！」誰かが、通り過ぎる車から私に叫ぶ。午後10時だった。私は、フロリダのタンパの住宅街の通りを歩いている。
>
> 　私は、自分の場所を確認する。モリソン通り。私は、自分の周囲に注意を払う。駆け込むところはあるか？　私は、警察に電話するため携帯を手にとる …[89]

　この経験の最初の反復で、私は、実際ゲイバーへ歩いていたファゴットとしての自分を意識している。私はまた、警察を呼ぶ時間があるか、そして身を護るために、自分のセクシュアリティを偽り、隠そうとするのではないかと訝り、気にしていることを述べている。

　2番目の反復では、私の安全への懸念 ——「ファッキング」や「ファゴット」が軽蔑的な言葉だと理解する私の能力 ——、女性やファゴットの侮辱的で不穏な社会的な地位の理解、そして、誰に助けを求めるべきか（ヘアスタイリスト

やタクシー運転手でなく、警官）を知っていることに寄与しているだろう文化的条件を考慮している。

　3番目の反復では、私に叫んだ人物 ── たぶん10代だ ── をどう描くかを書く。自分が10代だった頃やっていた、不潔嗜癖症で同性愛恐怖の行動について論じ、特に、他者をファゴットと呼んだり他の少年の母親をからかうことが、自分にとっていかに他者（ファゴット、少年、母親たち）に力を見せつけると同時に、仲間からの尊敬を集めるやり方だったかについて述べる。

　4番目の反復では、その10代の少年が逮捕されるようにして、彼の犯罪の目撃者になる経験を自分の利点としてどう使えるかを考える。私に叫んだ人物が逮捕されるように試みることは、語る物語をより複雑で喚起的な物語にするのではないかと思いつつ、一方でその少年に仕返しし利用しようと望んでいること、彼に権力を行使しようとすることに罪を感じた。

　この物語のそれぞれの反復において、私は、自分の言葉、考え、感情を既存の研究や理論的な考えと結びつけ、一つの短い経験をめぐる私の洞察が、可能性、関係性、そして文脈をどんどん拡大しつつ生み出すのに委ねた[90]。

基盤、精緻化、並置として書く

　物語と理論を融合する3番目のアプローチは、理論が個人的な経験を支持し、精緻化し、あるいは反駁する方法を考えることである。このアプローチでは、理論は、あなたの物語の意味と含意への対抗ナラティヴを精緻化し、あるいは提供する**基盤**を提供する。理論を用いるこのアプローチは、基本的に個人的なナラティヴに加えて、あるいはそれらと並置して、脚注や巻末注、語彙解説、補遺、あるいはテクストの断片やコラージュ ── これらは皆、説明を与え、つながりをつけ、追加的あるいは対抗的なナラティヴを提供する ── を用いるオートエスノグラフィーにしばしば見られる[91]。

　基盤として脚注を用いるのは、私（ステイシー）のエッセイ「喪失と発見」からの先に挙げた例や、このエッセイからのもう一つの抜粋に見られる。そこでは私は、R・D・レインの理論詩「結ぼれ（Knots）」を、養子縁組についての詩のためのインスピレーションとして使っている。一連の脚注のなかで、私は次のように書いている。

　[1] この節のタイトルは、R・D・レインの詩「結ぼれ」の一部から取られている。

それはこうである。「ここに描かれたパターンは ・・・ ／全て、おそらく、風変わりで、親しみのある ・・・ 心に浮かんだ／それらを名づける言葉は：結び目、もつれ、／からまり、**いきづまり**、分裂、変転、束縛。」[92]

[2] レインは、私のもの−私のものでない、私−私でないの結び目のなかへと書いてゆく。私はそれを、養子縁組における感謝と資格に関する会話として想像する。彼は申し出る。「僕の持っている全ては僕に与えられたものだし、僕のものだ ・・・ ／それは僕のものじゃない／でも、それは僕に与えられたものだし、僕はそれを持ってる／だから、僕は自分が持っているものに、または／与えられたものに感謝している。／しかし、僕は感謝していることが腹立たしいんだ／もしそれが僕に与えられたのだったら、それはいつも自分のものだったわけじゃないから。」[93]

これらの脚注は、このエッセイの主テクストで記した、養子縁組についての詩に結び付けられた。

　　　失われて：養子縁組へ
　　　互いに、私のものでない私のもの
　　　与えられてはいない、感謝
　　　見つけて：探すなかで
　　　手放すなかで
　　　まだ行ってしまってないものに
　　　開かれながら
　　　結びつけられて：言葉で
　　　犠牲の絹のひもで
　　　注意深く結ばれ、縫い合わされて ・・・

イヴ・タックとC・リーの語彙解説と補遺の二つの使用[94]、ジニーン・ミンゲとアンバー・ジマーマンのロサンゼルスの空間の／そのなかでのナラティヴの多層化と「再訪」[95]、そして、エイミー・キルガードのパフォーマンスを創造する一種としての／方法としてのコラージュの使用にも注目しよう[96]。

執筆において物語、参加者、読者、あなた自身を考える

　オートエスノグラフィーを書くとき、物語と理論を結ぶテクストを読者に提供することを考えるだけでなく、ナラティヴの合理性を示し、そして関係性の倫理に基づく物語を語る著者としての責任を考えなければならない。この本全体を通して述べてきたように、私たちのアイデンティティ、経験、物語は、他者のアイデンティティ、経験、物語と互いに絡みあっている。私たちの著述は、経験に忠実であると同時に、関係性への敬意がなくてはならない。

ナラティヴ合理性

　ウォルター・フィッシャーによれば、人は、ナラティヴ合理性（rationality）を探求する語り手である ―― もっともに思え、信頼でき、確かであり、経験に対して「真実」な物語である。ナラティヴ合理性は、ナラティヴ**蓋然性**（probability）とナラティヴ**忠実性**（fidelity）の二つの要素から成る。ナラティヴ**蓋然性**は、物語が首尾一貫しており、つじつまが「合って」おり、そして矛盾がないときに存在する。物語に、読者はこう尋ねる。「この物語は、語り手やキャラクターが述べたように起きることが可能だっただろうか？」[97]　ナラティヴ**忠実性**は、物語の「真実性の質」を問う。つまり、「推論の健全性とその価値の真価」である。その物語について、読者はこう尋ねる。「その物語のなかの行動や相互作用は、『十分な理由』によって起きているか？」そして、「この物語の教訓は、私の人生に関係していて、価値があるか？」[98]　フィッシャーによれば、もし物語が、ナラティヴ蓋然性とナラティヴ忠実性の「テスト」に合格するなら、読者はより物語を「受け入れる」であろうし、それを彼らの人生に組み入れるだろう[99]。

　オートエスノグラファーは、自己と文化の共生的なダンスに興味があるので、物語 ―― 特にキャラクター、記述、対話、解釈、結論 ―― が、ナラティヴ合理性を明らかにする方法に注意を払わなくてはならない。たとえ物語が、時間、空間、そして文脈と共に変化しうるし、実際変化するとしても、そしてたとえ記憶が流動的で誤りを犯しがちであり、修正が常に可能だとしても[100]、私たちは可能な限りの力を尽くして、もっともと思え、信頼でき、共鳴できるオートエスノグラフィーの物語を創造しなくてはならない。

執筆における関係性の倫理

　ナラティヴ合理性に加えて、オートエスノグラフィーを書くことに関わる**関係性の倫理**を考えなければならない[101]。オートエスノグラフィーを書く際、タミ・スプライは、オートエスノグラファーに以下のことを奨励している。

- 著述の動機や方法を批判的に省察することで**自己満足**を回避する。自己、他者、文脈についての情報を開示する。そして、最善を尽くして、動機、方法、開示をより大きな文化的課題に結びつける。
- 自身について学び、他者やより大きな文化システムとの自身の結びつきを問い質し、「抑圧的システムを永続化していたり、その対象であることへの自身関わり」を吟味することで、経験を表現するときに、**非難したり恥じたり**することを避ける。
- フィールドワークの経験を謙虚に、批判的に省察することによって、英雄視することを避ける。
- 不正義や抑圧の批判的分析を提起することなく、自己や他者を犠牲者として位置づけることを避ける。
- 研究者としてのアイデンティティと特権を認識することによって、自己正当化を避ける。
- あなたが表現する文化や経験の歴史、文化、ポリティクスについて学び、自己／他者との**関わりを失う**ことのないようにする[102]。

　私（キャロリン）は、山間部のコミュニティの隣人たちについてのエッセイで、これらの関心事のいくつかに向き合った。そこで私は、宗教やジェンダー、民族性、人種についての態度の違いに遭遇した。私は、山間部の人びとについて紹介した物語のなかで、人種差別や性差別の態度を見せることの倫理を問うた。しかし私は、彼らの見方を提示することは、人種差別的、性差別的態度を理解し、可能であれば変化をもたらすために重要なことだと思う。私は、自分の田舎の家族や生い立ちについての知識に頼りながら、彼らの視点から彼らの価値を理解しようと試みる。私は田舎の、南部育ちの女性として、自分の立場を説明し、彼らを疎外することなくその態度に影響を与えるという責任を真剣に考えている。私は、否定的に捉えられかねない山間部のコミュニティの情報を含める自身の動機を問い、良きコミュニティの一員であることや隣人を助け

るという肯定的な価値、そしてこの文化の活気ある側面に焦点をあてる。私は、彼ら隣人に対してよりも、私の家族に対してより防衛的だと感じるのはなぜかと問う。最終的に私は、彼らとどう異なるかに加えてどのように似ているかも理解しようと努め、もし自分が田舎の南部の文化のなかで人生を過ごしていたら、もっと彼らと同じようだったのではないかとあれこれ考える。私は、私が山間部の人びとをどう見るかと同様に、彼らが私をどう見るか、それに、彼らが私の行動のいくつかをどうとがめるだろうかを尋ねる。最終的な描写は、倫理的なジレンマと問いにあふれた混乱した記述である。それは読者が、彼らの価値や経験をより複雑なものとして捉え、自身や他者を物語り、物語り直すかを考え、さらには、私たちの研究にある広大な差異を尊重し調停する方法を思案するのを助けるのである[103]。

　上述したように、執筆は、あなたの経験に忠実でなければならず、参加者と読者を尊重し、彼らに責任を持つものでなくてはならない。ひとたびあなたが、これらのガイドラインを満たすと信じるオートエスノグラフィーの物語を書いたなら、今度はそれを編集し共有するときである。

仕事を編集し共有する

　スティーブン・キングは、著作の二つのタイプ、ドアを閉めて書くこととドアを開けて書くことを区別している。ドアを閉めて書くモードでは、その目標は、可能な限りいかなる干渉もなく書くことである。このモードでの著作は、キングが「すべて物語」草稿と呼ぶものとなる[104]。キングは、もし可能なら、1日か1週間、あるいは1か月くらい、このすべて物語の草稿からの休暇をとるよう勧めている。この休暇の後草稿に戻って、文章をより単純に、明瞭に、無駄なくする方法を探すことができる。

　いったん「すべて物語」草稿を編集し、注意深く、倫理的に、思慮深く、美学的に作り上げるよう作業して、テーマ、キャラクター、声、対話、筋、そして理論的な洞察が、喚起的で意義深い自己／文化の物語を語るならば、それを他者と共有する準備ができている。すべて物語の草稿を、「最初の読者」──その仕事に支持的であり、愛情を込めて批判的であり、正確なものにする人びと──、そしてその物語に表現された鍵となる参加者やキャラクターと共有する。キングはこの共有プロセスを、ドアを開くモードと言っている。彼はまた、

あなたの理想的な読者 —— 草稿で考えたであろう、宛先としての読者 —— に、草稿を読んでもらうよう提言している。「物語のなかに世界全体を招くことはできない」、「しかし、最も重要な人を招くことはできる」と、キングは言う[105]。

最初の読者に、物語の作られ方についてフィードバックを依頼する。この物語は、どんな思考や感覚を生み出すか。このテクストは、自己、文化、文脈の間の関係性について、どんな洞察を提起するのか。そして、その説明は、どれほど巧みに責任あるしかたで、他者の人生やアイデンティティを表現しているのか。このプロセスに取りかかるとき、キングのドアを開くメタファを受け入れよう。進行していくフィードバック・プロセスの第一歩であると理解して、読者から受け取る反応や示唆に**オープンである**ようにする。フィードバック・プロセスには、参加者、指導者、査読者、編集者、批評家からのそれも含まれる。

自分の研究の目的を忘れないようにし、修正プロセスがあるべき姿に近づいてゆくしかたにオープンでいるようにしながら、受け取るフィードバックにどう対応するか、慎重に考える。私（ステイシー）が、見直しや最初の読者 —— トニーやキャロリンも含まれる —— からのフィードバックへの対応のただなかにいるとき、私はよく、作家のレイモンド・カーバーの改訂と技巧についての考えに立ち戻る。

かつてエヴァン・コネルは、書いた短編を通して読み、コンマを取り除いてもう一度全体を読んでコンマを置き、それが同じ場所だったとき、書き終えたとわかると述べた。私は、何につけこのようなやり方が好きだ。私は、していることに対するこの種の配慮に敬意を表する。これは全て、最終的に手にした言葉であり、より正しいものであり、正しい場所に句読点が置かれ、言わんとしたことを最も良く言うことができる。もし、言葉が書き手自身の抑制のない感情で激しいなら、あるいは、他の理由で不正確で間違っていたなら —— それらの言葉が何にせよ曖昧であったなら —— 読者の目はその上を滑って、何も成し遂げられないだろう[106]。

カーバーの執筆の精密さと正確さについての議論は、物語をできる限り良いものにするよう専心することと並んで、オートエスノグラフィーの研究と表現

の質と効果に関する問いへと私たちの関心を向けさせる。次の章では、オート
エスノグラフィーのなかに／それによって見出される取り組み、効果、洞察を、
どう評価するかを考える。

第5章
オートエスノグラフィーを
評価する

　研究を評価することは必要ではあるが、いまだ論争のある分野である[1]。その研究者の経験も含めてオートエスノグラフィーを評価することの困難さは、おそらく伝統的な研究プロジェクトを評価するよりも大きい。この方法への批判は、常に**学問として**オートエスノグラフィーを評価することを拒絶してきた。これらの批判は、個人的で、自伝的な、そして美学的な仕事はその説明力、学問的洞察、あるいは社会的変化を培う能力を評価しえないという、狭い視点に拒絶の基礎を置いている。実際、物語を語ることや一人称の語りを研究に含めれば、学問の分析的な目的を犠牲にすることになると懸念する批判者もいる。この方法に反対する彼らにとって、ナラティヴを取り上げることは —— それを称揚することさえ —— 学問に以下のような事態を招く。そこでは物語は

> … 社会的文脈や社会的にもたらされる影響から引き剥がされる。[ナラティヴは] 自己の個人化された視点によって理解される。ナラティヴは、自律的で、独立した語る主体が … 真正性を達成できる方法である … これは、真剣な社会的分析を達成するためにナラティヴを用いることに、ほとんど全面的に失敗していることを表している[2]。

　こうしたナラティヴを書くことが、文脈から自由で、自律的で、独立した主体や著者を仮定することはほとんどないにもかかわらず、いまだ一部の人びとは、物語を語ることと学問の間の関係性を問題にしている。
　たとえば、私（トニー）の今も続いている同僚との議論を考えてみよう。それは、私のオートエスノグラフィー研究を知らなかった同僚が私に、一人称の

語りを使うどんな研究も、一人称の声を含んでいるという理由だけで不適切だと言ってきたときに始まった。

「でも、もしその研究が、包括的で、十分に議論され、熱意と説得力に満ちていたらどうです？」私は尋ねた。

「ならその研究は、一人称の語りを使わないはずだわ」と彼女は答えた。「一人称の語りは、部分的な見方や偏りを持ち込むのよ。」

私は同僚に、自分の仕事のなかで「私」を使うと告げた。「私はテクストの背後に自分を隠したり、自分の仕事が客観的で価値中立だと主張したくないんですよ」と彼女に言った。「『私』を使っているというだけでプロジェクト全体を否定するのは、不幸なことだし、愚直すぎます。」

彼女は同意しなかった。今も不同意のままである。この同僚は、学生たちが書くものに「私」を使うことを許さないと、学生たちは言う。私は彼らに、私はそのような私使用の制限は不適切だと信じるが、この制限は彼女の見方であり、彼女のコースでは執筆の必要条件なのだと伝えている。

一人称の声を用いることを擁護するようになる者もいる。アスリハン・アガオグルは、彼の論文のスーパーバイザーが、論文で「私」を使用するのが不適切で間違っていると、どんなふうに言ったか述べている――「学問的な記述のなかに『私』はない。そしてアガオグルは、創作の訓練では、三人称の（距離をとった、受動的な）語りは、「受け入れられない」と教えられたと指摘した。「良き書き手」は、受動態を使わない。「良い著述」は、能動態の、一人称の語りを用いる。「論文から『私』を放逐するなら」と彼は続ける。「大きなリスクをおかすことになります。書く物を、単なる事実と図表の羅列にしてしまいます」[3]。デイヴィッド・シールズが述べるように、研究において「結局のところ、話しているのはいつも一人称であることを普通忘れている」[4]。

一人称の声の使用と個人的なナラティヴを共有する実践は、学問の世界の外でも批判されている。ビル・T・ジョーンズが創ったダンス作品 Still/Here へのダンス評論家アーリーン・クローチェの批評をめぐって巻き起こった議論を考えてみよう。クローチェは『ニューヨーカー』のエッセイを、こう書き始めた。「私は、ビル・T・ジョーンズの Still/Here を観ていないし、レビューしようとも思わない」[5]。ジョーンズは、末期の病気と闘う人びとのナラティヴを収めたビデオ映像を舞台上のダンサーの動きと関連づけ、この作品をクローチェにとって「批評の範囲を超えたもの」[6]にした。クローチェは、いわゆる

犠牲者芸術を観て、レビューすることを拒否する。

　私は、気の毒に感じたり、絶望を感じる人をレビューすることはできない。…
彼ら自身を提示する方法のゆえに気の毒という感覚を強いられる［人びと］。虐
げられた黒人、虐待された女性、権利を剥奪された同性愛者のような、要するに、
犠牲者意識の犠牲者芸術を生み出す役者のような人たち[7]。

　こうした批判への反応からクローチェは、「芸術は、自伝、虚構、道徳、そ
してポリティクスを束ねてできたものだ」[8]ということを思い知らされた。学
問 ── 特にとりわけオートエスノグラフィーによる学問 ── は、これらの贈り
物や重荷からできている。個人的なものを排除することに加えて、クローチェ
は、作品を生み出した芸術家と Still/Here を観た観客の双方よりも自分は上
だ（より多く知りより良く教育されている）と自認している。評論家やその他の
評価者を作者から切り離したり話したり上に位置づけるこのような試みは、学
問と批評との間に錯覚の境界や「国境」を生み出す。クレイグ・ギングリッ
チ - フィルブルックは以下のように記している。

　私たちが評価として考えているものは … 決して、オートエスノグラフィーの
上に立つものではない。そうではなく、争うにせよ連携のなかで手を差し伸べる
にせよ、常に考察の対象となるオートエスノグラフィーの仕事と並んで起き、同
じ平面にあり、そして同じ世界にある[10]。

　この見方では、オートエスノグラフィーの評価や批判は、経験についての経
験の「もう一つの個人的な物語」を提示するのである[11]。
　評価を権力の行使や、全知の存在による宣告として考えるよりも ── 学界に
おいてときおり、こうした「委任／任命された判断の権威」を授けられ権力を
持つことがあるにせよ ── ギングリッチ - フィルブルックが書くように、以下
のように信じる方がよいだろう。

　いかなるオートエスノグラフィーの評価も … 高度に状況に埋め込まれた、特
権的な、権限を与えられた主体からの、彼や彼女が経験した何かについての単に
もう一つの物語である。オートエスノグラフィーを真に有用な方法で評価するた

めには、それによって自分が変わることに心をオープンにし、自分の権利を放棄するようにという呼びかけに耳を傾けなければならない[12]。

　さらに、マイケル・パットンは「判断の質は、基準を必要とする」[13]と書いているが、評価基準とは政治的なものであることを私たちは知っている。それは、ある声や研究プロジェクトに特権を与え、他の声やプロジェクトを挫き、沈黙させようとする[14]。

　私たちが創造し評価する仕事によって変えられることにオープンであることを示す精神で、この章では、私たちのオートエスノグラフィーのテクストの目標を提示する。次に、私たちがオートエスノグラファーとして、効果的で説得力のあるオートエスノグラフィーを生み出すうえで、どのように成功し、そして失敗するかを示す一つの方法として、これらの目標の観点から私たちの三つのオートエスノグラフィーを評価する。これらの評価においては、オートエスノグラフィーを行い、書くことの実践、考察、責任が、他のスキルを要する努力と同様に、いかに改善を続ける**技能**であるかを強調している。最後に、この本の旅を短く振り返り、立ち止まってオートエスノグラフィーが将来、あなたや私たちをどこに連れてゆくだろうかを考える。

オートエスノグラフィーを評価する目標

　第2章で概説した中心となる理念、研究デザインの考察、そしてオートエスノグラフィーを行う理由に基づいて、私たちは、オートエスノグラフィーの価値と成功を評価するための4つの目標のカテゴリーを作り出した。オートエスノグラフィーのテクストを評価するための閉じた一組の「基準」を作るのではなく、これらの目標を「記述的／規範的」でありかつ「実践的／理論的」でもある——オートエスノグラフィーがどうあるか、あるべきかを評価するという点で記述的／規範的であり、オートエスノグラフィーがその（諸）目的を達成したか／いかに達成したかを評価するという点で実践的／理論的である——目標として提示する[15]。オートエスノグラフィーを評価する目標として、以下がある。

・知識に貢献する

- 個人的なものと経験的なものを尊重する
- 物語と物語を語ることの力、技能、責任を示す
- 研究実践とその表現に対して、関係的に責任のあるアプローチをとる

　以下で、これらの目標のそれぞれについて議論する。

知識に貢献する

　この本を通じて述べてきたように、私たちは、アイデンティティ、関係性、そして経験を省察し、それらについての理解を生み出すためにオートエスノグラフィーを行う。また、私たちの省察と理解を他者と共有するために、オートエスノグラフィーを行う。このように、知識に貢献することは、知識は**状況に埋め込まれたもの**であり**異議を唱えられる**ものだということを認識しつつ、**既存**の知識と研究を拡大することを意味している。知識への貢献はまた、オートエスノグラフィーが研究者、参加者、読者／聴衆に提供する、**特定の、ニュアンスに富んだ、複雑な、内部者の**洞察を尊重することを意味している。

個人的なものと経験的なものを尊重する

　オートエスノグラファーは研究のなかで、個人的なものと経験的なものを尊重する。これには、文脈や文化における**自己の視点**を取り上げること、社会的生活を洞察する手段として経験を探求すること、研究において脆弱な自己を提示することのリスクを認識し、受け止めることなどが含まれる。**感情**と**身体的経験**を理解の方法とモードとして用いること —— それに重きを置きさえすること —— はまた、この目標を達成する重要な方法である。

物語と物語を語ることの力、技能、責任を示す

　オートエスノグラファーは、文化を描写し批判する**物語の力**を重視する。私たちは、**意味**を見出し、**理解**を生み出すために用いるプロセス、そして研究とその表現における研究者の位置を考える際の**再帰性**を示す物語に目を向ける。ここで、再帰性には、社会における私たちの位置や特権を認識し批判することと、権力、関係性、文化的禁忌、忘れられた、あるいは抑圧された経験への**長い沈黙を打ち破る**ため物語を用いることの両方が含まれる。これらの目標を成し遂げるために、オートエスノグラファーは、分析的能力を開発し磨くと同時

に、執筆と表現の**技能**を発展させることを重視する必要がある。

研究実践とその表現に対して、関係的に責任のあるアプローチをとる

　オートエスノグラファーは、自己、参加者、そして読者／聴衆の関与や表現に、**関係的に責任のある**アプローチをとる。これは、研究の関係性が、可能な限り**協働的**で、**献身的**で、**互恵的な**ものになるように努め、参加者の**アイデンティティを保護し、プライバシーを確保する**ことを意味している。関係的に責任あるアプローチはまた、研究を多様な読者に**アクセス可能**なものにし、私たちの仕事を、自分自身、参加者、そして読者／聴衆の人生に**関与し改善する機会**として見ることを意味している。

目標の実際を評価する

　多くの著者が、オートエスノグラフィーのテクストを評価するために用いるべき基準について論じている[16]。しかしながら、ときおりのオートエスノグラフィーの本やパフォーマンスのレビューを除いて、いかにして完全に、あるいはうまくオートエスノグラフィーの目標を達成するかに基づいて、オートエスノグラフィーを明示的に評価しているオートエスノグラファーはあまりいない。

　この節では、私たちが出版した三つのオートエスノグラフィーを評価し、オートエスノグラフィーに対して持つ目標のどこに合致し、どこで失敗したかを指摘する。これは、オートエスノグラフィーの価値と実践に献身しているにせよ、私たちの方法と研究に対する理解が時と共に変化していることを示すためである。研究者や書き手として能力を磨き、人間として変化していくなかで、私たちの仕事がどのように変わっていったのかを示したいと思う。それぞれのテクストの工夫や可能な意味に注目することで、オートエスノグラフィーの研究と表現の実践を高め、洗練させ、再考することを願って、建設的な評価を提供したい。

トニー──秘めていることを語る

　同性愛のカミングアウトについて書き始めたとき、カミングアウトに関するたくさんの伝記を読んで調査したので、単なるもう一つの「カミングアウト」物語を書くわけにはいかないと思った。この経験について新しい何かを述べた

り、これらの伝記や調査に対抗することを書いて、カミングアウトについての**知識に貢献**しなければならないと思っていた。そしてまた、カミングアウトに対する「新しい視角」が必要だった。カミングアウトの私の経験だけでは、「ナラティヴを正当なものにするのに十分」ではなかった[17]。

　本のなかで、私は、カミングアウトから遡って、「クローゼット」という隠喩的な構成概念に対抗して、既存の文献ではあまり、あるいは明確には議論されてこなかった、カミングアウトの経験を探求した。私は次のような観察と好奇心から始めた。

　…　もし、クローゼットから出たと言われたなら、その人は、その前、クローゼットに隠れていたと想定される —— カミングアウトの前はそうだったに違いない。しかし、どのようにして人は、その隠喩的な空間に入るのだろうか？　人はその部屋のなかに生まれるのだろうか？　もし、同性に惹かれることの何たるか、あるいはその意味を知らなかったり、「レズビアン」、「ゲイ」、「バイセクシュアル」、そして「クィア」などの言葉に馴染みがなかったりすれば、その人は前はクローゼットに入っていたと自分の経験を述べることができるだろうか？　クローゼットは単に後知恵で形成された、振り返っての再構成なのだろうか？　クローゼットが存在しうる前に、人がカミングアウトを思い描く前に、どのような条件が満たされなければならないのだろうか？　セジウィックの『クローゼットの認識論（*Epistemology of the Closet*）』に代表されるように、クローゼットが同性に惹かれることの**起源**として位置づけられるとき、クローゼット以前の経験や認識論はしばしば無視される[18]。

　クローゼットに入る、あるいはその中に行く経験は、私が出会った研究では、少なくとも明示的には、ほとんど議論されてこなかった。それゆえ私は、クローゼットの経験についての**知識に貢献する**試みとして、私の**個人的な**経験をクローゼット以前の経験についての、**特定の、ニュアンスに富んだ、複雑な、内部者**の洞察を表現するために用いる。

　この本を通じて、私は物語を語ることの**力、技能、責任性**に注意を払うよう心がけている。ジャーナリズムでの訓練が、私の著述の明確さや構成を改善するのに役立ったし、大学院の学位を取得する際には、ナラティヴを書く能力に磨きをかけることに努めた。オートエスノグラファーとして、私は、書く**技能**

に注意を傾けて、カミングアウトの説得的で喚起的な物語を語りたいと思った。

　たとえば、第3章「クローゼットを（の中で）生きる──クローゼットにいる時間」のなかで、私は、一人称の語りから二人称の語りに転換した。私はこの転換を、二つの理由で行った。第一に、私は、読者を私の物語のなかに引き込み、共に私の経験を生きるよう招いて、私がどう感じたかを感じ、そして、同じような状況下で、いかに私のような行動をするかもしれないかを示唆したかった。第二に、私は、悲しい、恥ずべき、非倫理的でさえある経験（たとえば、嘘を言う、酒に酔って運転する、多くの無謀な性的接触を持つなど）から距離を取りたかった。これらの経験は、私のカミングアウトの経験と結びついていて、それらから構成されてはいるが、それらはまた私を無防備に感じさせもする。一人称を使って書くことは、私の恥ずべき行為に対してあまりに無防備だと感じさせる。二人称での語りを用いて、私は、安全の感覚を覚えながら、自分の物語を十全にオープンに語ることができた。

　一人称から二人称の声への移行は、読者にとっても有効だと思う。ある学生は、この章を読んだ後、「決して私と夕食を共にしたくない」と私に言った。彼女にとって、私は操作的だし非道徳的だった。彼女は、また、その後の章を読んで私への見方が和らいだと言い、そのことを聞いて、**個人的に**、私は何だか嬉しかった。しかし、**物語を語る者**として、私は、彼女の厳しい反応を望み期待してもいた。私は、**無防備**で惨めな自分を伝えたいと思い、そうした読者の反応を聞くことが、書くことに成功したと実感させてくれるからだ。

　これらは、私の著作がオートエスノグラフィーの評価目標の面で最大限うまくいったやり方であるが、この著作の三つのありうる限界──失敗でさえある──を認めておきたい。第一に、私は、白人の、ゲイの、30歳の、健康体の男性の視点からこの本を書いた。そして、私の人種、年齢、性、能力が、私が言ったことや、私がいかに他者のアイデンティティや行動を解釈するかに影響を与える様を示そうと試みた。しかしながら、この本に女性の経験はうまく表現されていないと言ってくる人もいる。カミングアウトにおける人種と人種的影響に十分向き合えていないと言ってくる人もいる。また、私が、一世代的な（年代を基盤とする）カミングアウトについての視点を提示していて、80代や20代のゲイの男性とは共有されず適用可能でもないと考えている人もいる。私は**再帰的**に書こうと努めたが、今は、十分**再帰的**ではなかったと思っている。私は、自分の人種、年齢、性、そして能力を、私がしたよりももっと十分に

問い質すべきだったし、少なくとも、私の経験を理解するのに、もっと複雑でもっと交差的なアプローチを用いるべきだった。

　第二に、私の本は、そうあるべきと思う人のようには、同性愛恐怖症やカミングアウトしない決定に批判的ではない。私は、同性愛恐怖的な見方で、家族との関係を断ったり排除したりしたくはなかった。カミングアウトして自らのレズビアン、ゲイ、バイセクシュアル、あるいはクィアのアイデンティティを明らかにすべしとの要請とは逆に、私は、人びとに、特定の他者にカミングアウトすることへの圧力を感じないでほしかった。私は、自分の考えや議論が関係的に責任あるものと感じているが、他者がいかに私の考えを、同性愛恐怖の他者への、そして、異性愛を規範と見なす陰湿な文化的構造への、**関係的に無責任な譲歩**だと受け止めうるかに気づいた。果敢に批判的ではないため、私の仕事は、他者の生活に十分に**関わり、改善する**に至っていない。

　第三に、私は、公式のインタビューについて「インフォームド・コンセント」を得ていたが、オフィスやレストラン、それに電子メールやフェイスブックでのカミングアウトの短い会話のいくつかについては、同意を得ていないものもあった。私は、許可を得ることなくこれらの会話を含めることが、**関係的に責任ある**ことかどうか悩んだ。たとえば、マリアという学生が、カミングアウトの助言を得るため私のオフィスにやって来た。彼女は両親にはカミングアウトしないまま、5年間以上、ガールフレンド／パートナーがいた。それからマリアは、2年前にがんと診断され、余命はもう数か月だと打ち明けた。彼女は死に直面し、それに備えているにもかかわらず、自分が同性愛であることを両親に告白できず、彼女のパートナーについても話せないと知っていることに苦しんでいた。

　私は、マリアの物語が、カミングアウトの状況の本質 —— ナラティヴ的な真実 —— を捉えていると思った。人は、同性愛を告白するよりも、命を脅かす病を打ち明けることの方がずっと楽なのである。そこで私は本を書く際に、彼女を特定するかもしれない全ての詳細情報、彼女の病、年齢、居住地などを変え、マリアの経験を変形して用いた[19]。自分の記述が、十分彼女のアイデンティティを隠したことに自信があった。しかし私は、マリアに、彼女の経験を書くことの許可を求めていなかった。何年か経ってもいまだに、自分の利益のために（すなわち、カミングアウトについての私の議論のための「データ」として）、マリアの経験を利用したのではないかと疑念を抱いている。ただ私は、彼女の

経験を共有することは、同様なカミングアウトの状況に葛藤する人びとの役に
立つに違いないと、今も信じている。

　セクシュアリティや同性に惹かれることについてのオートエスノグラフィー
を行い書き続けていくにあたって、私はこれらの限界を考慮に入れていきたい。
それ以来私は、自分が書くもの全てについて可能な限り省察的であろうとし、
自分の経験を多元的な視点から理解し組み立て、私の社会的な優位性が自らの
経験や語る物語に影響を与える可能な道筋をより良く観察するよう心がけてい
る。私は、自分のオートエスノグラフィーの仕事について受けるだろう意見を
異にする批判、特に、私の議論が十分に本質的でないと指摘する批判に対して、
より配慮していくつもりである。そして私は、自らの文章で、他者を表現して
いるか、いかに表現しているか、そして、彼らを覆い隠すための選択について、
注意深い観察者でありたい。

ステイシー ── 「喪失と発見」

　エッセイ「喪失と発見」で私は、物語の語りとパフォーマンスのなかで、い
かにして関係性が生み出され、問われ、変貌したかについて書いている。具体
的には、もう一人養子をとることはしないという決定や、私の祖母（彼女自身
養女だった）を亡くしたことを含む一連の変化、喪失、発見が、アイデンティ
ティと生活がいかに他者との**関係のなかで**遂行されるかをどのように説明する
かを書いている。

　知識に貢献することに焦点をあてた最初の目標については、私は、知識は単
に状況に埋め込まれ、異議を唱えられるだけでなく、関係的に創造される、と
いう考えに立っている。この著述は、理論の物語 ── たとえば、ヴァルター・
ベンヤミンの物語の語り手についての考えや、他者に対して、他者に対する、
自分自身の説明を与えることについてのジュディス・バトラーの考え ── を、
養子をとる経験についての私の物語、二番目の子どもを養子にしないという私
の決定、そして、祖母が教えてくれた養子についての教訓との関係において
語っている。私の**特定の、ニュアンスに富んだ、複雑**で、**内部者の**、養子の知
識を用いながら、私のエッセイは既存の研究を拡張し、養子の文脈におけるア
イデンティティと関係性についての**知識に貢献する**。

　私のエッセイはまた、**個人的なもの**と**経験的なもの**とに重きを置いており、
表現における**脆弱さ**を大切にしている。この文章のなかで、私は、私の養子と

なった子どもや、養子としなかった子ども、そして祖母との関係において感じた悲しみや喜びを伝えている。私は、祖母を亡くしたことと追慕への両方の**感情**と**身体的な**経験に焦点をあてている。しかし私は、文章のなかで私自身や私の愛する人びとを**脆弱にする**リスクは、養子と喪失の経験について彼らが与えてくれた洞察を考えればそれだけの価値があると信じているが、ときおり、どこまで明らかにするのかの決定に後悔することがある。たとえば、このエッセイが『ザ・クリティカル・レデ（*The Critical Lede*）』で書評されたとき、評者たちが私の仕事を議論していることに、私は身がすくむ思いがした。彼らのコメントは、著者としての私に支持的で有用なものだったが、逸脱と喪失の長々としたリストに時系列に並んだ私のアイデンティティと経験の錯綜した物語を聞くのは、私がさらけ出された気持ちになった。しかし、あのエッセイは、個人的なものと経験的なものを尊重するという目標を満たしていると信じているし、多くの部分において、脆弱さのリスクは受け入れられるとわかった。

　文化を記述し批判する方法としての**物語を語る**力を信じることは、「喪失と発見」の議論と論理の中心的な部分をなしている。私の関係性における変化、祖母を亡くしたこともう一人の子どもを養子にする可能性、そしてクィアとしての新たな自分のアイデンティティの発見を、私は書いている。禁忌なトピック（結婚を捨ててクィアになる）について、養子縁組の経験と養子縁組しなかった子どもの経験をめぐる**沈黙**、そして、国際養子縁組における隠れた権力構造と、人種的、経済的特権による搾取について、私は**省察的**に書いている。しかし、特に国際養子縁組について書いているとき、**省察**することへの挑戦と献身に十分に応えているかどうか疑問に思っている。私は、この「世界が、もう一組の養子縁組の親の心配と罪悪感に満ちたページをさらに必要とする」のかどうかを問うているが、書いたものはまさにそうしたもの — 心配と罪悪感に当てられたページ — として私は読むし、さらには、書いたものが、そのような損失と不公正のシステムを生み出すことに対抗する、いかにより意味のある仕事に貢献するのかを問うてもいる[20]。最後に、第4章に記したように、私は、物語が関係性を作り出す即時的で包括的なしかたについて書くために、俳文の詩的形式を用いることを選択した。いったんこの選択をすると、私は、俳文の使用と美学について幅広く読み、この形式で書くための技術を養うよう努め、オートエスノグラファーは書くことの技能に意を配るべきという要請に応えた。このように、私のエッセイは、物語を語る力と技能を具体的によく示す

ものではあったが、表現における省察の責任性に十分取り組んでいなかった。

　オートエスノグラフィー研究の**関係的な責任**に焦点をあてる最後の目標については、「喪失と発見」は、おそらくほんの少ししか成功していない。このエッセイで、**全ての**関係は、協働的で、献身的で、互恵的でありうるし、そうあるべきだと論じていると思う。以前書いたように、私は、自分の経験を他の養子縁組の親や養子縁組した子ども、クィアの人びとの経験を理解し、それらを結びつけるという明確な目的を持ってこのエッセイを書いた。この仕事について、教室で、電子メールで、そして会議で受け取った心を動かされ触発される反応は、この目標が達成されたことを示唆してもいる。

　私は、生前に祖母とこの仕事を共有することも同意を得ることもできなかった。しかし私は、交わした会話や書くことや生きることについて教えてくれたことについての私の表現のしかたを、彼女が認めてくれるに違いないと思っている。彼女が入院中の身体的な外見の記述や、彼女の人生の最後の瞬間を書くという私の決断についてなんと言うかは、それほど確信を持てない。さらに、私の子ども（文章中でもこの仕事のなかでも、実名で書くことを避けた）が、このエッセイに登場して描写されたことをどう感じているのかを心配している。もしこれを学校の友だちが読んだなら、困惑のもとになるのではないかと心配である。10代前の子どもにとって、おそらく僅かであっても茫然自失させる可能性がある。以上のように、私は、**関係的に責任のある**しかたで書き、行動し、愛する者たちの**プライバシーを守る**ためになすべき全てを行えたかどうかは確信がない。

　最後に、このエッセイは、読者が自らの人生において**利用**できる物語を創造することの重要性を強調しているが、理論的な言葉を用いそれらを愛していて、手に取りやすくないというフィードバックがあった。第4章で述べたように、この仕事の基盤として理論を使うことを選び、批判的に実践の理論を示すという目標に専心したが、このエッセイにおける理論は何人かの読者を遠ざけたかもしれない。さらに、詩の使用 —— 私が愛し、笑いや良いワインや呼吸と同じくらい本質的だと考えている形式 —— も、何人かの読者を遠ざけたかもしれない。

　まとめると、「喪失と発見」は、オートエスノグラフィーの目標の多く ——大部分ではなくとも —— を満たしてはいるが、いくつかの重要な点で十分ではない。私は、この評価を書いた教訓を活かして、新しいオートエスノグラ

フィーを書きたい。そして、私は、学者として、教師として、母として、パートナーとしての発達の重要な機会として、そして、愛する思い出深い祖母への感謝として、「喪失と発見」を取り上げている。

キャロリン —— 協働的な証言と倫理的な研究

先行する節で、トニーは自分の本を評価し、ステイシーは自分のエッセイの一つを評価している。私はずいぶん長いことオートエスノグラフィーを行ってきたので、この本のそこかしこで詳細を述べてきたいくつかのエッセイについて話し、それから、最近の仕事が、初期の研究の限界のいくつかにどう応答しているかについて論じたい。私が、母についての最初のエッセイ「母性的な結びつき（Maternal Connections）」を書いたとき、私は、親をケアする**知識に貢献する**ため短い物語を用いた。私の物語は、負担としてのケアという考え方に疑問を呈し、愛情ある、意味を生み出す関係としてのケアを描いている。母性的な結びつきを描くなかで、私の物語は、世代を超えたケアの悩みを紹介し、分析を提供している。この物語はまた歴史的なエッセイともなっていて、そのなかで、子どもを持つことよりもキャリアを選んだ世代の女性たちを描き、私たちの文化における特定の時点での、キャリアを持つことと母であることとについての議論を提起している。多くの人たちに引き起こした反応や物語を考えれば、私は、この仕事が知識に貢献し、読者に理論**としての**物語の例を提供していると思う。

「母性的な結びつき」はまた、私の母との関係性を述べるなかで、**個人的なものと経験的なもの**を強調している。この物語は、私たちの感情的な関係性を重視し、私たちがいかに互いに「愛しあうようになった」かを示している。この物語は、病んだ母の身体と身体的機能の描写、私の身体についての省察や母の身体との比較によって、病を**体現**している。母は、私が彼女と彼女の病について描き、あからさまにすることで**脆弱**になっている。母をケアしようとしている娘として、私は自分たちの関係性と、他者の私への見方を損なうというリスクがあるという点で、同じく脆弱である。母は、私の記述によって恥ずかしく思うだろうか？　読者は、私が、母との関係性を利用しているのでは、と疑うだろうか？

この物語のなかで、私は、文化を批判し記述する物語の**力**、**技能**、そして**責任**を示すために、文学的な記述技巧を用いている。私は、理論を含めず研究

文献の参照をしていないが、そのかわり、親をケアするという経験――私たちの多くがどこかの時点で持つ経験――を伝えるため、感覚的細部、動き、感情、対話、そして場面の状況に訴え、多くが家族を持つよりもキャリアを選択したベビーブーマーの女性たちの持つ矛盾を取り上げている。このように書くことで私は、キャリアウーマンとして行った選択や、その過程で改善されさえした母との関係性を省察するよう導かれた。この短い物語の形式は、多くの聴衆に手に取りやすいものにでき、そして、願わくば、両親との関係性や責任性について考えるための基準点を提供できればよいと思う。

　出版する前にこの物語を母に見せていなかったので、他者、特に、私たちの物語のなかでそれと認識されうる他者を、**関係的に責任ある**しかたで表現することについての懸念を生んだ。私は、母についての二番目の物語で、これらの懸念に取り組み、のちに、「母性的な結びつき」と共に彼女と共有した[21]。この二番目の物語において、私は、愛する人びとと自分たちの物語を共有することが何を意味するのかについて、そして彼らや読者への私たちの**責任性**について述べている。私はまた、研究プロジェクトよりも私たちの**関係性**を尊重するという課題や、そのような尊重がもたらすものについて問題提起し、印刷した全ての文書、特に母を傷つけるかもしれない部分を読むのがいかに難しいかを描いている。完全に解決されたとは言えないが、自分が言い、行うことを常に考え再考しようと試みながら、おのおのの特定の文章や関係性を見つめなければならないという考えを紹介して、この二番目のエッセイを終えている。私は母との関係性は、彼女との／私たちの関係性について全てを読者に話すことよりも重要である、という信念を表明して結論としている。

　これらの二つのエッセイは、私の研究に参加する人たちとどう関わりたいのか、そして彼らへの私の責任について、深く考えさせてくれた。ホロコーストのサバイバーとの私の現在の研究では、母について書くことから学んだことを考慮に入れている。サバイバーであるジェリー・ラウィッキとの、そして彼についての仕事は、今、ジェリーと**共に**構築しており、あるいは、書くプロセスを通して何度も彼と共有している[22]。私は、特にホロコーストのトラウマについての**知識に貢献**したい。サバイバーの証言を検討し、ジェリーと共に、この恐ろしい出来事の経験における**個人的で感情的なもの**の役割を解明したい。彼と私が一緒に書くとき、私たちは、何度も書き直して、彼の証言による逸話を、読者を**惹きつけ**、**反応**を呼び起こし、人びとの記憶に残る文学的な物語に仕上

げることに集中する。現在の私の第一の目標は、人びと、特に、私たちの参加者の**生活をより良くする**ために、協働的な証言を用いることにあるので、以前の仕事で経験したような、何を言うべきで何を沈黙すべきかの間の矛盾に直面してはいない。私の決定はジェリーと**共**になされた。そうは言っても、ジェリーが、研究のパートナーとしてよりも友人として私を必要としているときに気づいて、いつテープ録音をやめてビデオレコーダーを家に置いていくかを見極め、**関係性の倫理**にかなって、誰がどう同意を与えなければならないのかを考え、そして、ジェリーにトラウマ経験を再度語るよう頼む際に害がないよう努めるなど、情報を提供する最善の方法について倫理的な決断をしなくてはならない状況がまだ生じる。私はまた、異なる意味、経験、解釈、聴衆、そしてジェリーと私が持つ目標に対してオープンであり続けることに力を注いでいる。いつも成功するわけではないが、私は常に深い倫理性をもって私たちの関係性を扱い、脅威や解決されるべき何かとして見るのではなく、より豊かでより複雑な物語を書く方法として、互いの違いを呼び起こすよう心がけている。

＊　　＊　　＊

　私たちの仕事の評価が示すように、一つのオートエスノグラフィーが、この方法の目標として概説した全ての目標を満たすことができると思うのは、おそらく現実的ではない。しかし、オートエスノグラフィーについての私たちの洞察が発展し、熟達したオートエスノグラファーが育ち、利用できる模範となるオートエスノグラフィーの文献が増えるにつれて、これらの目標の全てではないにしても、多くを満たすオートエスノグラフィーを目にするだろうと信じている。それらの仕事は、次には、それを見習いたい、自身の声、経験、洞察を使って語り直したいと思う物語になるだろう。

オートエスノグラフィーの未来

　この本を通して、私たちは、オートエスノグラフィーの中心となる理念と最も良い実践を探求している。私たちは、鍵となるオートエスノグラフィーのアプローチ、プロセス、倫理的配慮、そして表現における責任について述べている。私たちは、自分たちの仕事のなかで、これらの課題をどう用い、取り組ん

だかを**示している**。私たちは、オートエスノグラフィーに行き着いた私たちの物語、この方法の開発へと導いた関心や考慮、そしてオートエスノグラフィーの簡略な歴史（第1章）を共有している。私たちは、オートエスノグラフィーの目標と実践 —— 中心となる理念 ——、オートエスノグラファーはどのようにこれらの理念を達成できるのか、そして、なぜ研究者は、オートエスノグラフィーを行うことを選ぶのかを概説している（第2章）。私たちは、オートエスノグラフィーを行い、フィールドワークを実施し、倫理的に研究し、そして、私たちの経験を分析し解釈するプロセスを述べている（第3章）。私たちは、オートエスノグラフィーを書くなかに含まれ、用いられる、様々なモード、技術、そして倫理的課題を探索している（第4章）。私たちは、オートエスノグラフィーを生み出すための目標を詳述し、それらの目標を用いながら私たちの仕事を評価している（第5章）。この最期の節では、オートエスノグラフィーによる探求の未来を述べ、オートエスノグラフィーを行ううえでのいくつかの結論的な省察を行いたい。

　最初に、私たちは、皆さんが、オートエスノグラフィーの力を教え、それについて語り、用い、示すことによって、社会研究のための豊かで実行可能な方法として、オートエスノグラフィーをさらに確立するために、私たちに加わってくださることを期待している。他の人びとのオートエスノグラフィーの仕事をレビューし引用し、あなた自身のものを紹介し、他の人びとがこのアプローチを研究や著述のプロジェクトの方法として真剣に受け止めるように、粘り強く（穏やかに）主張してほしい。この方法を用いるのを挫こうとする人びと（たとえば、同僚、教授、編集者、批評家など）に出会うかもしれないが、それと同じくらい、オートエスノグラフィーの仕事を支援し、評価する人びとがいることを知ってほしい。もし、私たち3人の仕事に対して受ける反応や、増え続ける論文数、書籍、引用が何らかの指標であるなら、オートエスノグラフィーを支持する人びとの数は日々増え続けている。同時に、この方法への批判を注意深く考察し、自身の仕事でそれらの批判に対処する方法を見出してほしい[23]。

　第二に、出版について心配したりこだわらないようにしてほしい。アン・ラモットは、書き手がただ出版されることを望むのを嘆いて、こう書いている。人生は、出版した後も、それほど —— 全然ではないとしても —— 変わらないと[24]。そのかわり、できる限り最善のオートエスノグラフィーの仕事をするこ

とに集中してほしい。良い仕事をするということは、他者のオートエスノグラフィーを読むことや、彼らがどのように個人的経験を用いて表現しているかを吟味することであり、書く技能と分析的な能力を高め、毎日書くための時間を作り、全ての言葉を推敲して、全ての言葉を大事にし、他者からのフィードバックを促し、それらに対処することを含んでいる。

　第三に、私たちや他者に向けてなされる不正義に注意を向け、オートエスノグラフィーによる研究を、排除、不一致、不名誉の経験を記述するために用いてほしい。文化的な変化を主張するだけでなく、それが求める変化を具象化するような仕事を創造してほしい。思いやりや希望、脆弱さ、連帯、そして共感の物語や、不正義を「正すために書く」物語を、語ってほしい[25]。

　私たち3人は、オートエスノグラフィー的に生き、オートエスノグラフィーを愛している。私たちは、物語、個人的な経験、批判的な研究を重んじる。私たちは、誰もが手に取りやすいように書き、研究するよう努める。そうすれば、人びとの生活を改善するかもしれない。私たちは、参加者、友人や家族、私たちの物語に出てくる他者との関係性を重んじ、彼らのプライバシーを尊重する。私たちは、有害な文化的信念や実践、経験を問い質し、終わりにするために書いている。私たちにとって、それが研究であり、研究のあるべき姿である。

　この本が、あなたがオートエスノグラフィーの研究を行い、オートエスノグラフィー的な人生を生きるきっかけになればと思う。皆さんのオートエスノグラフィーを読み、また、この本への反応を聞くことを楽しみにしている。そのときまで、読み、書き、研究し、フィールドワークをし、同意を得、脆弱でありながら省察的で、そして、物語を語り、聴くことに専心していただきたい。

第6章
オートエスノグラフィーを
行い、書くための資料

　この本を通じて、私たちは、オートエスノグラフィーの説得的な物語の例と共に、オートエスノグラフィーとは何か、何をするのかをつまびらかにする情報源の詳細な説明を提供するよう努めた。また、オートエスノグラフィーの研究を実施し書くガイドとなる仕事について論じた。この最終章では、オートエスノグラフィーに関連する私たちの推薦する資料のいくらかをリストする。私たちの好きなモノグラフや論文、章、そして雑誌の特集、そしてオートエスノグラフィーの仕事に好意的な雑誌や会議を紹介する。これらのリストは、完全なものではない。これらは、私たちの研究のしかたに影響を与えた資料であり、私たちを惹きつけ、感情を喚起した模範となるものである。皆さんのオートエスノグラフィーによる研究と執筆が進むのに応じて、ご自身の好きなものをこのリストに加えていっていただきたい。

オートエスノグラフィーを行うための資料

Adams, Tony E. "The Joys of Autoethnography: Possibilities for Communication Research." *Qualitative Communication Research* 1, no.2 (2012): 181-94.

Allen-Collinson, Jacquelyn. "Autoethnography as the Engagement of Self/Other, Self/Culture, Self/Politics, and Selves/Futures." In *Handbook of Autoethnography*, edited by Stacy Holman Jones, Tony E. Adams and Carolyn Ellis, 281-99. Walnut Creek, CA: Left Coast Press, 2013.

Anderson, Leon. "Analytic Autoethnography." *Journal of Contemporary Ethnography* 35, no.4 (2006): 373-95.

Anderson, Leon, and Bonnie Glass-Coffin. "I Learn by Going: Autoethnographic Modes of Inquiry." In *Handbook of Autoethnography*, edited by Stacy Holman Jones, Tony E. Adams and Carolyn Ellis, 57–83. Walnut Creek, CA: Left Coast Press, 2013.

Bartleet, Brydie-Leigh. "Artful and Embodied Methods, Modes of Inquiry, and Forms of Representation." In *Handbook of Autoethnography*, edited by Stacy Holman Jones, Tony E. Adams and Carolyn Ellis, 443–64. Walnut Creek, CA: Left Coast Press, 2013.

Behar, Ruth. *The Vulnerable Observer*. Boston, MA: Beacon Press, 1996.

Berry, Keith. "Spinning Autoethnographic Reflexivity, Cultural Critique, and Negotiating Selves." In *Handbook of Autoethnography*, edited by Stacy Holman Jones, Tony E. Adams and Carolyn Ellis, 209–27. Walnut Creek, CA: Left Coast Press, 2013.

Bochner, Arthur P. "Criteria Against Ourselves." *Qualitative Inquiry* 6, no.2 (2000): 266–72.

———. "Narrative's Virtues." *Qualitative Inquiry* 7, no.2 (2001): 131–57.

———. "Perspectives on Inquiry III: The Moral of Stories." In *Handbook of Interpersonal Communication*, edited by Mark L. Knapp and John A. Daly, 73–101. Thousand Oaks, CA: Sage, 2002.

Bochner, Arthur P., and Carolyn Ellis. "Personal Narrative as a Social Approach to Interpersonal Communication." *Communication Theory* 2, no.2 (1992): 165–72.

Butz, David. "Autoethnography as Sensibility." In *The SAGE Handbook of Qualitative Geography*, edited by Dydia Delyser, Steve Herbert, Stuart Aitken, Mike Crang and Linda McDowell, 138–55. Thousand Oaks, CA: Sage, 2010.

Carless, David, and Kitrina Douglas. "A History of Autoethnographic Inquiry." In *Handbook of Autoethnography*, edited by Stacy Holman Jones, Tony E. Adams and Carolyn Ellis, 84–106. Walnut Creek, CA: Left Coast Press, 2013.

Carter, Shelly. "How Much Subjectivity is Needed to Understand Our Lives Objectively?" *Qualitative Health Research* 12, no.9 (2002): 1184–201.

Calafell, Bernadette Marie. "(I) dentities: Considering Accountability, Reflexivity, and Intersectionality in the I and the We." *Liminalities: A Journal of Performance Studies*9, no.2 (2013): 6–13. Accessed June 1, 2013. http:// liminalities.net/9-2/calafell.pdf

Chang, Heewon. *Autoethnography as Method*. Walnut Creek, CA: Left Coast Press, 2008.

Chang, Heewon, Faith Wambura Ngunjiri, and Kathy-Ann C. Hernandez. Clair, Robin Patric., ed. *Expressions of Ethnography: Novel Approaches to Qualitative Methods*. Albany: State University of New York Press, 2003.

Denzin, Norman K. *Interpretive Autoethnography*. Thousand Oaks, CA: Sage, 2014.

Ellis, Carolyn. *The Ethnographic I: A Methodological Novel About Autoethnography*. Walnut Creek, CA: AltaMira Press, 2004.

Ellis, Carolyn, and Arthur P. Bochner, eds. *Composing Ethnography: Alternative Forms of Qualitative Writing*. Walnut Creek, CA: AltaMira Press, 1996.

———. "Autoethnography, Personal Narrative, Reflexivity." In *Handbook of Qualitative Research*, 2nd ed., edited by Norman K. Denzin and Yvonna S. Lincoln, 733–68.

Thousand Oaks, CA: Sage, 2000.

Ellis, Carolyn, Tony E. Adams, and Arthur P. Bochner. "Autoethnography: An Overview." *Forum: Qualitative Social Research* 12, no.1 (2011).

Ellis, Carolyn, and Michael G. Flaherty, eds. *Investigating Subjectivity: Research on Lived Experience.* Newbury Park, CA: Sage, 1992.

Ellis, Carolyn, Christine E. Kiesinger, and Lisa M. Tillmann-Healy. "Interactive Interviewing: Talking About Emotional Experience." In *Reflexivity and Voice,* edited by Rosanna Hertz, 119–49. Thousand Oaks, CA: Sage, 1997.

Ellis, Carolyn, and Jerry Rawicki. "Collaborative Witnessing of Survival During the Holocaust: An Exemplar of Relational Autoethnography." *Qualitative Inquiry* 19, no.5 (2013): 366–80.

Gingrich-Philbrook, Craig. "Autoethnography's Family Values: Easy Access to Compulsory Experiences." *Text and Performance Quarterly* 25, no.4 (2005): 297–314.

———. "Evaluating (Evaluations of) Autoethnography." In *Handbook of Autoethnography,* edited by Stacy Holman Jones, Tony E. Adams and Carolyn Ellis, 609–26. Walnut Creek, CA: Left Coast Press, 2013.

Goodall, H. L. *Writing the New Ethnography.* Walnut Creek, CA: AltaMira Press, 2000.

Hayano, David M. "Auto-Ethnography: Paradigms, Problems, and Prospects." *Human Organization* 38, no.1 (1979): 99–104.

Hayler, Mike. *Autoethnography, Self-narrative and Teacher Education.* Rotterdam, Netherlands: Sense Publishers, 2011.

Holman Jones, Stacy. "Autoethnography: Making the Personal Political." In *Handbook of Qualitative Research,* edited by Norman K. Denzin and Yvonna S. Lincoln, 763–91. Thousand Oaks, CA: Sage, 2005.

Holman Jones, Stacy, and Tony E. Adams. "Autoethnography and Queer Theory: Making Possibilities." In *Qualitative Inquiry and Human Rights,* edited by Norman K. Denzin and Michael G. Giardina, 136–57. Walnut Creek, CA: Left Coast Press, 2010.

Holman Jones, Stacy, Tony E. Adams, and Carolyn Ellis, eds. *Handbook of Autoethnography.* Walnut Creek, CA: Left Coast Press, 2013.

Langellier, Kristin M. "Personal Narrative, Performance, Performativity: Two or Three Things I Know for Sure." *Text and Performance Quarterly* 19, no.2 (1999): 125–44.

Leavy, Patricia. *Fiction as Research Practice: Short Stories, Novellas, and Novels.* Walnut Creek, CA: Left Coast Press, 2013.

Madison, D. Soyini. *Critical Ethnography: Method, Ethics, Performance.* 2nd ed. Thousand Oaks, CA: Sage, 2012.

Muncey, Tessa. *Creating Autoethnographies.* Thousand Oaks, CA: Sage, 2010.

Mykhalovskiy, Eric. "Reconsidering Table Talk: Critical Thoughts on the Relationship between Sociology, Autobiography and Self-Indulgence." *Qualitative Sociology* 19, no.1 (1996): 131–51.

Reed-Danahay, Deborah, ed. *Auto/Ethnography*. New York: Berg, 1997.

Richardson, Laurel. "Narrative and Sociology." *Journal of Contemporary Ethnography* 19, no.1 (1990): 116-35.

Sikes, Pat, ed. *Autoethnography*. Thousand Oaks, CA: Sage, 2013.

Scott, Julie-Ann. "Problematizing a Researcher's Performance of 'Insider Status': An Autoethnography of 'Designer Disabled' Identity." *Qualitative Inquiry* 19, no.2 (2013): 101-15.

Spry, Tami. "Performing Autoethnography: An Embodied Methodological Praxis." *Qualitative Inquiry* 7, no.6 (2001): 706-32.

———. *Body, Paper, Stage: Writing and Performing Autoethnography*. Walnut Creek, CA: Left Coast Press, 2011.

Tillmann-Healy, Lisa M. "Friendship as Method." *Qualitative Inquiry* 9, no.5 (2003): 729-49.

Toyosaki, Satoshi, and Sandy L. Pensoneau-Conway. "Autoethnography as a Praxis of Social Justice." In *Handbook of Autoethnography*, edited by Stacy Holman Jones, Tony E. Adams and Carolyn Ellis, 557-75. Walnut Creek, CA: Left Coast Press, 2013.

Tullis Owen, Jillian A., Chris McRae, Tony E. Adams, and Alisha Vitale. "truth Troubles." *Qualitative Inquiry* 15, no.1 (2009): 178-200.

Wall, Sarah. "An Autoethnography on Learning About Autoethnography." *International Journal of Qualitative Methods* 5, no.2 (2006).

———. "Easier Said Than Done: Writing an Autoethnography." *International Journal of Qualitative Methods* 7, no.1 (2008).

Wolcott, Harry F. *Ethnography Lessons: A Primer*. Walnut Creek, CA: Left Coast Press, 2010.

オートエスノグラフィーの例

Adams, Tony E. "Seeking Father: Relationally Reframing a Troubled Love Story." *Qualitative Inquiry* 12, no.4 (2006): 704-23.

———. "Mothers, Faggots, and Witnessing (Un) Contestable Experience." *Cultural Studies ↔ Critical Methodologies* 9, no.5 (2009): 619-26.

———. *Narrating the Closet: An Autoethnography of Same-Sex Attraction*. Walnut Creek, CA: Left Coast Press, 2011.

———. "Missing Each Other." *Qualitative Inquiry* 18, no.2 (2012): 193-96.

———. "Post-Corning out Complications." In *Critical Autoethnography: Intersecting Cultural Identities in Everyday Life*, edited by Robin M. Boylorn and Mark P. Orbe, 62-80. Walnut Creek, CA: Left Coast Press, 2014.

Alexander, Bryant Keith. *Performing Black Masculinity: Race, Culture, and Queer Identity*. Lanham, MD: AltaMira Press, 2006.

Bartleet, Brydie-Leigh, and Carolyn Ellis, eds. *Music Autoethnographies: Making Autoethnography Sing/Making Music Personal.* Bowen Hills: QLD Australian Academic Press, 2009.

Barthes, Roland. *A Lover's Discourse: Fragments.* Translated by Richard Howard. New York: Hill and Wang, 1978.

Benson, Thomas W. "Another Shooting in Cowtown." *Quarterly Journal of Speech* 67, no.4 (1981): 347-406.

Berry, Keith. "Embracing the Catastrophe: Gay Body Seeks Acceptance." *Qualitative Inquiry* 13, no.2 (2007): 259-81.

Bochner, Arthur P. *Coming to Narrative: A Personal History of Paradigm Change in the Human Sciences.* Walnut Creek, CA: Left Coast Press, 2014.

Bochner, Arthur P., and Carolyn Ellis, eds. *Ethnographically Speaking: Autoethnography, Literature, and Aesthetics.* Walnut Creek, CA: AltaMira Press, 2002.

Bolen, Derek M. "After Dinners, In the Garage, Out of Doors, and Climbing on Rocks." In *On (Writing) Families: Autoethnographies of Presence and Absence, Love and Loss,* edited by Jonathan Wyatt and Tony E. Adams, Rotterdam, Netherlands: Sense Publishers, 2014, 141-147.

Boylorn, Robin M. "Black Kids' (B.K.) Stories: Ta(L)King (About) Race Outside of the Classroom." *Cultural Studies ↔ Critical Methodologies* 11, no.1 (2011): 59-70.

———. "Gray or for Colored Girls Who Are Tired of Chasing Rainbows: Race and Reflexivity." *Cultural Studies ↔ Critical Methodologies* 11, no.2 (2011): 178-86.

———. *Sweetwater: Black Women and Narratives of Resistance.* New York: Peter Lang, 2013.

———. "'Sit with Your Legs Closed!' And Other Sayin's from My Childhood." In *Handbook of Autoethnography,* edited by Stacy Holman Jones, Tony E. Adams and Carolyn Ellis, 173-85. Walnut Creek, CA: Left Coast Press, 2013.

———. "Blackgirl Blogs, Auto/ethnography, and Crunk Feminism." *Liminalities: A Journal of Performance Studies* 9, no.2 (2013): 73-82.
Accessed June 1, 2013. http://liminalities.net/9-2/boylorn.pdf.

———. "My Daddy is Slick, Brown, and Cool Like Ice Water." In *On (Writing) Families: Autoethnographies of Presence and Absence, Love and Loss,* edited by Jonathan Wyatt and Tony E. Adams. Rotterdam, Netherlands: Sense Publishers, 2014, 85-93.

Boylorn, Robin M., and Mark P. Orbe, eds. *Critical Autoethnography: Intersecting Cultural Identities in Everyday Life.* Walnut Creek, CA: Left Coast Press, 2014.

Crawley, Sara L. "'They Still Don't Understand Why I Hate Wearing Dresses!' An Autoethnographic Rant on Dresses, Boats, and Butchness." *Cultural Studies ↔ Critical Methodologies* 2, no.1 (2002): 69-92.

Chawla, Devika. "Walk, Walking, Talking, Home." In *Handbook of Autoethnography,* edited by Stacy Holman Jones, Tony E. Adams and Carolyn Ellis, 162-72. Walnut

Creek, CA: Left Coast Press, 2013.

Corey, Frederick C., and Thomas K. Nakayama. "Sextext." *Text and Performance Quarterly* 17, no.1 (1997): 58-68.

Crawford, Lyall. "Personal Ethnography." *Communication Monographs* 63, no.2 (1996): 158-70.

Crawley, Rex. "Favor: An Autoethnography of Survival." In *Critical Autoethnography: Intersecting Cultural Identities in Everyday Life*, edited by Robin M. Boylorn and Mark P. Orbe, 222-33. Walnut Creek, CA: Left Coast Press, 2014.

Diversi, Marcelo, and Claudio Moreira. *Betweener Talk: Decolonizing Knowledge Production, Pedagogy, and Praxis*. Walnut Creek, CA: Left Coast Press, 2010.

Dykins Callahan, Sara B. "Academic Outings." *Symbolic Interaction* 31, no.4 (2008): 351-75.

Ellis, Carolyn. "Sociological Introspection and Emotional Experience." *Symbolic Interaction* 14, no.1 (1991): 23-50.

Ellis, Carolyn. "'There Are Survivors': Telling a Story of a Sudden Death." *The Sociological Quarterly* 34, no.4 (1993): 711-30.

———. *Final Negotiations: A Story of Love, Loss, and Chronic Illness*. Philadelphia, PA: Temple University Press, 1995.

———. "'I Hate My Voice': Corning to Terms with Minor Bodily Stigmas." *The Sociological Quarterly* 39, no.4 (1998): 517-37.

———. Revision: *Autoethnographic Reflections on Life and Work*. Walnut Creek, CA: Left Coast Press, 2009.

Fox, Ragan. "Re-Membering Daddy: Autoethnographic Reflections of My Father and Alzheimer's Disease." *Text and Performance Quarterly* 30, no.1 (2010): 3-20.

———. "Tales of a Fighting Bobcat: An 'Auto-archaeology' of Gay Identity Formation and Maintenance." *Text and Performance Quarterly* 30, no.2 (2010): 122-42.

Gannon, Susanne. "Sketching Subjectivities." In *Handbook of Autoethnography*, edited by Stacy Holman Jones, Tony E. Adams and Carolyn Ellis, 228-43. Walnut Creek, CA: Left Coast Press, 2013.

Glave, Thomas. *Words to Our Now: Imagination and Dissent*. Minneapolis, MN: University of Minneapolis Press, 2005.

Goodall, H. L. *Casing a Promised Land*. Carbondale: Southern Illinois University Press, 1994.

———. *A Need to Know: The Clandestine History of a CIA Family*. Walnut Creek, CA: Left Coast Press, 2006.

Griffin, Rachel Alicia. "I AM an Angry Black Woman: Black Feminist Autoethnography, Voice, and Resistance." *Women's Studies in Communication* 35, no.2 (2012): 138-57.

Harris, Anne M. "Ghost-Child." In *On (Writing) Families: Autoethnographies of Presence and Absence, Love and Loss*, edited by Jonathan Wyatt and Tony E. Adams.

Rotterdam, Netherlands: Sense Publishers, 2014, 69–75.

Holman Jones, Stacy. *Kaleidoscope Notes: Writing Women's Music and Organizational Culture*. Walnut Creek, CA: AltraMira Press, 1998.

———. "(M)othering Loss: Telling Adoption Stories, Telling Performativity." *Text and Performance Quarterly* 25, no.2 (2005): 113–35.

———. *Torch Singing: Performing Resistance and Desire from Billie Holiday to Edith Piaf*. Lanham, MD; AltaMira Press. 2007.

———. "Crimes Against Experience." *Cultural Studies ↔ Critical Methodologies* 9, no.5 (2009): 608–18.

———. "Lost and Found." *Text and Performance Quarterly* 31, no.4 (2011): 322–41.

———. "Always Strange." In *On (Writing) Families: Autoethnographies of Presence and Absence, Love and Loss*, edited by Jonathan Wyatt and Tony E. Adams. Rotterdam, Netherlands: Sense Publishers, 2014, 13–21.

Holman Jones, Stacy, and Tony E. Adams. "Undoing the Alphabet: A Queer Fugue on Grief and Forgiveness." *Cultural Studies ↔ Critical Methodologies*, 14, no.2 (2014): 102–10.

Jago, Barbara J. "Chronicling an Academic Depression." *Journal of Contemporary Ethnography* 31, no.6 (2002): 729–57.

Marvasti, Amir. "Being Middle Eastern American: Identity Negotiation in the Context of the War on Terror." *Symbolic Interaction* 28, no.4 (2006): 525–47.

Metta, Marilyn. *Writing Against, Alongside and Beyond Memory: Lifewriting as Reflexive, Poststructuralist Feminist Research Practice*. New York: Peter Lang, 2010.

Minge, Jeanine, and Amber Lynn Zimmerman. *Concrete and Dust: Mapping the Sexual Terrains of Los Angeles*. New York: Routledge, 2013.

Pacanowsky, Michael. "Slouching Towards Chicago." *Quarterly Journal of Speech* 74, no.4 (1988): 453–67.

Pelias, Ronald J. "The Critical Life." *Communication Education* 49, no.3 (2000): 220–28.

———. *A Methodology of the Heart: Evoking Academic and Daily Life*. Walnut Creek, CA: AltaMira Press, 2004.

———. "Jarheads, Girly Men, and the Pleasures of Violence." *Qualitative Inquiry* 13, no.7 (2007): 945–59.

———. *Leaning: A Poetics of Personal Relations*. Walnut Creek, CA: Left Coast Press, 2011.

Pineau, Elyse. "Nursing Mother and Articulating Absence." *Text and Performance Quarterly* 20, no.1 (2000): 1–19.

Poulos, Christopher N., *Accidental Ethnography: An Inquiry into Family Secrecy*. Walnut Creek, CA: Left Coast Press, 2009.

Rambo, Carol. "Impressions of Grandmother: An Autoethnographic Portrait." *Journal of Contemporary Ethnography* 34, no.5 (2005): 560–85.

————. "Twitch: A Performance of Chronic Liminality." In *Handbook of Autoethnography*, edited by Stacy Holman Jones, Tony E. Adams and Carolyn Ellis, 627-38. Walnut Creek, CA: Left Coast Press, 2013.

Richardson, Laurel. *Fields of Play: Constructing an Academic Life.* New Brunswick, NJ: Rutgers University Press, 1997.

Ronai, Carol Rambo. "Multiple Reflections of Child Sex Abuse." *Journal of Contemporary Ethnography* 23, no.4 (1995): 395-426.

Sedgwick, Eve Kosofsky. *A Dialogue on Love.* Boston, MA: Beacon Press, 2000.

Smith, Phil, ed. *Both Sides of the Table: Autoethnographies of Educators Learning and Teaching With/In [Dis]ability.* New York: Peter Lang, 2013.

Stewart, Kathleen. *Ordinary Affects.* Durham, NC: Duke University Press, 2007.

Tamas, Sophie. *Life after Leaving: The Remains of Spousal Abuse.* Walnut Creek, CA: Left Coast Press, 2011.

————. "Who's There? A Week Subject." In *Handbook of Autoethnography*, edited by Stacy Holman Jones, Tony E. Adams and Carolyn Ellis, 186-201. Walnut Creek, CA: Left Coast Press, 2013.

Tillmann Healy, Lisa M. "A Secret Life in a Culture of Thinness: Reflections on Body, Food, and Bulimia." In *Composing Ethnography: Alternative Forms of Qualitative Writing*, edited by Carolyn Ellis and Arthur P. Bochner, 76-108. Walnut Creek, CA: AltaMira Press, 1996.

————. *Between Gay and Straight: Understanding Friendship across Sexual Orientation.* Walnut Creek, CA: AltaMira Press, 2001.

Tomaselli, Keyan G. ed. *Writing in the San/d: Autoethnography Among Indigenous Southern Africans.* Lanham, MD: AltaMira Press, 2007.

Trujillo, Nick. *In Search of Naunny's Grave: Age, Class, Gender, and Ethnicity in an American Family.* Lanham, MD: Altamira Press, 2004.

Tuck, Eve, and C. Ree. "A Glossary of Haunting." In *Handbook of Autoethnography*, edited by Stacy Holman Jones, Tony E. Adams and Carolyn Ellis, 639-58. Walnut Creek, CA: Left Coast Press, 2013.

Visweswaran, Kamala. *Fictions of Feminist Ethnography.* Minneapolis: University of Minnesota Press, 1997.

Wyatt, Jonathan, and Tony E. Adams, eds. *On (Writing) Families: Autoethnographies of Presence and Absence, Love and Loss.* Rotterdam, Netherlands: Sense Publishers, 2014.

Wolf, Stacy. "Desire in Evidence." *Text and Performance Quarterly* 17 (1997): 343-51.

オートエスノグラフィーの雑誌特集

Adams, Tony E., and Stacy Holman Jones. "Special Issue: On Studying Ourselves and Others." *Liminalities: A Journal of Performance Studies* 9, no.2 (2013). Accessed June 1,

2013. http://liminalities.net/9-2/

Adams, Tony E., and Jonathan Wyatt. "Special Issue: On (Writing) Fathers." *Qualitative Inquiry* 18, no.2 (2012): 119–209.

Alexander, Bryant Keith. "Special Issue: Iconography of the West: Autoethnographic Representations of the West(erns)." *Cultural Studies ↔ Critical Methodologies* 14, no.3 (2014): 223–290.

Berry, Keith. "Special Issue: Queering Family/Home/Love/Loss." *Cultural Studies ↔ Critical Methodologies* 14, no.2 (2014): 91–173.

Berry, Keith, and Robin P. Clair. "Special Issue: The Call of Ethnographic Reflexivity: Narrating the Self's Presence in Ethnography." *Cultural Studies ↔ Critical Methodologies* 11, no.2 (2011): 95–209.

Boyle, Maree, and Ken Parry. "Special Issue on Organizational Autoethnography." Culture and Organization 3, no.3 (2007): 185–266.

Ellis, Carolyn, and Arthur P. Bochner, eds. "Special Issue: Taking Ethnography into the Twenty-first Century." *Journal of Contemporary Ethnography* 25, no.1 (1996): 3–166.

Gingrich-Philbrook, Craig, ed. "Special Issue: The Personal and Political in Solo Performance." *Text and Performance Quarterly* 20, no.1 (2000): 1–114.

Hunt, Scott A., and Natalia Ruiz Junco, eds. "Two Thematic Issues: Defective Memory and Analytical Autoethnography." *Journal of Contemporary Ethnography* 35, no.4 (2006): 71–372.

Myers, W. Benjamin, ed. "Special Issue: Writing Autoethnographic Joy." *Qualitative Communication Research* 1, no.2 (2012): 157–252.

Ngunjiri, Faith W., Kathy-Ann Hernandez, and Heewon Chang. "Special Issue: Autoethnography as Research Practice." *Journal of Research Practice* 6, no.1 (2010), http://jrp.icaap.org/index.php/jrp/issue/view/13

Poulos, Christopher N., ed. "Special Issue: Autoethnography." *Iowa Journal of Communication* 40, no.1 (2008): 1–140.

Warren, John T., and Keith Berry, eds. "Special Issue: The Evidence of Experience, Cultural Studies, and Personal(ized) Scholarship." *Cultural Studies ↔ Critical Methodologies* 9, no.5 (2009): 595–695,

オートエスノグラフィーと倫理に関する資料

Adams, Tony E. "A Review of Narrative Ethics." *Qualitative Inquiry* 14, no.2 (2008): 175–94,

Alcoff, Linda. "The Problem of Speaking for Others," *Cultural Critique* 20 (1991/1992): 5–32,

Barton, Bernadette. "My Auto/Ethnographic Dilemma: Who Owns the Story?" *Qualitative Sociology* 34 (2011): 431–45.

Berry, Keith. "Implicated Audience Member Seeks Understanding: Reexamining the 'Gift' of Autoethnography." *International Journal of Qualitative Methods* 5, no.3 (2006): 1-12.

Chatham Carpenter, April. "'Do Thyself No Harm': Protecting Ourselves as Autoethnographers." *Journal of Research Practice* 6, no.1 (2010), Accessed March 1, 2013, http://jrp.kaap.org/index.php/jrp/artide/view/213/183

Conquergood, Dwight. "Performing as a Moral Act: Ethical Dimensions of the Ethnography of Performance." *Literature in Performance* 5, no.2 (1985): 1-13.

Ellis, Carolyn. "With Mother/With Child: A True Story." *Qualitative Inquiry* 7, no.5 (2001): 598-616,

————. "Telling Secrets, Revealing Lives: Relational Ethics in Research with Intimate Others." *Qualitative Inquiry* 13, no.1 (2007): 3-29.

Etherington, Kim. "Ethical Research in Reflexive Relationships," *Qualitative Inquiry* 13, no.5 (2007): 599-616.

Irwin, Katherine. "Into the Dark Heart of Ethnography: The Lived Ethics and Inequality of Intimate Field Relationships." *Qualitative Sociology* 29 (2006): 155-75.

Medford, Kristina, "Caught with a Fake ID: Ethical Questions About Slippage in Autoethnography," *Qualitative Inquiry* 12, no.5 (2006): 853-64.

Stein, Arlene. "Sex, Truths, and Audiotape: Anonymity and the Ethics of Exposure in Public Ethnography." *Journal of Contemporary Ethnography* 39, no.5 (2010): 554-68.

Tamas, Sophie. "Writing and Righting Trauma: Troubling the Autoethnographic Voice." *Forum: Qualitative Social Research* 10, no.1 (2009). Accessed June 1, 2013. http://www.qualitativeHresearch.net/index. php/fqs/article/viewArticle/1211

Tullis, Jillian A. "Self and Others: Ethics in Autoethnographic Research." In *Handbook of Autoethnography*, edited by Stacy Holman Jones, Tony E. Adams and Carolyn Ellis, 244-61. Walnut Creek, CA: Left Coast Press, 2013.

Wyatt, Jonathan. "Psychic Distance, Consent, and Other Ethical Issues." *Qualitative Inquiry* 12, no.4 (2006): 813-18.

オートエスノグラフィーの表現と執筆に関する資料

Abu-Lughod, Lila. "Can There be a Feminist Ethnography?" *Woman and Performance: A Journal of Feminist Theory* 5, no.1 (1990): 7-27.

Barry, Lynda. *What It Is*. Montreal: Drawn & Quarterly, 2008.

Clifford, James, and George Marcus, eds. *Writing Culture: The Poetics and Politics of Ethnography*. Berkeley: University of California Press, 1986.〔春日直樹ほか訳『文化を書く』紀伊國屋書店, 1996.〕

Carver, Raymond. "On Writing." In Fires: Essays, Stories, Poems, 22-27. New York: Vintage, 1989.

Coles, Robert. *The Call of Stories*. Boston, MA: Houghton Mifflin, 1989.

Colyar, Julia. "Becoming Writing, Becoming Writers." *Qualitative Inquiry* 15, no.2 (2009): 421-36.

―――. "Reflections on Writing and Autoethnography." In *Handbook of Autoethnography*, edited by Stacy Holman Jones, Tony E. Adams and Carolyn Ellis, 363-83. Walnut Creek, CA: Left Coast Press, 2013.

Couser, G. Thomas. *Recovering Bodies: Illness, Disability, and Life Writing*. Madison: University of Wisconsin Press, 1997.

Frank, Arthur W. *The Wounded Storyteller*. Chicago, IL: University of Chicago Press, 1995.〔鈴木智之訳『傷ついた物語の語り手：身体・病い・倫理』ゆみる出版, 2002.〕

Freeman, Mark. *Hindsight: The Promise and Peril of Looking Back*. New York: Oxford University Press, 2010.〔鈴木聡志訳『後知恵：過去を振り返ることの希望と危うさ』新曜社, 2014.〕

Faulkner, Sandra L. *Poetry as Method: Reporting Research Through Verse*. Walnut Creek, CA: Left Coast Press, 2009.

Hill Collins, Patricia. *Black Feminist Thought: Knowledge, Consciousness, and the Politics of Empowerment*. Boston, MA: Unwin Hyman, 1990.

Keller, Evelyn Fox. *Reflections on Gender and Science*. New Haven, CT: Yale University Press, 1985.〔幾島幸子・川島慶子訳『ジェンダーと科学：プラトン、ベーコンからマクリントックへ』工作舎, 1993.〕

Kilgard, Amy K. "Collage: A Paradigm for Performance Studies." *Liminalities: A Journal of Perfonnance Studies* 5 (2009): 1-19. Accessed June 1, 2013. http:l/liminalities.net/5-3/collage.pdf

King, Stephen. *On Writing: A Memoir of the Craft*. New York: Scribner, 2000.〔池央耿訳『スティーヴン・キング小説作法』アーティスト・ハウス, 2001.〕

Lamott, Anne. *Bird by Bird: Some Instructions on Writing and Life*. New York: Anchor, 1994.〔森尚子訳『ひとつずつ、ひとつずつ：「書く」ことで人は癒される』パンローリング, 2014.〕

Pollock, Della. "Performing Writing." In *The Ends of Performance*, edited by Peggy Phelan and Jill Lane, 73-103. New York: New York University Press, 1998.

Reinharz, Shulamit. *On Becoming a Social Scientist*. New Brunswick, NJ: Transaction, 1984.

Richardson, Laurel. "Writing: A Method of Inquiry." In *Handbook of Qualitative Research*, edited by Norman K. Denzin and Yvonna S. Lincoln, 516-29. Thousand Oaks, CA: Sage, 1994.

Sedgwick, Eve Kosofsky. "Teaching 'Experimental Critical Writing.'" In *The Ends of Performance*, edited by Peggy Phelan and Jill Lane, 104-15. New York: New York University Press, 1998.

Shields, David. *Reality Hunger: A Manifesto*. New York: Alfred A. Knopf, 2010.

Spivak, Gayatri Chakravorty. "Can the Subaltern Speak?" In *Marxism and the*

Interpretation of Culture, edited by Cary Nelson and Lawrence Grossberg, 271-313. Champaign: University of Illinois Press, 1988.〔上村忠男訳『サバルタンは語ることができるか』みすず書房, 1998.〕

Taussig, Michael. *I Swear I Saw This: Drawings in Fieldwork Notebooks, Namely My Own*. Chicago, IL: The University of Chicago Press, 2011.

Van Maanen, John. *Tales of the Field: On Writing Ethnography*. Chicago, IL: University of Chicago Press, 1988.〔森川渉訳『フィールドワークの物語：エスノグラフィーの文章作法』現代書館, 1999.〕

🦉 オートエスノグラフィー研究を歓迎する雑誌

Biography: An Interdisciplinary Quarterly
Communication, Culture, and Critique
Creative Approaches to Research
Cultural Studies ↔ Critical Methodologies
Culture and Organization
Departures in Critical Qualitative Research
Emotion, Space, and Society
Ethnography
Forum: Qualitative Social Research
Health Communication
Illness, Crisis, and Loss
International Journal of Collaborative Practices
International Journal of Multicultural Education
International Journal of Qualitative Methods
International Journal of Qualitative Studies in Education
International Review of Qualitative Research
Journal of Contemporary Ethnography
Journal of Ethnographic and Qualitative Research
Journal of Loss and Trauma
Journal of Research Practice
Kaleidoscope: A Graduate Journal of Qualitative Communication Research
Life Writing
Liminalities
Methodological Innovations
Narrative Inquiry
Narrative Inquiry in Bioethics: A Journal of Qualitative Research
Power and Education
Public Voices

Qualitative Health Research
Qualitative Inquiry
Qualitative Research
Qualitative Research in Sport and Exercise
Qualitative Sociology
Sexualities
Sexuality & Culture
Storytelling, Self, Society: An Interdisciplinary Journal of Storytelling Studies
Symbolic Interaction
Text and Performance Quarterly
The Professional Geographer
The Qualitative Report
Women and Language
Women Studies in Communication

オートエスノグラフィーのモノグラフ・シリーズ

Black Studies and Critical Thinking (Peter Lang)
Contemporary Ethnography (University of Pennsylvania Press)
Critical Cultural Studies in Global Health Communication (Left Coast Press)
Cultural Critique (Peter Lang)
Innovative Ethnographies (Routledge)
Interactionist Currents (Ashgate)
Qualitative Inquiry and Social Justice (Left Coast Press)
Social Fictions (Sense)
Writing Lives (Left Coast Press)

オートエスノグラフィーを支援している組織・学会

Advances in Qualitative Methods
American Educational Research Association
Association for Qualitative Research
Centre for Qualitative Research (Bournemouth University)
Doing Autoethnography Conference
Ethnographic and Qualitative Research
International Congress of Qualitative Inquiry
National Communication Association
Organization for the Study of Communication, Language, and Gender
ResearchTalk Inc.

Society for the Study of Symbolic Interaction
The Qualitative Report

訳者あとがき

　本書は、トニー・E・アダムス、ステイシー・ホルマン・ジョーンズ、キャロリン・エリスによる *Autoethnography: Understanding Qualitative Research*, Oxford University Press 2015 の全訳である。

　それぞれの著者の現在職は以下のとおりである。トニーは、米国のブラッドリー大学のコミュニケーション学部の学部長・教授であり、ステイシーは、オーストラリアのモナシュ大学の演劇・パフォーマンスセンターの教授であり、キャロリンは、南フロリダ大学の特別名誉教授である。

　彼らは、かつてオートエスノグラフィーという新たな方法をめぐって、惹かれ合うようにして出会い、そして教え学び合いながら、本書やその他の編著[1]等を生み出している。本書にもあるように、トニーは、かつて南フロリダ大学の博士課程でキャロリンにも学び、同じ頃、ステイシーも、同大学のコミュニケーション学部でキャロリンと出会い、同僚として働いていたという関係から、現在に至るまでの深いつながりを築いている。

　本書では、「オートエスノグラフィー」というやや異聞な専門用語＝研究方法？＝あるいはユニークな考え方？＝あるいは生き方そのもの？をめぐって、上記の３人が、入れ代わり立ち代わり、そして侃々諤々の議論を展開しながら、自分たちが魅入られた言葉＝「オートエスノグラフィー」の全体像に迫ろうとする一つの物語と言ってもいい。私たちは、その熱くユニークな議論に耳を傾けながら、いつのまにか、同じような問いを発し始め、あるいは惹きつけられている自分の姿を見出すことにもなるだろう。

　ところで、そもそもこのような英文書を翻訳しようなどと思い立ったのは、もう５年程も前になるが、私なりの日頃の「研究」なるものへの懐疑や不信が募っていたからである。とりわけ、私の専門である看護学という分野においても、研究論文は、客観的・実証的で「科学的」であることが当然とされ、私には、その型通りのあり方がどうにも窮屈でならなかった。こうした状況は、キャロリン・エリスとアーサー・ボクナーによる論考[2]にも、同様な葛藤が数多くいきいきと描かれていて、たとえば「 ･･･ 論文審査委員会の実証主義者

とつき合う気もしない。病む過程を、単純化しカテゴリー化し切り刻むような研究とは、かかわらないほうがましだ。」などという記載にも切実に現れている。

　つまり、私は、アンケート調査や評価尺度作成などのために、統計学的に（ソフトパッケージを用いて）数値処理してよしとする量的研究も、インタビュー内容をコード化（カテゴリー化）・分析（ばらばらに）して、再度つなぎ合わせ加工を施すような質的研究にもうんざりしていたのだ。しかも、判で押したように似たような研究が、次から次へと日々再生産され続けている。何のために、もちろん、研究のために、それも、半ば自らの学問的業績としての研究のために … それ自体の熱量もあまり感じられぬまま、その実践的な効用そのものも、かなり疑わしいという現状もあるというのに。

　本来、研究とは、強い知的好奇心や動機づけをもって、始められるはずのものであろうが、そういう出発点が明らかには見えない、あるいは見当たらないと感じていた。そこにある壁や困難を乗り越えようとして、熱く動き出す人間の姿が見出せず、想像もできないのだ。もちろん、それらを十分感じさせる優れた研究もあるにちがいないが、従来からある研究を生み出してきた方法論＝枠組みがもつ「硬さ」から、研究そのものの活力や創造性が失われているのではないか、そういう思いが強かった。

　そんな折、私は、オートエスノグラフィーなるものに出会った。即ち、オートエスノグラフィー（自己エスノグラフィーともいう）とは、「研究者自身の経験のエスノグラフィーという質的研究の一形態」[3]であり、「調査者が自分自身を研究対象とし、自分の主観的な経験を表現しながら、それを自己再帰的に考察する手法」[4]なのだ。まずそれは、自らを探求するものである。いままでは、ひたすら、この自分が、（外部の）対象となるものを記述し理解しようとしていたのだが。そういう自分は、いったい、どんな存在として関わり感じ経験していたのか、それ自体が問われてくる。いわば、外からやって来る様々な光や音を、自らのなかで、再焦点化して現れ出る姿や像として受け止めつつ、それを凝視し続けようとするなかで、自らにとっての、「現実」あるいは「真実」を理解しようとするものだろう。

　ここでは、ある種の逆転が起こっている。いわゆる主観的なるものと客観的なるものとの関係性が、客観的なるものを主観的なるものが包摂するかのように語られている。つまり、私たちは、それぞれの個人の個別性＝主観性という

固有のレンズを通してしか、現実を見て理解することはできないという、半ば自明な前提である。だとしたら、そのような主観性に基づくしかない「客観性」や「普遍性」なるものは、いったいどのようなものと捉えられるのか。オートエスノグラフィーは、こうした難題に向き合いながら、「主観性」という多様で固有な感覚で捉えたそれぞれの独特な「現実」から、ある種の客観や普遍的なるものへと迫ろうとしているともいえる。

　だから、オートエスノグラフィーという方法論においては、本書でも明らかにされているように、方法論的には幅広いレンジを持ちながら、定義的にも実践的にも必ずしも明確で定型的なあり方を持たない。むしろ、個人というそれぞれ固有の歪みあるレンズに合わせるかのように、多様で自由な形式や書き方を用い展開することを推奨している。

　たとえば、本書では、フィールドワークにおけるインタビューのあり方についても、創発的インタビュー、感覚に基づくインタビュー、参加型写真（フォトボイス）インタビュー、相互作用型インタビュー（本書 p.58）などが挙げられている。また、オートエスノグラフィーを表現する方法として、テクスト・スピニングやコラージュを用いたり（p.77）、詩や俳文を用いたり（p.80）、イメージとイメージ化の方法（p.81）などを紹介している。これらの方法を用いて表現される論文の断片も、本書には収載されているが、事実や記憶やイメージや物語などが、自在に、多数の文献などと共に結合され、まさにその著者個人の経験世界を深く掘り下げながら、その深さの隘路をくぐりぬけることで、ある種の他者や客観や普遍へと至る可能性を示しているかのようである。

　いずれにせよ、こうした自由な枠組みのなかで、研究なるものが、論文なるものが結実できる自由と創造力には目を見張るしかない。現在の日本において、こうした種類の論文が評価される可能性はかなり低いものと思わざるを得ない。しかし、そもそも、学問のはじまりというのは、旧体制への批判や反発から出発したものでもあるのだから、学問のあり方そのものも批判的に刷新されてしかるべきものにちがいない。このような流れが、あるいはこのような試みが、新たな学問領域を形成していくことを願うしかないし、本書もまさにその願いから生まれたものであるだろう。

　ところで、本邦におけるオートエスノグラフィーあるいは自己エスノグラフィーと呼ばれる方法論の実践の歴史はいまだ浅いながらも着実に積み上げられてきている。それを、ここでは詳述しないが、すでに演劇教育研究、教育学、

保育研究、ジェンダー研究、経営学などの多分野において多彩な蓄積がある[5]。

そのようななかで、最近、単行本として刊行されたオートエスノグラフィー2点を紹介しつつ、着実な蓄積例について若干ふれておきたい。

ひとつは、『ただ波に乗る Just Surf：サーフィンのエスノグラフィー』[6]であるが、副題にはエスノグラフィーとあるものの、著者は、その特徴として、オートエスノグラフィーとフェミニストエスノグラフィーを挙げている。著者は、サーフィンの世界に自ら巻き込まれていく過程で、従来のフィールドワークでは限界のある、より動的で内在的＝主観的な経験そのものを捉える必要を感じてオートエスノグラフィーを指向していった。それゆえ本書の魅力は、なんといっても、大学院時代からサーフショップに出入りするようになり、しだいにサーフィンの魅力に引き込まれていく過程が、自らの内面とサーフィンという文化のディテールとを行き来しながら、生々しく語られているところである。しかも、本来、男性優位のスポーツのなかにあって、女性によるサーフィンというポジションの持つ脆弱性や複雑性を、フェミニストエスノグラフィーとして捉え活写してもいる。

その研究のあり方は、サーフィンへの熱中が強まるにつれて、研究の対象としてのサーフィンという位置を離れ、生きることがそのままサーフィンと重なり一体化し、研究者としての意識が薄れるほどにも感じられる。そのぎりぎりの感覚と距離感が、この研究に独自の輝きを与え、オートエスノグラフィーとしての固有の価値を生み出しているように思われた。だからこそ、そのサーフィン世界・文化と皮膚を接するかのように、そこにある多様で独特な人間模様やローカリティやジェンダーの問題を、よりリアル且つ立体的に詳述することに成功している。むしろ、このオートエスノグラフィーは、「記述」というよりは「生き方」としての提示であり、その結果、著者が生きている切実で固有な世界を描きながら、同時に、多くの知見や普遍へとつながる力を持っているように思えた。

もうひとつは、『〈沈黙〉の自伝的民族誌：サイレント・アイヌの痛みと救済の物語』[7]であるが、この物語は、著者自身が、12歳の時、はじめてアイヌの出自を知ったことから始まる。それは、「陽気に輝くだけだった私の世界を、一瞬で暗く重いものに変えてしまい」、それからの人生において、身の回りの人間関係にさまざまな波紋や葛藤を生み出し続けることになる。はじめて親しい友人にカミングアウトすると、「あなたがアイヌでも気にしない」などとい

う、体のいい蔑視を含んだ言葉であしらわれたり、その他の友人ともある種の困惑とともに音信不通になってしまったりするという厳しい経験が語られる。

こうした葛藤のなかで、大学院に入学することによって、自分が、「アイヌでも和人でもない」という複雑な位置にありながら、声にならない声＝沈黙でしかない自分という存在を、ひたすら見つめ直そうとする研究生活が開始されることになる。自らを、いかなる存在として、捉え、理解していけばいいのか、その学問的な探索や問いを通して、繰り返し、過去と現在、言説と現実を行き交いながら、不可視の自己を求めて自らをたどり続ける。

その執念とひたむきさのなかで、著者の持つ深い「痛み」とそれによって覚醒しようとする「アイヌでも和人でもない」自分が、沈黙せざるを得ない不可視の（「透明人間」の）「サイレントアイヌ」としての存在に、いかなる「言葉」を与えることができるのか。そのことをひたすらに問い続ける姿は、たいへん痛々しいほどの真摯さを感じるものだった。結びに「沈黙はあらゆる場所で生まれ続ける。… 沈黙が痛みとともにそこにあるとき、… 沈黙は言葉の創造へと向かう。その言葉は、いまだ「目覚めを待つもの」として沈黙のうちに、救済と解放を待ち続けているのだ」という言葉に至った、著者の遠く長いオートエスノグラフィーの道のりとその真実に、深く打たれるものを感じた。

上記の例のように、本邦における優れたオートエスノグラフィーは日々更新され続けているにちがいない。そして、それらは、オートエスノグラフィーというより自由な形式のなかで、個々人の固有な（特異的な）生き方そのものを問いながら、より普遍的でより深い人知にたどり着こうとする営みでもあるように思われる。

これは蛇足に過ぎないが、私自身、最近になって、過去の精神科臨床でのさまざまな出来事や経験[8][9]が、あたかも長い時を経て熟成し新たなイメージの塊のように押し寄せるという経験をした。それは、はじめ、ただの言葉の洪水のようなものにすぎなかったが、最終的に一篇の詩集[10]として結実した。これはもちろん従来的な意味での論文などではない。しかし、本書が説く「オートエスノグラフィー」というものの一亜種としてもいいのではないか、そう、この翻訳を終えて、勝手に思い込んでもいる。

なお、本書の翻訳は、本文を松澤が、注を佐藤が、それぞれ主に担当した。また、翻訳後の訳文全体の統一や修正などの丁寧なプロセスにご尽力いただきました、新曜社の塩浦暲さんに、こころから感謝の意を表したいと思います。

本書の刊行を機に、少なくともなんらかの当事者であり続ける私たちにとって、自らの切実な個々の経験を、型に縛られない多彩で自在な表現方法を用いることで、いくばくかの普遍や人知に至る表現のあり方として、この「オートエスノグラフィー」がより多くの実践者を得て、新たな物語が次々と生み出されることを切に期待したいと思います。

2022 年 9 月 20 日

訳者を代表して
松澤和正

注

[1] S. H. Jones, T. E. Adams, C. Ellis eds. *Handbook of Autoethnography*, Left Coast Press 2013, 2nd ed, 2021.

[2] C. エリス・A. P. ボクナー「自己エスノグラフィー・個人的語り・再帰性：研究対象としての研究者」藤原顕訳, p.134. (N. K. デンジン・Y. S. リンカン編『質的研究ハンドブック 3 巻 質的研究資料の収集と解釈』平山満義監訳, pp.129-164, 北大路書房, 2006.)

[3] 沖潮（原田）満里子「自己エスノグラフィー」p.151. (サトウタツヤ・春日秀朗・神崎真実編『質的研究法マッピング』pp.151-158, 新曜社, 2019.)

[4] 井本由紀「オートエスノグラフィー」p.104. (藤田結子・北村文編『現代エスノグラフィー』pp.104-111, 新曜社, 2013.)

[5] 桂悠介・千葉泉「人間科学における『喚起的』記述の意義と課題」『大阪大学大学院人間科学研究科紀要』47; 185-203, 2021.

[6] 水野英莉『ただ波に乗る Just Surf：サーフィンのエスノグラフィー』晃洋書房, 2020.

[7] 石原真衣『〈沈黙〉の自伝的民族誌：サイレント・アイヌの痛みと救済の物語』北海道大学出版会, 2020.

[8] 松澤和正『臨床で書く：精神科看護のエスノグラフィー』医学書院, 2008.

[9] 松澤和正『精神看護のナラティヴとその思想』遠見書房, 2018.

[10] 松澤和正『病棟』七月堂, 2022.

注

第 *1* 章　オートエスノグラフィーへの誘い

[1] Joan Didion, *The White Album* (New York: Simon & Schuster, 1979): 11.

[2] ジャクリーン・アレン - コリンソンは、オートエスノグラフィーを「他者、文化、ポリティクスとの関連における自己の結びつき、および研究に対する将来的な可能性との関連における自己の結びつき」として特徴づけている。Jacquelyn Allen-Collinson, "Autoethnography as the Engagement of Self/Other, Self/Culture, Self/Politis, and Selves/Futures," in *Handbook of Autoethnography*, ed. Stacy Hoiman Jones, Tony E. Adams, and Carolyn Ellis (Walnut Creek, CA: Left Coast press, 2013): 282.

[3] Deborah Reed-Danahay, "Anthropologists, Education, and Autoethnography," *Reviews in A Secret Life Anthropology* 38, no.1 (2009):32.

[4] 以下を参照。Carolyn Ellis, *The Ethnographic I: A Methodological Novel about Autoethnography* (Walnut Creek, CA: AltaMira Press, 2004); Carolyn Ellis, *Revision: Autoethnographic Reflections on Life and Work* (Walnut Creek, CA: Left Coast Press, 2009); Carolyn Ellis, Tony E. Adams, and Arthur P. Bochner, "Autoethnography: An Overview," *Forum: Qualitative Social Research* 12, no.1 (2011); Stacy Holman Jones, Tony E. Adams, Carolyn Ellis, "Introduction: Coming to Know Autoethnography as More Than a Method," in *Handbook of Autoethnography*, eds. Stacy Holman Jones, Toney E. Adams, and Carolyn Ellis (Walnut Creek, CA: Left Coast Press,2013): 17-47.

[5] 他者との、あるいは他者への関係についての議論を重視しているオートエスノグラファーとしては、たとえば以下がいる。Tony E. Adams, "A Review of Narrative Ethics," *Qualitative Inquiry* 14, no.2 (2008): 175-94; Bernadette Barton, "My Auto/ Ethnographic Dilemma: Who Owns the Story?" *Qualitative Sociology* 34 (2011): 431-45; Carolyn Ellis, "Telling Secrets, Revealing Lives: Relational Ethics in Research with Intimate Others," *Qualitative Inquiry* 13, no.1 (2007): 3-29; Kathy-Ann C. Hernandez and Faith Wambura Ngunjiri, "Relationships and Communities in Autoethnography," in *Handbook of Autoethnography*, eds. Stacy Holman Jones, Toney E. Adams and Carolyn Ellis (Walnut Creek, CA: Left Coast Press, 2013): 262-80; Kristina Medford, "Caugth with a Fake ID: Ethical Questions About Slippage in Autoethnography," *Qualitative Inquiry* 12, no.5 (2006): 853-64; Lisa M. Tillmann-Healy, "Friendship as Method," *Qualitative Inquiry* 9, no.5 (2003): 729-49.

[6] キース・ベリーとロビン・クレアは、再帰性に関する包括的なエッセイ集を編集し

た。それらのエッセイは、自己と社会、特殊的なものと一般的なもの、個人的なもの と政治的なものの間の交錯に光を当て、問うている。Keith Berry and Robin P. Clair, "Special Issue: The Call of Ethnographic Reflexivity: Narrating the Self's Presence in Ethnography," *Cultural Studies* ↔ *Crittical Methodologies* 11, no.2 (2011): 95-209.

[7] Arthur P. Bochner and Carolyn Ellis, "Communication as Autoethnography," in *Communication As ...Perspectives on Theory*, eds. Gregoy J. Shepherd, Jeffrey St. John, and Ted Striphas (Thousand Oaks, CA: Sage, 2006): 111.

[8] Arthur P. Bochner and Carolyn Ellis, "Which Way to Turn?" *Journal of Contemporary Ethnography* 28, no.5 (1999): 485-99; Carolyn Ellis, "Sociological Introspection and Emotional Experience," *Symbolic Interaction* 14, no.1 (1991): 23-50.

[9] 社会的正義、批判的研究、そして生活をより良くすることについての議論を重視 しているオートエスノグラファーとしては、たとえば以下がいる。Tony E. Adams, "The Joys of Autoethnography: Possibilities for Communication Research," *Qualitative Communication Research* 1, no.2 (2012): 181-94; Bernadette Marie Calafell, "(I) dentities: Considering Accountability, Reflexivity, and Intersectionality in the I and the We," *Liminalities: A Journal of Performance Studies* 9, no.2 (2013): 6-13, accessed June 1, 2013, http://liminalities.net/9-2/calafell.pdf; Norman K. Denzin, *Interpretive Autoethnography*, (Thousand Oaks, CA: Sage, 2014)〔平山満義監訳『質的研究ハン ドブック』北大路書房、2006.〕; Stacy Holman Jones, "Autoethnography: Making the Personal Political," in *Handbook of Qualitative Research*, 3rd ed., eds. Norman K. Denzin and Yvonna S. Lincoln (Thousand Oaks, CA: Sage, 2005): 763-91.

[10] 私たちは、『オートエスノグラフィー・ハンドブック（*Handbook of Autoethnography*)』 のまえがきに、これらの物語と似たバージョンを含めた。以下を参照。Holman Jones, Adams, and Ellis, "Introduction."

[11] Carolyn Ellis, "'There are Survivors': Telling a Story of Sudden Death," *The Sociological Quarterly* 34, no.4 (1993): 711-30; Carolyn Ellis, *Final Negotiations: A Story of Love, Loss, and Chronic Illness* (Philadelphia, PA: Temple University Press, 1995).

[12] Carolyn Ellis, "Revisioning an Ethnographic Life: Integrating a Communicative Heart with a Sociological Eye," *Studies in Symbolic Interaction* 38 (2012): 123-51.

[13] Arthur P. Bochner and Carolyn Ellis, *Ethnographically Speaking: Autoethnography, Literature, and Aesthrtics* (Walnut Creek, CA: AltaMira Press, 2002); Carolyn Ellis and Arthur P. Bochner, *Composing Ethnography: Alternative Forms of Qualitative Writing* (Walnut Creek, CA: AltaMira Press, 1996); Carolyn Ellis and Arthur P. Bochner, "Autoethnography, Personal Narrative, Reflexivivity," in *Handbook of Qualitative Research*, 2nd ed., eds. Norman K. Denzin and Yvonna S. Lincoln (Thousand Oaks, CA: Sage, 2000): 733-68.

[14] Carolyn Ellis and Jerry Rawicki, "More than Mazel? Luck and Agency in Surviving the Holocaust," *Journal of Loss and Trauma* 19, no.2 (2014); 99-120; Carolyn Ellis and Jerry Rawicki, "Collaborative Witnessing of Survival During the Holocaust: An

Exemplar of Relational Autoethnography," *Qualitative Inquiry* 19, no.5 (2013): 366–80; Carolyn Ellis and Jerry Rawicki, "Collaborative Witnessing and Sharing Authority in Conversations with Holocaust Survivors," in *Beyond Testimony and Trauma*, ed. Stephen High (Vancouver: University of British Columbia Press, in press); Jerry Rawicki and Carolyn Ellis, "Lechem Hara (Bed Bread) Lechem Tov (Good Bread): Survival and Sacrifice During the Holocaust," *Qualitative Inquiry* 17, no.2 (2011): 155–57.

[15] 以下を参照。Communication Studies 298, "Fragments of Self at the Postmodern Bar," *Journal of Contemporary Ethnography* 26, no.3 (1997): 251–92.

[16] Holman Jones, "Making the Personal Political."

[17] Holman Jones, "Making the Personal Political."

[18] 以下を参照。Tony E. Adams and Stacy Holman Jones, "Autoethnography is Queer," in *Handbook of Critical and Indigenous Methodologies*, eds. Norma K. Denzin, Yvonna S. Lincoln and Linda Tuhiwai Smith (Thousand Oaks, CA: Sage,2008): 373–90; Tony E. Adams and Stacy Holman Jones, "Telling Stories: Reflexivity, Queer Theory, and Autoethnography," *Cultural Studies* ↔ *Critical Methodologies* 11, no.2 (2011): 108–16; Stacy Holman Jones and Tony E. Adam, "Autoethnography and Queer Theory: Making Possibilities," in *Qualitative Inquiry and Human Rights*, eds. Norma K. Denzin and Michael G. Giardina (Walnut Creek, CA: Left Coast Press, 2010): 136–57; Stacy Holman Jones and Tony E. Adams, "Autoethnography Is a Queer Method,' in *Queer Methods and Methodologies*, eds. Kath Browne and Catherine J. Nash (Burlington, VT: Ashgate, 2010): 195–214; Stacy Holman Jones and Tony E. Adams, "Undoing the Alphabet: A Queer Fugue on Grief and Forgiveness," *Cultural Studies* ↔ *Critical Methodologies* 14, no.2 (2014): 102–110.

[19] Stacy Holman Jones, "Lost and Found," *Text and Performance Quarterly* 31, no.4 (2011): 322–41.

[20] Holman Jones, "Lost and Found," 333.

[21] Tony E. Adams, "Seeking Father: Relationally Reframing a Troubled Love Story," *Qualitative Inquiry* 12, no.4 (2006): 704–23.

[22] Adams, "Narrative Ethics."

[23] Tony E. Adams, *Narrating the Closet: An Autoethnography of Same-Sex Attraction* (Walnut Creek, CA: Left Coast Press, 2011).

[24] Adams and Holman Jones, "Autoethnography is Queer"; Adams and Holman Jones, "Telling Stories" ; Holman Jones and Adams, "Making Possibilities", Holman Jones and Adams, "Autoethnography is a Queer Method"; Holman Jones and Adams "Undoing the Alphabet."

[25] 以下を参照。Adams, *Narrating the Closet.*

[26] Evelyn Fox Keller, *Reflections on Gender and Science* (New Heaven, CT: Yale University Press,1985)〔幾島幸子・川島慶子訳『ジェンダーと科学：プラトン、ベー

コンからマクリントックへ』工作舎，1993.〕; Ronald J. Pelias, *Leaning: A Poetics of Personal Relations* (Walnut Creek, CA: Left Coast Press 2011).

〔27〕 Eric Mykhalovskiy, "Reconsidering Table Talk: Critical Thoughts on the Relationship between Sociology, Autobiography and Self-Indulgence," *Qualitative Sociology* 19, no.1 (1996): 133.

〔28〕 Ruth Behar, *The Vulnerable Observer* (Boston, MA: Beacon Press, 1996): 13.

〔29〕 Deborah Reed-Danahay, "Turning Points and Textual Strategies in Ethnographic Writing," *Qualitative Studies in Education* 15, no.4 (2002): 423.

〔30〕 Stacy Holman Jones, "Autoethnography," in *The Blackwell Encyclopedia of Sociology*, ed. George Ritzer (Malden, MA: Blackwell, 2007): 231; 以下も参照。George E. Marcus and Michael M. J. Fischer, *Anthropology as Cultural Critique: An Experimental Moment in the Human Sciences* (Chicago, IL: University of Chicago Press, 1999).

〔31〕 Renato Rosaldo, *Culture and Truth: The Remaking of Social Analysis* (Boston, MA: Becon Press, 1989): 37.

〔32〕 特に社会的関係に関して普遍的真実を追求する能力や欲求を疑問視した研究者として、以下がいる。Jean-Francois Lyotard, *The Postmodern Condition: A Report on Knowledge*, trans. Geoff Bennington and Brain Massumi (Minneapolis: University of Minnesota Press, 1984); Laurel Richardson, "Narrative and Sociology," *Journal of Contemporary Ethnography* 19, no.1 (1990): 116-35.

〔33〕 人間、経験、関係、文化について、確実で不変な知識の主張をする能力や欲求を疑問視した研究者として、以下がいる。Arthur P. Bochner, "Forming Warm Ideas," in *Rigor and Imagination: Essays from the Legacy of Gregory Bateson*, ed. Carol Wilder-Mott and John H. Weakland (New York: Praeger, 1981): 65-81; Shulamit Reinharz, *On Becoming a Social Scientist* (New Brunswick, NJ: Transaction 1984).

〔34〕 知ることの方法として、物語や物語ることを禁ずることを疑問視した研究者として、以下がいる。Jerome Bruner, "Life as Narrative," *Social Research* 54, no.1 (1986): 11-32; Robert Coles, *The Call of Stories* (Boston, MA: Houghton Mifflin, 1989); Walter R. Fisher, "Narration as Human Communication Paradigm: The Case of Public Moral Argument," *Communication Monographs* 51, no.1 (1984): 1-22.

〔35〕 情緒や感情に対する偏見を疑問視した研究者として、以下がいる。Ellis, "Sociological Introspection"; Arlie Hochschild, *The Managed Heart: Commercialization of Human Feeling* (Berkeley: University of California Press, 1983) 〔石川准・室伏亜希訳『管理される心：感情が商品になるとき』世界思想社，2000.〕; Keller, *Reflections*.

〔36〕Clifford Geertz, *Local Knowledge* (New York: Basic Books, 1983).〔春日直樹ほか訳『文化を書く』紀伊國屋書店，1996.〕

〔37〕 研究プロセスへの社会的アイデンティティ（たとえば、人種、年齢、ジェンダー、階級、セクシュアリティなど）の影響、そしてアイデンティティが研究テクストの解釈と評価にいかに影響を与え得るかを認識し、問うた研究者として、以下がいる。Patricia Hill Collins, *Black Feminist Thought: Knowledge, Consciousness, and the*

Politics of Empowerment (Boston, MA: Unwin Hyman, 1990); Marilyn Frye, *The Politics of Reality: Essays in Feminist Theory* (Trumansburg, NY: Crossing Press, 1983); Keller, *Reflections on Gender and Science*; Audre Lorde, *Sister Outsider* (Berkely, CA: The Crossing Press,1984); Linda Alcoff, "The Problem of Speaking for Others," *Cultural Critique* 20 (1991/1992): 5-32.

［38］植民地主義的で侵入的なエスノグラフィーの実践を疑問視した研究者として、以下がいる。Alcoff, "Speaking for Others"; Abraham P. DeLeon, "How Do I Begin to Tell a Story That Has Not Been Told? Anarchism, Autoethnography, and the Middle Ground," *Equity & Excellence in Education* 43, no.4 (2010): 398-413; Shino Konishi, "Representing Aboriginal Masculinity in Howard's Australia," In *Global Masculinities and Manhood*, ed. Ronald L. Jackson II and Murali Balaji (Urbana, IL: University of Illinois Press, 2011): 161-85; Agnes Riedmann, Science *That Colonizes: A Critique of Fertility Studies in Africa* (Philadelphia, PA: Temple University Press,1993); Gayatri Chakravorty Spival, "Can the Subaltern Speak?" in *Marxism and the Interpretation of Culture*, ed. Cary Nelson and Lawrence Grossberg (Champaign: University of Illinois Press, 1988): 271-313.

［39］Dwight Conquergood, "Rethinking Ethnography: Towards a Critical Cultural Politics," *Communication Monographs* 58, no.2 (1991): 180.

［40］Holman Jones, "Autoethnography,' 231; 以下を参照。Rosaldo, *Culture and Truth*.

［41］Laurel Richardson, "Evaluating Ethnography," *Qualitative Inquiry* 6, no.2 (2000): 253.

［42］Paul Atkinson, Amanda Coffey, and Sara Delamont, *Key Themes in Qualitative Research: Continuities and Change* (Walnut Creek, CA: AltaMira Press, 2003): 57. 以下も参照。Yvonne Jewkes, "Autoethnography and Emotion as Intellectual Resources: Doing Prison Research Differently," *Qualitative Inquiry* 18, no.1 (2011): 63-75; Katherine R. Allen and Fred P. Piercy, "Feminist Autoethnography," in *Research Methods in Family Therapy*, ed. Douglas H. Sprenkle and Fred P. Piercy (New York: The Guilford Press, 2005): 155-69.

［43］Atkinson, Coffey, and Delamont, *Key Themes*, 63. ジャーナリストのベン・モンゴメリーが『クリエイティブ・ノンフィクション』誌でのインタビューで言うように、「私はそう言っている本人であり、その質問を尋ねている本人であり、私たちがどこに行くか、何を証言するかを決めている本人である。私は、その場合、そうではないというふりをしたり、自分が感情のないロボットであると読者を信じさせるよう欺くのは、知的に不誠実だと思う。」Tullis, Matt. "Journalism Equals Facts While Creative Nonfiction Equals Truth? Maybe It's Not That Simple. A Roundtable Discussion with Chris Jones, Thomas Lake, and Ben Montgomery." *Creative Nonfiction* 47 (2013): 70.

［44］Holman Jones, "Making the Personal Political." 以下も参照。Lila Abu-Lughod, "Can There be a Feminist Ethnography?" *Woman and Performance: A Journal of Feminist Theory* 5, no.1 (1990): 7-27; Avery Gordon, *Ghostly Matters: Haunting and the*

Sociological Imagination (Minneapolis: University of Minnesota Press, 1988); Barbara Tedlock, "Ethnography and Ethnographic Representation," in *Handbook of Qualitative Research*, eds. Norman K. Denzin and Yvonna S. Lincoln (Thousand Oaks, CA: Sage, 2000): 455-86; Kamala Visweswaran, *Fictions of Feminist Ethnography* (Minneapolis: University of Minnesota Press, 1997).

[45] Behar, *The Vulnerable Observer*; Marianne Paget, "Performing the Text," *Journal of Contemporary Ethnography* 19, no.1 (1990): 136-55; Margery Wolf, *A Thrice Told Tale: Feminism, Postmodernism, and Ethnographic Responsibility* (Palo Alto, CA: Stanford University Press, 1992); Renato Rosaldo, *Culture and Truth*.

[46] Ellis, "Sociological Introspection"; Ellis, *Final Negotiations*; Carolyn Ellis and Michael G. Flaherty, eds. *Investigating Subjectivity: Research on Lived Experience* (Newbury Park, CA: Sage, 1992); Jewkes, "Autoethnography and Emotion."

[47] Tami Spry, *Body, Paper, Stage: Writing and Performing Autoethnography* (Walnut Creek, CA: Left Coast Press, 2011): 111.

[48] Kathleen M. Blee, "Studying the Enemy," in *Our Studies, Ourselves: Sociologists' Lives and Work*, eds. Barry Glassner and Rosanna Hertz (New York: Oxford University Press, 2003): 22.

[49] Conquergood, "Rethinking Ethnography"; Paul Stoller, *Sensuous Scholarship* (Philadelphia: University of Pennsylvania Press, 1997).

[50] Carolyn Ellis, "Touching Back/Receiving Gifts," *Studies in Symbolic Interaction* 28 (2005): 35-41; Arthur W. Frank, *The Wounded Storyteller* (Chicago, IL: University of Chicago Press, 1995); Ronald J. Pelias, "Confessions of Apprehensive Performer," *Text and Performance Quarterly* 17, no.1 (1997): 25-32. 以下も参照。Nancy Mairs, *Remembering the Bone House* (Boston, MA: Beacon, 1995).

[51] たとえば、私（トニー）がゲイの男性のセクシュアリティに関する研究を行う際、私はしばしば、無防備なセックスを擁護し楽しむ男たちや、よく「バグ・チェイサー（bug chasers）」として知られる HIV に感染することを求めてそうする男たちのサブカルチャーについて読む。以下を参照。Timothy Dean, *Unlimited Intimacy: Reflections on the Subculture of Barebacking* (Chicago, IL: University of Chicago Press, 2009). 私はまた、体重が増えるのを楽しみにし、他者が体重を増やすのを手助けする男性について書いたことがある。以下を参照。Tony E. Adams and Keith Berry, "Size Matters: Performing (Il) Logical Male Bodies on *Fatclub. Com*," *Text and Performance Quarterly* 33, no.4 (2013): 308-25. 私のすべての研究において、私はたびたび、どう生きるかについて選択し自由を行使している他者を批判する私の権利を吟味する。私は、彼らの振る舞いに慣れておらず困惑するかもしれない。しかし、もし私が、なぜこれらの人たちが行動を変えるべきなのかについて、踏み込んだ示唆や批判をするならば、傲慢とも、ひいきとも、無知とも受け取られることのないようにそれをする必要がある。研究における選択と批判の束縛について、さらには以下を参照。Orit Avishai, Lynne Gerber, and Jennifer Randles, "The Feminist Ethnographer's Dilemma: Reconciling Progressive

Research Agendas with Fieldwork Realities," *Journal of Contemporary Ethnography* 42, no.4 (2012): 394-426; Rachel Anderson Droogsma, "Redefining Hijab: American Muslim Women's Standpoints on Veiling," *Journal of Applied Communication Research* 35, no.3 (2007): 294-319; David A. Gerber, "The 'Careers' of People Exhibited in Freak Shows: The Problem of Volition and Valorization," in *Freakery: Cultural Spectacles of the Extraordinary Body,* ed. Rosemarie Garland Thomson (New York: New York University Press,1996): 38-54.

[52] Stanley Milgram, "Behavioral Study of Obedience," *Journal of Abnormal and Social Psychology* 67, no.4 (1963): 375. 以下も参照。Diana Baumrind, "Some Thoughts on Ethics of Research: After Reading Milgram's 'Behavioral Study of Obedience,'" *American Psychologist* 19, no.6 (1964): 421-23; Stanley Milgram, "Issues in the Study of Obedience: A Reply to Baumrind," *American Psychologist* 19 (1964): 848-52.

[53] John Heller, cited in Stephen B. Thomas and Sandra Crouse Quinn, "The Tuskegee Syphilis Study, 1932 to 1972: Implications for HIV Education and AIDS Risk Education Programs in the Black Community," *American Journal of Public Health* 81, no.11 (1991): 1501.

[54] Rebeca Skloot, *The Immortal Live of Henrietta Lacks* (New York: Crown, 2010).

[55] Thomas and Quinn, "Tuskegee Syphilis," 1500.

[56] Dwight Conquergood, "Poetics, Play, Process, and Power: The Performative Turn in Anthropology," *Text and Performance Quaterly* 1, no.1 (1989): 84.

[57] Jewkes, "Autoethnography and Emotion," 71-72.

[58] Sam Joshi, "Homo Sutra: Disrobing Desire in the Adult Cinema," *Journal of Creative Work* 1, no.2 (2007), accessed October1,2012, http://www.scientificjournals.org/journals2007/articles/1188.pdf. ライアル・クローフォードは、同様の観察を行っている。「私にとって、何が最大の問題であり、何がそれを誤らせるかは、フィールドワークが引き起こす意図的な介入である。フィールドに入る。ある社会的な状況に身を置く。『ネイティブ』に中に入れてくれるよう求めたりさえするかもしれないし、さらに良いのは、求めなくても招かれることである。私はこれに関して懐疑的である。私は人間の行動に深く興味を持ち、エスノグラフィックな記述を読むのをまったくもって楽しんでいるが、それでも、フィールドワークの本質的に侵入的な性質には懸念している。」Lyall Crawford, "Personal Ethnography," *Communication Monographs* 63, no.2 (1996): 163.

[59] Dwight Conquergood, "Performing as a Moral Act: Ethical Dimensions of the Ethnography of Performance," *Literature in Performance* 5, no.2 (1985): 5-7.

[60] Conquergood, "Performing as a Moral Act," 9.

[61] Read-Danahay, "Turning Points," 423.

[62] Tony E. Adams and Stacy Holman Jones, "Performing Identity, Critical Reflexivity, and Community: The Hopeful Work of Studying Ourselves and Others," Liminalities: *A Journal of Performance Studies* 9, no.2 (2013): 1, accessed June 1, 2013, http://

liminalities.net/9-2/introduction.pdf.

[63] Adams and Holman Jones, "Performing Identity."

[64] Behar, *The Vulnerable Observer*, 13.

[65] bell hooks, "Theory as Liberatory Practice," *Yale Journal of Law and Feminism* 4, no.1 (1991/1992): 1–12.

[66] Lorde, *Sister Outsider*, 116.

[67] Carole Blair, Julie R. Brown, and Leslie A. Baxter, "Disciplining the Feminine," *Quarterly Journal of Speech* 80, no.4 (1994): 383–409; Katherine Grace Hendrix, "An Invitation to Dialogue: Do Communication Journal Reviewers Mute the Race-Related Research of Scholars of Color?" *Southern Communication Journal* 70, no.4 (2005): 329–45.

[68] Frye, *The Politics of Reality*; Elissa Foster, "Commitment, Communication, and Contending with Heteronormativity: An Invitation to Greater Reflexivity in Interpersonal Research," *Southern Communication Journal* 73, no.1 (2008): 84–101; Thomas Glave, *Words to Our Now: Imagination and Dissent* (Minneapolis, MN: University of Minneapolis Press, 2005): 116–29; Emily Martin, "The Egg and the Sperm: How Science Has Constructed a Romance Based on Stereotypical Male-Female Roles," *Signs: Journal of Women in Culture* 16, no.3 (1991): 485–501; Lindsy Van Gelder, "Marriage as a Restricted Club," in *Against the Current*, eds. Pamela J. Annas and Robert C. Rosen (Upper Saddle River, NJ: Prentice Hall, 1998): 294–97; Kath Weston, *Families We Choose: Lesbians, Gays, Kinship* (New York: Columbia University Press, 1991).

[69] Riedmann, *Science that Colonizes*; Spivak, "Subaltern."

[70] Robin Patric Clair, "The Changing Story of Ethnography," in *Expressions of Ethnography*, ed. Robin Patric Clair (Albany: State University of New York Press, 2003): 3. 他者のために話すことに関する最近の関心については、以下を参照。Alcoff, "Speaking for Others"; Marcelo Diversi and Claudio Moreira, *Betweener Talk: Decolonizing Knowledge Production, Pedagogy, and Praxis* (Walnut Creek, CA: Left Coast Press, 2010); Linda Tuhiwai Smith, *Decolonizing Methodologies: Research and Indigenous Species* (New York: Zed Books, 1999); Keyan G. Tomaselli, Lauren Dyll-Myklebust, and Sjoerd van Grootheest, "Personal/Political Interventions Via Autoethnography: Dualisms, Knowledge, Power, and Performativity in Research Relations," in *Handbook of Autoethnography*, eds. Stacy Holman Jones, Tony E. Adams and Carolyn Ellis (Walnut Creek, CA: Left Coast Press, 2013): 576–94. 特定のコミュニティあるいは活動から他者を排除することに関する最近の議論については、以下を参照。Jacqueline Alemany, "Military Readies to Integrate Women into Combat," *CBSNEWS*, accessed November 1, 2013, http://www.cbsnews.com/news/military-readies-to-integrate-women-into-combat/; John Eligon, "New Neighbor's Agenda: White Power Takeover," *The New York Times*, accessed November 1, 2013, http://www.nytimes.

com/2013/08/30/us/white-supremacists-plan-angers-a-north-dakota-town.html?_r=0;
Donna Riley, "Hidden in Plain View: Feminists Doing Engineering Ethics, Engineers
Doing Feminist Ethics," *Science and Engineering Ethics* 19, no.1 (2013): 1-18.

[71] 侵略的で抑圧的な ── 植民地主義者の ── 研究実践への批判は、文化的他者の主権
アイデンティティの認識とアイデンティティ・ポリティクスの出現に寄与した。たとえ
ばスティーブン・トーマスとサンドラ・クインは、タスキギー梅毒研究の終焉は、公民
権運動やブラック・パワー運動の出現 ── 特定の人種的なアイデンティティと結びつき、
結びつくことで可能となった運動 ── によって大きく影響されたと論じている。以下を
参照。Stephen Thomas and Sandra Quinn, "Tuskegee Syphilis."

[72] Karl G. Heider, "What Do People Do? Dani Auto-Ethnography," *Journal of
Anthropological Research* 31, no.1 (1975): 3-17.

[73] Walter Goldschmidt, "Anthropology and the Coming Crisis: An Autoethnographic
Appraisal," *American Anthropologist* 79, no.2 (1977): 294.

[74] David M. Hayano, "Auto-Ethnography: Paradigms, Problems, and Prospects,"
Human Organization 38, no.1 (1979): 99.

[75] 以下を参照。Thomas W. Benson, "Another Shooting in Cowtown," *Quarterly Journal
of Speech* 67, no.4 (1981): 347-406; Coles, *The Call of Stories*; Dwight Conquergood,
"Between Experience and Meaning: Performance as a Paradigm for Meaningful
Action," in *Renewal and Revision: The Future of Interpretation*, ed. Ted Colson (Denton,
TX: NB Omega Publication, 1986): 26-59; James Clifford and George Marcus, eds.
Writing Culture: The Poetics and Politics of Ethnography (Berkeley: University of
California Press, 1986); Vincent Crapanzano, *Tuhami: Portrait of a Moroccan* (Chicago,
IL: University of Chicago Press, 1980)〔大塚和夫・渡辺重行訳『精霊と結婚した男：モ
ロッコ人トゥハーミの肖像』紀伊國屋書店, 1991.〕; Norman K. Denzin, *Interpretive
Biography* (Newbury Park, CA: Sage, 1989); Fisher, "Narration"; Keller, *Reflections on
Gender and Science*; Ann Oakley, "Interviewing Women: A Contradiction in Terms,"
in *Doing Feminist Research*, ed. Helen Roberts (New York: Routledge, 1981): 30-61;
Michael Pacanowsky, "Slouching Towards Chicago," *Quarterly Journal of Speech* 74,
no.4 (1988): 453-67; Reinharz, *On Becoming a Social Scientist*; Carol Rambo Ronai and
Carolyn Ellis, "Turn-Ons for Money: Interactional Strategies of the Table Dancer,"
Journal of Contemporary Ethnography 18, no.3 (1989): 271-98; Marjorie Shostak, *Nisa:
The Life and Words of a!Kung Woman* (Cambridge, MA: Harvard University Press,
1981)〔麻生九美訳『ニサ：カラハリの女の物語り』リブロポート, 1994.〕; John
Van Maanen, *Tales of the Field: On Writing Ethnography* (Chicago, IL: University of
Chicago Press, 1988)〔森川渉訳『フィールドワークの物語：エスノグラフィーの文章
作法』現代書館, 1999.〕; Irving Kenneth Zola, *Missing Pieces: A Chronicle of Living
with a Disability* (Philadelphia, PA: Temple University Press, 1982).〔ニキリンコ訳『ミッ
シング・ピーシズ：アメリカ障害学の原点』生活書院, 2020.〕

[76] Alice A. Deck, "Autoethnography: Zora Neale Hurston, Noni Jabavu, and Cross

Disciplinary Discourse," *Black American Literature Forum* 24, no.2 (1990): 237-56; Francoise Lionnet, "Autoethnography: The An-archic Style of *Dust Tracks on a Road*," in *Autobiographical Voices: Race, Gender, Self-portraiture*, ed. Francoise Lionnet (Ithaca, NY: Cornell University Press, 1989): 97-129.

[77] 以下を参照。Ellis, "Sociological Introspection"; Ellis and Flaherty, *Investigating Subjectivity*; Ellis, "There are Survivors"; Ellis, *Final Negotiations*; Ellis and Bochner, *Composing Ethnography*.

[78] Arthur P. Bochner, "Perspectives on Inquiry II: Theories and Stories," in *Handbook of Interpersonal Communication*, eds. Mark L. Knapp and Gerald R. Miller (Thousand Oaks, CA: Sage, 1994): 21-41; Arthur P. Bochner, "It's About Time: Narrative and the Divided Self," *Qualitative Inquiry* 3, no.4 (1997): 418-38; Arthur P. Bochner, "Narrative's Virtues," *Qualitative Inquiry* 7, no.2 (2001): 131-57; Arthur P. Bochner, "Perspectives on Inquiry III: The Moral of Stories," in *Handbook of Interpersonal Communication*, eds. Mark L. Knapp and John A. Daly (Thousand Oaks, CA: Sage, 2002): 73-101.

[79] Stacy Holman Jones, *Kaleidoscope Notes: Writing Women's Music and Organizational Culture* (Walnut Creek, CA: AltraMira Press, 1998).

[80] オートエスノグラフィーについての、あるいはそれに関連する影響力のあるエッセイ (1990-1999) として、以下がある。Dwight Conquergood, "Rethinking Ethnography"; Frederick C. Corey and Thomas K. Nakayama, "Sextext," *Text and Performance Quarterly* 17, no.1 (1997): 58-68; Carolyn Ellis, Christine E. Kiesinger, and Lisa M. Tillmann-Healy, "Interactive Interviewing: Talking About Emotional Experience," in *Reflexivity and Voice*, ed. Rosanna Hertz (Thousand Oaks, CA: Sage, 1997): 119-49; bell hooks, "Theory as Liberatory Practice"; Lyall Crawford, "Personal Ethnography"; and Eric Mykhalovskiy, "Reconsidering Table Talk", Mark Neumann, "Collecting Ourselves at the End of the Century," in *Composing Ethnography: Alternative Forms of Qualitative Writing*, eds. Carolyn Ellis and Arthur P. Bochner (Walnut Creek, CA: AltraMira Press, 1996): 172-98; Carol Rambo Ronai, "The Reflexive Self through Narrative: A Night in the Life of an Erotic Dancer/Researcher," in *Investigating Subjectivity: Research on Lived Experience*, eds. Carolyn Ellis and Michael G. Flaherty (Newbury Park, CA: Sage, 1992): 102-24; Carol Rambo Ronai, "Multiple Reflections of Child Sex Abuse," *Journal of Contemporary Ethnography* 23, no.4 (1995): 395-426; Carol Rambo Ronai, "My Mother Is Mentally Retarded," in *Composing Ethnography: Alternative Forms of Qualitative Writing*, eds. Carolyn Ellis and Arthur P. Bochner (Walnut Creek, CA: AltaMira, 1996); 109-31.

[81] オートエスノグラフィーについての、あるいはそれに関連する影響力のある本 (1990-1999) として、以下がある。Ruth Behar, *The Vulnerable Observer*; Sheron J. Dailey, ed. *The Future of Performance Studies: Visions Revisions* (Annandale, VA: National Communication Association, 1998); H. L. Goodall, *Casing a Promised Land* (Carbondale: Southern Illinois University Press, 1994); Ronald J. Pelias, *Writing*

Performance: Poeticizing the Researcher's Body (Carbondale: Southern Illinois University Press, 1999); Deborah Reed-Danahay, ed. *Auto/Ethnography* (New York: Berg, 1997); Laurel Richardson, *Fields of Play: Constructing an Academic Life* (New Brunswick, NJ: Rutgers University Press, 1997); Linda Tuhiwai Smith, *Decolonizing Methodologies.*

[82] Norman K. Denzin and Yvonna S. Lincoln, eds. *Handbook of Qualitative Research* (Thousand Oaks, CA: Sage, 1994).

[83] Jean D. Clandinin and Michael F. Connelly, "Personal Experience Methods," in *Handbook of Qualitative Research*, eds. Norman K. Denzin and Yvonna S. Lincoln (Thousand Oaks, CA: Sage, 1994): 413-27.

[84] Laurel Richardson, "Writing: A Method of Inquiry," in *Handbook of Qualitative Research*, eds. Norman K. Denzin and Yvonna S. Lincoln (Thousand Oaks, CA: Sage): 516-29.

[85] 以下を参照。Norman K. Denzin and Yvonna S. Lincoln, eds. *Handbook of Qualitative Research*. 2nd ed. (Thousand Oaks, CA: Sage, 2000); Norman K. Denzin and Yvonna S. Lincoln, eds. *Handbook of Qualitative Research*. 3rd ed. (Thousand Oaks, CA; Sage, 2005); Ellis and Bochner, "Autoethnography, Personal Narrative, Reflexivity"; Holman Jones, "Making the Personal Political."

[86] Brydie-Leigh Bartleet and Carolyn Ellis, eds. *Music Autoethnographies: Making Autoethnography Sing/Making Music Personal* (Bowen Hills, QLD Australian Academic Press); Bochner and Ellis, Ethnographically Speaking; Ellis, *The Ethnographic I*; Ellis, *Revision.*

[87] Stacy Holman Jones, *Torch Singing: Performing Resistance and Desire from Billie Holiday to Edith Piaf* (Lanham, MD; AltaMira Press, 2007). 以下も参照。Holman Jones, "The Way We Were, Are, and Might Be: Torch Singing as Autoethnography," in *Ethnographically Speaking: Autoethnography, Literature, and Aesthetics*, eds. Arthur P. Bochner and Carolyn Ellis (Walnut Creek, CA: AltaMira, 2001): 44-56; Holman Jones, "Emotional Space: Performing the Resistive Possibilities of Torch Singing," *Qualitative Inquiry* 8, no.6 (2002): 738-59; Holman Jones, "Crimes Against Experience," *Cultural Studies* ↔ *Critical Methodologies* 9, no.5 (2009): 608-18.

[88] オートエスノグラフィーについての、あるいはそれに関連する影響力のある本（2000-2009）として、以下がある。Bryant Keith Alexander, *Performing Black Masculinity: Race, Culture, and Queer Identity* (Lanham, MD: AltaMira Press, 2006); Heewon Chang, *Autoethnography as Method* (Walnut Creek, CA: Left Coast Press, 2008); Robin Patric Clair, ed. *Expressions of Ethnography: Novel Approaches to Qualitative Methods* (Albany: State University of New York Press, 2003); H. L. Goodall, *Writing the New Ethnography* (Walnut Creek, CA: AltaMira Press, 2000); H. L. Goodall, *A Need to Know: The Clandestine History of a CIA Family* (Walnut Creek, CA: Left Coast Press, 2006); Ronald J. Pelias, *A Methodology of the Heart: Evoking Academic and Daily Life* (Walnut

Creek, CA: AltaMira Press, 2004); Christopher N. Poulos, *Accidental Ethnography: An Inquiry into Family Secrecy* (Walnut Creek, CA: Left Coast Press, 2009); Lisa M. Tillmann-Healy, *Between Gay and Straight: Understanding Friendship across Sexual Orientation* (Walnut Creek, CA: AltaMira Press, 2001); Keyan G. Tomaselli, ed. *Writing in the San/d: Autoethnography Among Indigenous Southern Africans* (Lanham, MD: AltaMira Press, 2007); Jonathan Wyatt and Ken Gale, *Between the Two: A Nomadic Inquiry into Collaborative Writing and Subjectivity* (Newcastle upon Tyne: Cambridge Scholars Publishing, 2009).

オートエスノグラフィーについての、あるいはそれに関連する影響力のあるエッセイ（2000-2009）として、以下がある。Adams, "Seeking Father"; Adams, "Narrative Ethics"; Adams and Holman Jones, "Autoethnography is Queer"; Leon Anderson, "Analytic Autoethnography" *Journal of Contemporary Ethnography* 35, no.4 (2006): 373-95; Keith Berry, "Implicated Audience Member Seeks Understanding: Reexamining the 'Gift' of Autoethnography," *International Journal of Qualitative Methods* 5, no.3 (2006): 1-12; Keith Berry, "Embracing the Catastrophe: Gay Body Seeks Acceptance," *Qualitative Inquiry* 13, no.2 (2007): 259-81; Keith Berry, "Promise in Peril: Ellis and Pelias and the Subjective Dimensions of Ethnography," *Review of Communication* 8, no.2 (2008): 154-73; Robin M. Boylorn, "E Pluribus Unum (Out of Many, One)," *Qualitative Inquiry* 12, no.4 (2006): 651-80; Robin M. Boylorn, "As Seen on TV: An Autoethnographic Reflection on Race and Reality Television," *Critical Studies in Media Communication* 25, no.4 (2008): 413-33; Sara L. Crawley, "They Still Don't Understand Why I Hate Wearing Dresses!' An Autoethnographic Rant on Dresses, Boats, and Butchness", *Cultural Studies ↔ Critical Methodologies* 2, no.1 (2002): 69-92; Craig Gingrich-Philbrook, "Autoethnography's Family Values: Easy Access to Compulsory Experiences," *Text and Performance Quarterly* 25, no.4 (2005): 297-314; Barbara J. Jago, "Chronicling an Academic Depression," *Journal of Contemporary Ethnography* 31, no.6 (2002): 729-57; Stacy Holman Jones, "(M)othering Loss: Telling Adoption Stories, Telling Performativity," *Text and Performance Quarterly* 25, no.2 (2005): 113-35; Ronald J. Pelias, "The Critical Life," *Communication Education* 49, no.3 (2000): 220-28; Elyse Pineau, "*Nursing Mother* and Articulating Absence," *Text and Performance Quarterly* 20, no.1 (2000): 1-19; Tami Spry, "Performing Autoethnography: An Embodied Methodological Praxis," *Qualitative Inquiry* 7, no.6 (2001): 706-32; Lisa M. Tillmann, "Body and Bulimia Revisited: Reflections on 'a Secret Life,'" *Journal of Applied Communication Research* 37, no.1 (2009): 98-112; Jillian A. Tullis Owen, Chris McRae, Tony E. Adams, and Alisha Vitale, "truth Troubles," *Qualitative Inquiry*15, no.1 (2009): 178-200; Sarah Wall, "An Autoethnography on Learning About Autoethnography,'" *International Journal of Qualitative Methods* 5, no.2 (2006); Sarah Wall, "Easier Said Than Done: Writing an Autoethnography," *International Journal of Qualitative Methods* 7, no.1 (2008); Jonathan Wyatt, "Psychic Distance, Consent, and

Other Ethical Issues," *Qualitative Inquiry* 12, no.4 (2006): 813-18.

2000年代以降のオートエスノグラフィーについての、あるいはそれに関連する影響力のある学術雑誌の号（2000-2009）として、以下がある。Maree Boyle and Ken Parry, "Special Issue on Organizational Autoethnography," *Culture and Organization* 3, no.3 (2007): 185-266; Carolyn Ellis and Arthur P. Bochner, eds. "Special Issue: Taking Ethnography into the Twenty-first Century," *Journal of Contemporary Ethnography* 25, no.1 (1996): 3-166; Scott A. Hunt and Natalia Ruiz Junco, eds. "Two Thematic Issues: Defective Memory and Analytical Autoethnography," *Journal of Contemporary Ethnography* 35, no.4 (2006): 71-372; Christopher N. Poulos, ed. "Special Issue: Autoethnography," *Iowa Journal of Communication* 40, no.1 (2008): i-140; John T. Warren and Keith Berry, eds. "Special Issue: The Evidence of Experience, Cultural Studies, and Personal (ized) Scholarship," *Cultural Studies ↔ Critical Methodologies* 9, no.5 (2009): 595-695.

[89] オートエスノグラフィーについての最近の本（2010-2014）として、以下がある。Adams, *Narrating the Closet;* Robin M. Boylorn, *Sweetwater: Black Women and Narratives of Resistance* (New York: Peter Lang, 2013); Robin M. Boylorn and Mark P. Orbe, eds. *Critical Autoethnography: Intersecting Cultural Identities in Everyday Life* (Walnut Creek, CA: Left Coast Press, 2014); Heewon Chang and Drick Boyd, eds. *Spirituality in Higher Education: Autoethnographies* (Walnut Creek, CA: Left Coast Press, 2011); Heewon Chang, Faith Wambura Ngunjiri, and Kathy-Ann C. Hernandez, *Collaborative Autoethnography* (Walnut Creek, CA: Left Coast Press, 2013); Norman K. Denzin, *Interpretive Autoethnography* (Thousand Oaks, CA: Sage, 2014); Mike Hayler, *Autoethnography, Self-narrative and Teacher Education* (Rotterdam, Netherlands: Sense Publishers, 2011); Jeanine Minge and Amber Lynn Zimmerman, *Concrete and Dust: Mapping the Sexual Terrains of Los Angeles* (New York: Routledge, 2013); Tessa Muncey *Creating Autoethnographies* (Thousand Oaks, CA: Sage, 2010); Ronald J. Pelias, *Leaning: A Poetics of Personal Relations* (Walnut Creek, CA: Left Coast Press, 2011); Cynthia Cole Robinson and Pauline Clardy, eds. *Tedious Journeys: Autoethnography by Women of Color in Academe* (New York: Peter Lang, 2010); Nigel P. Short, Lydia Turner, and Alec Grant, eds. *Contemporary British Autoethnography*(Rotterdam, Netherlands: Sense Publishers, 2013); Phil Smith, ed. *Both Sides of the Table: Autoethnographies of Educators Learning and Teaching With/In [Dis] ability* (New York: Peter Lang, 2013); Spry, *Body, Paper, Stage*; Sophie Tamas, *Life After Leaving* (Walnut Creek, CA: Left Coast Press, 2011); Jonathan Wyatt and Tony E. Adams, eds. *On (Writing) Families: Autoethnographies of Presence and Absence, Love and Loss* (Rotterdam, Netherlands: Sense Publishers, 2014).

オートエスノグラフィーについての、最近の学術雑誌の号（2010-2014）として、以下がある。Tony E. Adams and Stacy Holman Jones, "Special Issue: On Studying Ourselves and Others," *Liminalities: A Journal of Performance Studies* 9, no.2 (2013), accessed June 1, 2013, http://liminalities.net/9-2/; Tony E. Adams and Jonathan Wyatt, "Special issue: On (Writing) Fathers," *Qualitative Inquiry* 18, no.2 (2012): 119-209; Berry and Clair, "Ethnographic Reflexivity"; W. Benjamin Myers, "Special Issue: Writing Autoethnographic Joy," *Qualitative Communication Research* 1, no.2 (2012): 157-252; Faith W. Ngunjiri, Kathy-Ann Hernandez, and Heewon Chang, "Special Issue: Autoethnography as Research Practice," *Journal of Research Practice* 6, no.1 (2010). http://jrp.icaap.org/index.php/jrp/issue/view/13.

［90］ 人類学におけるオートエスノグラフィーの例：Keyan G. Tomaselli, "Visualizing Different Kinds of Writing: Auto-ethnography, Social Science," *Visual Anthropology* 26, no.2 (2013): 165-180; Tomaselli, Dyll-Myklebust, and van Grootheest, "Personal/ Political Interventions." アートとデザインにおけるオートエスノグラフィーの例：Thommy Eriksson, "Being Native: Distance, Closeness and Doing Auto/Self-ethnography," *ArtMonitor* 8 (2010): 91-100. ビジネスにおけるオートエスノグラフィーの例：Clair Doloriert and Sally Sambrook, "Accommodating an Autoethnographic PhD: The Tale of the Thesis, the Viva Voce, and the Traditional Business School," *Journal of Contemporary Ethnography* 40, no.5 (2011): 582-615; Mark Learmonth and Michael Humphreys, "Autoethnography and Academic Identity: Glimpsing Business School Doppelgangers," *Organization* 19, no.1 (2012): 99-117. コミュニケーションにおけるオートエスノグラフィーの例：Ragan Fox, "'You Are Not Allowed to Talk About Production: Narratization on (and Off) the Set of CBS's *Big Brother*," *Critical Studies in Media Communication* 30, no.3 (2013): 189-208; Rachel Alicia Griffin, "I AM an Angry Black Woman: Black Feminist Autoethnography, Voice, and Resistance," *Women's Studies in Communication* 35, no.2 (2012): 138-57; Boylorn, *Sweetwater*; Boylorn and Orbe, Critical *Autoethnography*. 犯罪学におけるオートエスノグラフィーの例：Jewkes, "Autoethnography and Emotion." 教育学におけるオートエスノグラフィーの例：Margot Duncan, "Going Native: Autoethnography as a Design Tool," in *Handbook of Design in Educational Technology*, eds. Rosemary Luckin, Sadhana Puntambekar, Peter Goodyear, Barbara Grabowski, Joshua Underwood and Niall Winters (New York: Routledge, 2013): 201-10; Sherick Hughes, Julie L. Pennington, and Sara Makris, "Translating Autoethnography across the AERA Standards: Toward Understanding Autoethnographic Scholarship as Empirical Research," *Educational Researcher* 41, no.6 (2012): 209-19; Royel M. Johnson, "Black and Male on Campus: An Autoethnographic Account," *Journal of African American Males in Education* 4, no.2 (2013): 25-45; Robinson and Clardy, *Tedious Journeys*; Smith, *Both Sides of the Table*. 地理学におけるオートエスノグラフィーの例：David Butz, "Autoethnography as Sensibility," in *The Sage Handbook of Qualitative Geography*, eds. Dydia DeLyser, Steve Herbert, Stuart Aitken, Mike Crang, and Linda McDowell (Thousand Oaks, CA: Sage, 2010): 138-55. 音楽におけるオートエスノグラフィーの例：Bartleet and Ellis, *Music Autoethnographies*. 看護学におけるオートエスノグラフィーの例：Kim Foster, Margaret McAllister, and Louise O'Brien, "Extending the Boundaries: Autoethnography as an Emergent

Method in Mental Health Nursing Research," *International Journal of Mental Health Nursing* 15, no.1 (2006): 44-53; Patricia Ann Sealy, "Autoethnography: Reflective Journaling and Meditation to Cope With Life-Threatening Breast Cancer," *Clinical Journal of Oncology Nursing* 16, no.1 (2012): 38-41. 心理学におけるオートエスノグラフィーの例：David Carless and Kitrina Douglas, "A History of Autoethnographic Inquiry," in *Handbook of Autoethnography*, eds. Stacy Holman Jones, Tony E. Adams and Carolyn Ellis (Walnut Creek, CA: Left Coast Press, 2013): 84-106; Mark Freeman, "From Absence to Presence: Finding Mother, Ever Again," in *On (Writing) Families: Autoethnographies of Presence and Absence, Love and Loss*, eds. Jonathan Wyatt and Tony E. Adams (Rotterdam, Netherlands: Sense Publishers, 2014). ソーシャルワークにおけるオートエスノグラフィーの例：Paige Averett and Danielle Soper, "Sometimes I Am Afraid: An Autoethnography of Resistance and Compliance," *The Qualitative Report* 16, no.2 (2011): 358-76. 社会学におけるオートエスノグラフィーの例：Leon Anderson and Bonnie Glass-Coffin, "I Learn by Going: Autoethnographic Modes of Inquiry," in *Handbook of Autoethnography*, eds. Stacy Holman Jones, Tony E. Adams and Carolyn Ellis (Walnut Creek, CA: Left Coast Press, 2013): 57-83; Barton, "My Auto/ Ethnographic Dilemma"; Crawley, "Wearing Dresses"; Sara L. Crawley, "Autoethnography as Feminist Self-Interview," in *The SAGE Handbook of Interview Research*, 2nd ed, eds. Jaber F. Gubrium, James A. Holstein, Amir B. Marvasti, and Karyn D. McKinney (Thousand Oaks, CA: Sage, 2012): 143-60; Denzin, *Interpretive Autoethnography*; Laurel Richardson, "Sentimental Journey," in *Handbook of Autoethnography*, eds. Stacy Holman Jones, Tony E. Adams and Carolyn Ellis (Walnut Creek, CA: Left Coast Press,2013): 339-56.

[91] 以下を参照。Norman K. Denzin and Yvonna S. Lincoln, eds. *The SAGE Handbook of Qualitative Research*. 4th ed. (Thousand Oaks, CA: Sage, 2011); Stephen D. Lapan, MaryLynn T. Quartaroli, and Frances J. Riemer, eds. *Qualitative Research: An Introduction to Methods and Designs* (San Francisco, CA: John Wiley & Sons, 2011); Patricia Leavy, ed. *Oxford Handbook of Qualitative Research* (Oxford: Oxford University Press, 2014); Ieva Zake and Michael DeCesare, eds. *New Directions in Sociology: Essays on Theory and Methodology in the 21st Century* (Jefferson, NC: McFarland & Company, 2011).

[92] Pat Sikes, ed. *Autoethnography* (Thousand Oaks, CA: Sage, 2013).

[93] Stacy Holman Jones, Tony E. Adams, and Carolyn Ellis, eds. *Handbook of Autoethnography* (Walnut Creek, CA: Left Coast Press, 2013).

[94] Smaro Kamboureli, "The Politics of the Beyond: 43 Theses on Autoethnography and Complicity," in *Asian Canadian Writing Beyond Autoethnography*, eds. Eleanor Ty and Christl Verduyn (Waterloo: Wilfrid Laurier University Press, 2008): 31-54.

[95] Richardson, "Evaluating Ethnography," 254. 以下も参照。Alcoff, "Speaking for Others."

[96] Lorde, *Sister Outsider*, 37.

第*2*章　オートエスノグラフィーの研究デザインと哲学

[1] Ronai, "Multiple Reflections," 421.

[2] Holman Jones, "Making the Personal Political"; Holman Jones, "Lost and Found."

[3] Dwight Conquergood, "Performance Studies: Interventions and Radical Research," *The Drama Review* 46, no.2 (2002): 146.

[4] Conquergood, "Interventions and Radical Research," 149.

[5] クリスティン・ランゲリアが書いているように、物語は、「双方向」の契約を創り出す。「『あなたに物語を話してあげよう』は、パフォーマンスを約束し、聞き手を設定する。そして、『私に起こったことの物語』は、個人的な経験を再演（re-present）する。」ランゲリアは続ける。「一言でいえば、個人的な経験の物語は、語り手か研究者によって**作られる**のであって、見出されるのではない。」Kristin M. Langellier, "Personal Narrative, Performance, Performativity: Two or Three Things I Know for Sure," *Text and Performance Quarterly* 19, no.2 (1999): 128. 以下も参照。Ronai, "Reflexive Self"; Ronai, "Multiple Reflections"; Adams, "Narrative Ethics"; Boylorn, "E Pluribus Unum"; Boylorn, "As Seen on TV"; Mary Weems, "Fire: A Year in Poems," in *Handbook of Autoethnography*, eds. Stacy Holman Jones, Tony E. Adams and Carolyn Ellis (Walnut Creek, CA: Left Coast Press, 2013): 313-20.

[6] Gingrich-Philbrook, "Family Values."

[7] たとえば、以下を参照。Brydie-Leigh Bartleet, "Artful and Embodied Methods, Modes of Inquiry, and Forms of Representation," in *Handbook of Autoethnography*, eds. Stacy Holman Jones, Tony E. Adams and Carolyn Ellis (Walnut Creek, CA: Left Coast Press, 2013): 443-64; David Carless and Kitrina Douglas, "Songwriting and the Creation of Knowledge," in *Music Autoethnographies: Making Autoethnography Sing/Making Music Personal*, eds. Brydie-Leigh Bartleet and Carolyn Ellis (Bowen Hills, QLD Australian Academic Press): 23-38; Marilyn Metta, "Putting the Body on the Line: Embodied Writing and Recovery through Domestic Violence," in *Handbook of Autoethnography*, eds. Stacy Holman Jones, Tony E. Adams and Carolyn Ellis (Walnut Creek, CA: Left Coast Press, 2013): 486-509; Jeanine Marie Minge, "The Stained Body: A Fusion of Embodied Art on Rape and Love," *Journal of Contemporary Ethnography* 36, no.3 (2007): 252-80; Minge & Zimmerman, *Concrete and Dust*; Pelias, *Leaning*; Pineau, "Nursing Mother"; Spry, *Body, Paper, Stage*.

[8] たとえば、以下を参照。James Merrill, *The Inner Room* (New York: Knopf, 1998); Eve Kosofsky Sedgwick, "Teaching 'Experimental Critical Writing,'" in *The Ends of Performance*, eds. Peggy Phelan and Jill Lane (New York: New York University Press, 1998): 104-15; Sara Lundquist, "The Aesthetics of Enclosure: James Merrill's Inner Rooms," *English Studies in Canada* 31, no.1 (2005): 31-53.

[9] 私（ステイシー）の言葉の使用は、ジェイムズ・メリルの『内なる部屋（*The Inner Room*）』のティモシー・メイタラーとサラ・ランキストの分析を参照している。以下を参照。Timothy Materer, "James Merrill's Late Poetry: AIDS and the 'Stripping Process,'" *Arizona Quarterly* 64, no.2 (2006): 125-26; Sara Lundquist, "The Aesthetics of Enclosure," 31-32.

[10] Merrill, *Inner*, 57.

[11] 私（ステイシー）は、セジウィックのエッセイ「『実験的・批判的書き方』教室（Teaching 'Experimental Critical Writing')』で、初めてメリルの「旅立ちの話（Prose of Departure)』を読んだ。セジウィックは、「多元化する声」と「モジュール方式」の練習のヒントとして、メリルの詩を提示している。声を多元化する練習では、形式の違い（詩と散文の間の移動）が、私たちが書いたことをどのように聞き取り、どのように感じうるかに焦点をあてている。つまり、テクストの時間と空間がどう変化するかである。そして、宛先のモード、「まさに誰が、どのように聞いているかの期待」が、読み手と書き手、アイデンティティと期待の間の**関係**としていかに理解されるかである。モジュール方式の練習は、「同じ形式（ソネット、俳句）の多少とも不連続な単位が繰り返し現れるときの効果」に焦点を当てる。エッセイのより長いバージョンでは、私は、アイデンティティと人生がいかに他者との**関係**のなかで遂行されるかを示すために、多元化された声 —— 交換と宛先の形式やモードにおける違い —— を用いる。私はまた、いかにモジュール方式が、私たちの人生の説明だけではなく、私たちのアイデンティティと関係性においても、繰り返し起きているかを示す。Sedgwick, "Teaching 'Experimental Critical Writing,'" 111-13.

[12] メイタラーは、このメリルの詩の批判 —— 感情の欠如、感情のコントロールと非人間的な調子、楽し気な言葉遊び、その表面性 —— を取り上げ、こうした批判は、肯定的な（幸福ではないまでも）終わりに対するメリルの抑制と欲望を、表面的だと見誤っており、一方で、1980年代から1995年に亡くなるまで書いた「深く感情的で絶望に近い詩」を見落としていると論じている。Materer, "James Merrill's Late Poetry," 124.

[13] 私（ステイシー）の言葉の使用は、メリルの詩は、「中心に向かって結ばれた結節点において、2つの世界、2つの反対語の間の空間を飛躍する論理を許容しつつ」、共に反対語を保持しているというランキストの観察から導かれている。ランキストはまた、メリルの散文詩の俳句は、「内なる部屋」（「旅立ちの話」を含む作品集のタイトルでもある）を作りだし、「周囲の、差し迫った旅立ちの騒がしい散文」の中で、「呪文的で瞬間的な魔法」を呼び出すと書いている。これらの俳句において、彼らが作り出す内なる部屋の中で、私たちは、「いまだ触れており」「いまだ愛によってつながっている。」Lundquist, "The Aesthetics of Enclosure," 32, 44-5.

[14] Eve Kosofsky Sedgwick, *A Dialogue on Love* (Boston, MA: Beacon Press, 2000): 42.

[15] Holman Jones, "Lost and Found," 323-24.

[16] Jillian A. Tullis, "Self and Others: Ethics in Autoethnographic Research," in *Handbook of Autoethnography*, eds. Stacy Holman Jones, Tony E. Adams and Carolyn Ellis (Walnut Creek, CA: Left Coast Press, 2013): 244-61.

[17] 以下を参照。Ellis, "Relational Ethics"; Tillmann-Healy, "Friendship as Method"; Katherine Irwin, "Into the Dark Heart of Ethnography: The Lived Ethics and Inequality of Intimate Field Relationships," *Qualitative Sociology* 29 (2006): 155-75.

[18] Adams, *Narrating the Closet*; Mohan J. Dutta and Ambar Basu, "Negotiating Our Postcolonial Selves," in *Handbook of Autoethnography*, eds. Stacy Holman Jones, Tony E. Adams and Carolyn Ellis (Walnut Creek, CA: Left Coast Press, 2013): 143-61; Holman Jones, *Kaleidoscope Notes*; Holman Jones, *Torch Singing*; Tomaselli, Dyll-Myklebust, and van Grootheest, "Personal/Political Interventions", Antonio C. La Pastina, "The Implications of an Ethnographer's Sexuality," *Qualitative Inquiry* 12, no.4 (2006): 724-35.

[19] たとえば、以下を参照。Rex Crawley, "Favor: An Autoethnography of Survival," in *Critical Autoethnography: Intersecting Cultural Identities in Everyday Life*, eds. Robin M. Boylorn and Mark P. Orbe (Walnut Creek, CA: Left Coast Press, 2014): 222-33; Nicole L. Defenbaugh, *Dirty Tale: A Narrative Journey of the IBD Body* (Cresskill, NJ: Hampton Press, 2011); Foster, "Commitment"; H. L. Goodall, *The Daily Narrative* (blog), accessed June 1,2013, http://www.hlgoodall.com/blog.html; Metta, "Embodied Writing"; Pineau, "Nursing Mother"; Elyse Pineau, "The Kindness of [Medical] Strangers: An Ethnopoetic Account of Embodiment, Empathy, and Engagement," in *Writings of Healing and Resistance*, ed. Mary Weems (New York: Peter Lang, 2013): 63-9; Richardson, "Sentimental Journey"; Tamas, *Life After Leaving*.

[20] たとえば、以下を参照。Tony E. Adams, "Post-Coming out Complications," in *Critical Autoethnography: Intersecting Cultural Identities in Everyday Life*, eds. Robin M. Boylorn and Mark P. Orbe (Walnut Creek, CA: Left Coast Press, 2014): 62-80; Barton, "My Auto/Ethnographic Dilemma", Robin M. Boylorn, "Black Kids' (B.K.) Stories: Ta (L) King (About) Race Outside of the Classroom," *Cultural Studies ↔ Critical Methodologies* 11 (2011): 59-70; Robin M. Boylorn, "Gray or for Colored Girls Who Are Tired of Chasing Rainbows: Race and Reflexivity," *Cultural Studies ↔ Critical Methodologies* 11, no.2 (2011): 178-86; Boylorn, *Sweetwater*; Robin M. Boylorn, "'Sit with Your Legs Closed!' And Other Sayin's from My Childhood," in *Handbook of Autoethnography*, eds. Stacy Holman Jones, Tony E. Adams and Carolyn Ellis (Walnut Creek, CA: Left Coast Press, 2013): 173-85; Sara B. Dykins Callahan, "Academic Outings," *Symbolic Interaction* 31, no.4 (2008): 351-75; Carolyn Ellis, "Maternal Connections," in *Composing Ethnography: Alternative Forms of Qualitative Writing*, eds. Carolyn Ellis and Arthur P. Bochner (Walnut Creek, CA: AltaMira Press, 1996): 240-43; Carolyn Ellis, "'I Hate My Voice': Coming to Terms with Minor Bodily Stigmas," *The Sociological Quarterly* 39, no.4 (1998): 517-37; Carolyn Ellis, "With Mother/With Child: A True Story," *Qualitative Inquiry* 7, no.5 (2001): 598-616; Carolyn Ellis, "No Longer Hip: Losing My Balance and Adapting to What Ails Me," *Qualitative Research in Sport, Exercise and Health* 6, no.1 (2014): 1-19s Griffin, "Black Feminist

Autoethnography"; Holman Jones, "Lost and Found"; Stacy Holman Jones, "Always Strange," in *On (Writing) Families: Autoethnographies of Presence and Absence, Love and Loss*, eds. Jonathan Wyatt and Tony E. Adams (Rotterdam, Netherlands: Sense Publishers, 2014); Blake A. Paxton, "Transforming Minor Bodily Stigmas Through Holding onto Grief: A 'Hair' Raising Possibility" *Qualitative Inquiry* 19, no.5 (2013): 355–65; Dale Rivera, "A Mother's Son," *Cultural Studies* ↔ *Critical Methodologies* 13, no.2 (2013): 88–94.

[21] Denzin, Interpretive Autoethnography.

[22] エピファニー (epiphany) について明示的に書いているオートエスノグラフィーとして、以下がある。Adams, *Narrating the Closet*; Carolyn Ellis and Arthur P. Bochner, "Telling and Performing Personal Stories: The Constraints of Choice in Abortion," in *Investigating Subjectivity: Research on Lived Experience*, eds. Carolyn Ellis and Michael G. Flaherty (Newbury Park, CA: Sage, 1992): 79–101; Christopher N. Poulos, "Spirited Accidents: An Autoethnography of Possibility," *Qualitative Inquiry* 16, no.1 (2010): 49–56; Sealy, "Reflective Journaling."

[23] Carolyn Ellis, "At Home With 'Real Americans': Communicating Across the Urban/Rural and Black/White Divides in the 2008 Presidential Election," *Cultural Studies* ↔ *Critical Methodologies* 9, no.6 (2009): 721–33.

[24] Ellis, "'Real Americans,'" 729–30.

[25] Elissa Foster, "My Eyes Cry without Me: Illusions of Choice in the Transition to Motherhood," in *Contemplating Maternity in an Era of Choice: Explorations into Discourses of Reproduction*, eds. Sara Hayden and D. Lynn O'Brien Hallstein (Lanham, MD: Lexington, 2010): 139–58.

[26] Robin M. Boylorn, "My Daddy is Slick, Brown, and Cool like Ice Water," in *On (Writing) Families: Autoethnographies of Presence and Absence, Love and Loss*, eds. Jonathan Wyatt and Tony E. Adams (Rotterdam, Netherlands: Sense Publishers, 2014): 85–93.

[27] Goodall, *The Daily Narrative*.

[28] Keith Berry, "Spinning Autoethnographic Reflexivity, Cultural Critique, and Negotiating Selves," in *Handbook of Autoethnography*, eds. Stacy Holman Jones, Tony E. Adams and Carolyn Ellis (Walnut Creek, CA: Left Coast Press, 2013): 212.

[29] Calafell, "Considering Accountability."

[30] Peggy McIntosh, "White Privilege and Male Privilege: A Personal Account of Coming to See Correspondences Through Work in Women's Studies," in *Understanding Diversity: Readings, Cases, and Exercises*, eds. Carol P. Harvey and M. June Allard (New York: HarperCollins, 1995): 130–139.

[31] Sara Ahmed, *Queer Phenomenology: Orientations, Objects, Others* (Durham, NC: Duke University Press, 2006).

[32] Tony E. Adams, "Mothers, Faggots, and Witnessing (Un) Contestable Experience,"

Cultural Studies <=> *Critical Methodologies* 9, no.5 (2009) : 619-26; Adams, *Narrating the Closet.*

［33］ Kristin M. Langellier and Eric E. Peterson, "Shifting Contexts in Personal Narrative Performance," in *The SAGE Handbook of Performance Studies*, eds. D. Soyini Madison and Judith Hamera (Thousand Oaks, CA, Sage, 2005): 155.

［34］ Goodall, *The New Ethnography*; Harry F. Wolcott, *Ethnography Lessons: A Primer* (Walnut Creek, CA: Left Coast Press, 2010).

［35］ Shulamit Reinharz, *Feminist Methods in Social Research* (Oxford: Oxford University Press, 1992): 260.

［36］ これは、Adams, "The Joys of Autoethnography." からの改訂された説明である。

［37］ Carolyn Ellis, "Negotiating Terminal Illness: Communication, Collusion, and Coalition in Caregiving," in *Loss and Trauma: General and Close Relationship Perspectives*, eds. John H. Harvey and Eric D. Miller (Philadelphia, PA: Brunner-Routledge, 2000): 284-304.

［38］ M. Tillmann-Healy, "A Secret Life in a Culture of Thinness: Reflections on Body, Food, and Bulimia," in *Composing Ethnography: Alternative Forms of Qualitative Writing*, eds. Carolyn Ellis and Arthur P. Bochner (Walnut Creek, CA: AltaMira Press, 1996) : 80. 以下も参照。Tillmann, "Body and Bulimia Revisited."

［39］ Clifford Geertz, *The Interpretation of Cultures* (New York: Basic Books, 1973): 10.〔吉田禎吾訳『文化の解釈学』岩波書店，1987.〕「厚い記述」を効果的に用いたオートエスノグラフィーの例としては、以下を参照。Boylorn, *Sweetwater*; Devika Chawla, "Walk, Walking, Talking, Home," in Handbook of Autoethnography, eds. Stacy Holman Jones, Tony E. Adams and Carolyn Ellis (Walnut Creek, CA: Left Coast Press, 2013): 162-72; Ellis, "Maternal Connections"; Goodall, *A Need to Know*; Richardson, "Sentimental Journey."

［40］ ジム・トーマスの批判的エスノグラフィーの定義は、批判的オートエスノグラフィーの本質をうまく要約している：批判的エスノグラフィーは、「社会的意識と社会的変革」を促進し、「解放のための目標」を支援し、「抑圧的な」文化的影響をなくす方法である。Jim Thomas, *Doing Critical Ethnography* (Newbury Park, CA: Sage, 1993): 4. 以下も参照。DeLeon, "Anarchism"; Norman K. Denzin, Yvonna S. Lincoln and Linda Tuhiwai Smith, eds. *Handbook of Critical and Indigenous Methodologies* (Thousand Oaks, CA: Sage, 2008); D. Soyini Madison, *Critical Ethnography: Method, Ethics, Performance.* 2nd ed. (Thousand Oaks, CA: Sage, 2012). 批判的オートエスノグラフィーは、社会的調査は文化的変革を代弁すべきではないというマーティン・ハマースレイの信念に明らかに対抗している。以下を参照。Martyn Hammersley, *Methodology: Who Needs It?* (Thousand Oaks, CA: Sage, 2011).

［41］ この章は、私（ステイシー）の以下のような養子縁組の物語の読書に基づいている。Tonya Bishoff and Jo Rankin, eds. *Seeds from a Silent Tree: An Anthology* (San Diego, CA: Pandal Press, 1997); Susan Soon-Keum Cox, *Voices from Another Place:*

A Collection of Works from a Generation Born in Korea and Adopted to other Countries(St. Paul, MN: Yeong & Yeong, 1999); Jane Jeong Trenka, *The Language of Blood: A Memoir* (St. Paul, MN: Borealis Books,2003); Jane Jeong Trenka, *Fugitive Visions: An Adoptee's Return to Korea* (St. Paul, MN: Graywolf Press, 2009); Jane Jeong Trenka, Julia Chinyere Oparah, and Sun Yung Shin, eds. *Outsiders Within: Writing on Transracial Adoption* (Cambridge, MA: South End Press, 2006),

[42] Trenka, *Fugitive Visions*, 196.

[43] Trenka, *Fugitive Visions*, 91-94.

[44] Jacqueline Taylor, *Waiting for the Call: From Preacher's Daughter to Lesbian Mom* (Ann Arbor: University of Michigan Press, 2007): 212.

[45] Holman Jones, "Lost and Found," 325-26.

[46] Calafell, "Considering Accountability."

[47] Ellis, "Relational Ethics"; Holman Jones, "Making the Personal" ; Spry, *Body, Paper, Stage*.

[48] Glenn D. Hinson, "'You've got to Include an Invitation': Engaged Reciprocity and Negotiated Purpose in Collaborative Ethnography" (presentation, Annual Convention of the American Anthropological Association, Chicago, Illinois, April 15-18, 1999); Jacqueline Adams, "The Wrongs of Reciprocity: Fieldwork among Chilean Working-Class Women," *Journal of Contemporary Ethnography* 27, no.2 (1998): 219-41.

[49] Harry J. Elam Jr, *Taking It to the Streets: The Social Protest Theater of Luis Valdez and Amiri Baraka* (Ann Arbor: University of Michigan Press,1997); bell hooks, "Performance Practice as a Site of Opposition," in *Let's Get It On: The Politics of Black Performance*, ed. Catherine Ugwu (Seattle, WA: Bay, 1995): 210-21.

[50] Ellis and Rawicki, "More than Mazel?"

[51] これは、Ellis and Rawicki, "More than Mazel?" からの改訂された説明である。以下も参照。Ellis and Rawicki, "Relational Autoethnography"; Carolyn Ellis and Chris J. Patti, "With Heart: Compassionate Interviewing and Storytelling with Holocaust Survivors," *Storytelling, Self, Society* (in press); Rawicki and Ellis, "Sharing Authority."

[52] たとえば、以下を参照。Tony E. Adams, "Paradoxes of Sexuality, Gay Identity, and the Closet," *Symbolic Interaction* 33, no.2 (2010): 234-56; Amir Marvasti, "Being Middle Eastern American: Identity Negotiation in the Context of the War on Terror," *Symbolic Interaction* 28, no.4 (2006): 525-47.

[53] Marilyn Metta, *Writing Against, Alongside and Beyond Memory: Lifewriting as Reflexive, Poststructuralist Feminist Research Practice* (New York: Peter Lang, 2010); Minge & Zimmerman, *Concrete and Dust*; Lisa M. Tillmann, "Wedding Album: An Anti-Heterosexist Performance Text," in *Handbook of Autoethnography*, eds. Stacy Holman Jones, Tony E. Adams and Carolyn Ellis (Walnut Creek: Left Coast Press, 2013); Sophie Tamas, "Who's There? A Week Subject," in *Handbook of Autoethnography*, eds. Stacy Holman Jones, Tony E. Adams and Carolyn Elis (Walnut

Creek, CA: Left Coast Press, 2013): 186-201; Eve Tuck and C. Ree, "A Glossary of Haunting," in *Handbook of Autoethnography*, eds. Stacy Holman Jones, Tony E. Adams and Carolyn Ellis (Walnut Creek, CA: Left Coast Press, 2013): 639-58.

［54］Holman Jones, "Always Strange," 16-17.

［55］バトラーは、「私たちが他者を認めるとき、あるいは自分自身の認識を求めるとき、私たちは他者に、私たちがあるように、すでにあるように、いつもそうであったように、出会いそれ自体に先立って構成されたように見るよう求めているわけではない」と書いている。Judith Butler, *Giving an Account of Oneself* (New York: Fordham University Press, 2005): 44.〔清水知子訳『自分自身を説明すること：倫理的暴力の批判』月曜社, 2008.〕

［56］バトラーは、「代わりに、求めること、請願することにおいて、私たちはすでに新しい何かになっている・・・認識を求めること、あるいはそれを与えることは、正確には、人が既にあることの認識を求めることではない。それは、常に他者との関係性において、成ることを嘆願し、変化を扇動し、将来を請うことである」と書いている。Butler, *Giving an Account*, 44.

［57］Chawla, "Walking"; Ellis, "Maternal Connections"; Pelias, "The Critical Life"; Weems, "Fire."

［58］Ellis, "Maternal Connections."

［59］Rawicki and Ellis, "Sharing Authority."

［60］Adams, Narrating the Closet, 27.

［61］Adams, "Paradoxes."

［62］一部のオートエスノグラファーは、リサーチクエスチョンを明示的に特定したり含めたりしない。なぜなら、しばしばリサーチクエスチョンはプロジェクトの開始時にはわかっていなかったり、テクスト／物語の流れを妨げかねないからである。たとえば、以下を参照。Ellis, "Maternal Connections"; Holman Jones, "Lost and Found"; Tamas, "A Week Subject." リサーチクエスチョンはまた、論文の要約に含まれていたり、読者に判断を任されていたりする場合もある。

［63］hooks, "Theory as Liberatory Practice"; Richardson, "Evaluating Ethnography."

［64］Ellis, *The Ethnographic I*, 33.

［65］Adams, "Seeking Father"; Tony E. Adams, "Missing Each Other," *Qualitative Inquiry* 18, no.2 (2012): 193-96.

［66］Kenneth Burke, *The Philosophy of Literary Form: Studies in Symbolic Action*. 3rd ed. (Berkeley: University of California Press, 1974).〔森常治訳『文学形式の哲学：象徴的行動の研究』国文社, 1983.〕

［67］Coles, *The Call of Stories*; Bochner, "It's About Time."

［68］Ellis, *The Ethnographic I*, 34. 以下も参照。Adams, "Mothers, Faggots"; Ruth Behar, "A Sixth Memo for the Millennium: Vulnerability," accessed August 15, 2013, http://www.mit.edu/~bhdavis/BeharLec.html; Spry, *Body, Paper, Stage*.

［69］Holman Jones, Adams, and Ellis, "Coming to Know," 24.

[70] Behar, *The Vulnerable Observer*, 14.

[71] Adams, *Narrating the Closet*.

[72] たとえば、以下を参照。April Chatham-Carpenter, "'Do Thyself No Harm': Protecting Ourselves as Autoethnographers," *Journal of Research Practice* 6, no.1 (2010), accessed March 1, 2013, http://jrp.icaap.org/index.php/jrp/article/view/213/183; Hernandez and Ngunjiri, "Relationships and Communities"; Jago, "Academic Depression"; Barbara J. Jago, "Shacking Up: An Autoethnographic Tale of Cohabitation," *Qualitative Inquiry* 17, no.2 (2011): 204-19; Metta, *Writing Against; Tamas, Life After Leaving*; Tillmann, "A Secret Life"; Tillmann-Healy, "Body and Bulimia"; Tullis, "Self and Others."

[73] Spry, *Body, Paper, Stage*, 47.

[74] Goodall, *The New Ethnography*.

[75] Bochner, "Perspectives on Inquiry III"; Dutta and Basu, "Postcolonial Selves"; Archana A. Pathak, "Opening My Voice, Claiming My Space: Theorizing the Possibilities of Postcolonial Approaches to Autoethnography," *Journal of Research Practice* 6, no.1 (2010), accessed June 14, 2012, http://jrp.icaap.org/index.php/jrp/artc/view1231/191; Tomaselli, Dyll-Myklebust, and van Grootheest, "Personal/Political Interventions."

[76] Berry, "Autoethnographic Reflexivity"; Norman K. Denzin, "Interpretive Autoethnography" in *Handbook of Autoethnography*, eds. Stacy Holman Jones, Tony E. Adams and Carolyn Ellis (Walnut Creek, CA: Left Coast Press, 2013): 123-42; Griffin, "Black Feminist Autoethnography"; Tuck and Ree, "A Glossary of Haunting."

[77] Adams, *Narrating the Closet*, 106-07.

[78] Ellis, "Seeking My Brother's Voice: Holding onto Long-Term Grief through Photographs, Stories, and Reflections," in *Stories of Complicated Grief: A Critical Anthology*, ed. Eric Miller (Washington, DC: National Association of Social Workers Press, 2014): 3-21; Holman Jones and Adams, "Undoing the Alphabet." 以下も参照。Lorraine Hedtke and John Winslade, *Re-membering Lives: Conversations with the Dying and the Bereaved* (Amityville, NY: Baywood Publishing Company, 2004).〔小森康永ほか訳『人生のリ・メンバリング：死にゆく人と遺される人との会話』金剛出版、2005.〕

[79] 以下を参照。Dwight Conquergood, "Beyond the Text: Toward a Performative Cultural Politics," in *The Future of Performance Studies: Visions and Revisions*, ed. Sheron J. Dailey (Annandale, VA: National Communication Association, 1998): 25-36; Elyse Lamm Pineau, "Re-Casting Rehearsal: Making a Case for Production as Research," *Journal of the Illinois Speech and Theatre Association* 46 (1995): 43-52.

[80] H. L. Goodall, "Narrative Ethnography as Applied Communication Research," *Journal of Applied Communication Research* 32, no.3 (2004): 191.

[81] Pelias, "The Critical Life," 223.

[82] Robin M. Boylorn, "Blackgirl Blogs, Auto/ethnography, and Crunk Feminism," *Liminalities: A Journal of Performance Studies* 9, no.2 (2013): 81, accessed June 1, 2013, http://liminalities.net/9-2/boylorn.pdf

[83] Chimamanda Adichie, "The Danger of a Single Story," accessed October 1, 2013, http://dotsub.com/view/63ef5d28-6607-4fec-b906-aaae6cff7dbe/viewTranscript/eng

[84] Adichie, "Danger." 他の研究者もまた単一の（または少なすぎる）物語の危険性を指摘している。たとえば、コミュニケーション学者ベルナデット・カラフェルとシェーン・モアマンは、「ラテンアメリカ系住民はアメリカ合衆国で最大の『マイノリティー』グループであるが、コミュニケーション分野において、私たちのコミュニティに寄り添う学術的研究はほとんどない。これらのコミュニティがいかに学術的理論や実践に変化を与え貢献するかは無視されている」と書いている。Bernadette Marie Calafell and Shane T. Moreman, "Envisioning an Academic Readership: Latina/o Performativities per the Form of Publication," *Text and Performance Quarterly* 29, no.2 (2009): 123. 以下も参照のこと。Blair, Brown, and Baxter, "Disciplining the Feminine"; Boylorn, "E Pluribus Unum"; Calafell, "Considering Accountability."

[85] Fisher, "Narration."

[86] 以下を参照。Frank, *The Wounded Storyteller*, 97–114.

[87] たとえば、マリー・バティステは、「先住民の認識論は、直接的な生態学に由来する。他者と共に分ちあった経験を含む、人々の経験、知覚、思考、記憶、そして、夢、ビジョン、インスピレーション、ヒーラーや長老たちによって解釈されたサインのなかに発見された霊的な世界に起因している。多くの先住民たちは、全体論的な表意文字システムにおける様々な形式の能力を保持しており、それは口述の伝承により相互作用することを意図した部分的な知識として働く」と書いている。Marie Battiste, "Research Ethics for Protecting Indigenous Knowledge and Heritage," in *Handbook of Critical and Indigenous Methodologies*, eds. Norman K. Denzin, Yvonna S. Lincoln and Linda Tuhwai Smith (Thousand Oaks, CA: Sage, 2008): 499. 以下も参照。Tomaselli, Dyll-Myklebust, and van Grootheest, "Personal/Political Interventions."

[88] Keyan G. Tomaselli, "Stories to Tell, Stories to Sell: Resisting Textualization," *Cultural Studies* 17, no.6 (2003): 859. 以下も参照。Konishi, "Aboriginal Masculinity."

[89] たとえば、以下を参照。Bartleet, "Artful and Embodied Methods"; Carolyn Ellis, *Behind the Wall*, digital video, directed by Carolyn Ellis, featuring Jerry Rawicki (Warsaw, Poland: Total Film, 2013); Anne Harris and Rebecca Long, "Smart Bitch: Talking Back in Unity," *Liminalities* 9, no.3 (2013), accessed December 2, 2013, http://liminalities.net/9-3/smart.html; Metta, "Embodied Writing"; Jeanine M. Minge, "Mindful Autoethnography, Local Knowledges," in *Handbook of Autoethnography*, eds. Stacy Holman Jones, Tony E. Adams and Carolyn Ellis (Walnut Creek, CA: Left Coast Press, 2013): 425–42.

[90] Harris and Long, "Smart Bitch."

[91] Tomaselli, "Resisting Textualization," 863.

[92] 以下を参照。Boylorn, "E Pluribus Unum"; Calafell, "Considering Accountability"; Sara L. Crawley and Nadzeya Husakouskaya, "How Global Is Queer? A Co-Autoethnography of Politics, Pedagogy, and Theory in Drag," in *Handbook of Autoethnography*, eds. Stacy Holman Jones, Tony E. Adams and Carolyn Ellis (Walnut Creek, CA: Left Coast Press, 2013): 321-38; Satoshi Toyosaki and Sandy L. Pensoneau-Conway, "Autoethnography as a Praxis of Social Justice," in *Handbook of Autoethnography*, eds. Stacy Holman Jones, Tony E. Adams and Carolyn Ellis (Walnut Creek, CA: Left Coast Press, 2013): 557-75.

[93] 以下を参照。Adams, "The Joy of Autoethnography"; Boylorn, "Blackgirl Blogs."

[94] Andreas G. Philaretou and Katherine R. Allen, "Researching Topics through Autoethnographic Means," *The Journal of Men's Studies* 14, no.1 (2006): 75.

[95] Lorde, *Sister Outsider.*

第3章 オートエスノグラフィーを行う

[1] Holman Jones, "The Way We Were"; Ellis and Bochner, "Autoethnography, Personal Narrative, Reflexivity."

[2] Norman Denzin, *Interpretive Ethnography: Ethnographic Practices for the 21st Century* (Thousand Oaks, CA: Sage, 1996).

[3] Holman Jones, "Making the Personal Political."

[4] Anne M. Harris, "Ghost-child," in *On (Writing) Families: Autoethnographies of Presence and Absence, Love and Loss*, eds. Jonathan Wyatt and Tony E. Adams (Rotterdam, Netherlands: Sense Publishers, 2014): 69-75.

[5] Ellis, *The Ethnographic I.*

[6] Denzin, *Interpretive Autoethnography*; Ellis, Adams, and Bochner, "Autoethnography: An Overview"; Ellis and Bochner, "Telling and Performing"; Poulos, "Spirited Accidents."

[7] Arthur P. Bochner, "The Functions of Human Communication in Interpersonal Bonding," in *Handbook of Rhetorical and Communication Theory*, eds. Carroll C. Arnold and John Waite Bowers (Boston: Allyn and Bacon,1984): 595.

[8] Holman Jones, "Lost and Found," 336; Deborah D. Gray, *Attaching in Adoption: Practical Tool's for Today's Parents* (Indianapolis, IN: Perspectives Press, 2002): 103.

[9] Adams, *Narrating the Closet.*

[10] Derek M. Bolen, "After Dinners, In the Garage, Out of Doors, and Climbing on Rocks," in *On (Writing) Families: Autoethnographies of Presence and Absence, Love and Loss*, eds. Jonathan Wyatt and Tony E. Adams (Rotterdam, Netherlands: Sense Publishers, 2014): 142.

[11] Madison, *Critical Ethnography*, 21.

[12] Madison, *Critical Ethnography*, 22.

[13] Goodall, *The New Ethnography*, 51.

[14] Goodall, *The New Ethnography*, 58. 既存の研究の「ギャップ（裂け目）」に取り組むオートエスノグラフィーの例は、以下を参照。Keith Berry, "Un (covering) the Gay Interculturalist," in *Identity Research and Communication: Intercultural Reflections and Future Directions*, eds. Nilanjana Bardhan and Mark P. Orbe (Lanham, MD: Lexington Books, 2012): 223-37; Foster, "Commitment"; Griffin, "Black Feminist Autoethnography"; Ronai, "My Mother is Mentally Retarded."

[15] Ragan Fox, "Tales of a Fighting Bobcat: An 'Auto-archaeology' of Gay Identity Formation and Maintenance," *Text and Performance Quarterly* 30, no.2 (2010): 124. 個人的・文化的テクストや産物の調査において説得的な物語の筋を見出している他のオートエスノグラファーとして、以下がある。Boylorn, "As Seen on TV"; Susanne Gannon, "Sketching Subjectivities," in *Handbook of Autoethnography*, eds. Stacy Holman Jones, Tony E. Adams and Carolyn Ellis (Walnut Creek, CA: Left Coast Press, 2013): 228-43; Goodall, *A Need to Know*; Andrew F. Herrmann, "My Father's Ghost: Interrogating Family Photos," *Journal of Loss and Trauma* 10, no.4 (2005): 337-46.

[16] Ilja Maso, "Phenomenology and Ethnography," in *Handbook of Ethnography*, eds. Paul Atkinson, Amanda Coffey, Sara Delamont, John Lofland and Lyn Lofland (Thousand Oaks, CA: Sage, 2001): 136-44.

[17] Conquergood, "Interventions and Radical Research," 146.

[18] たとえば、以下を参照。Adams, *Narrating the Closet*; Holman Jones, "Lost and Found."

[19] たとえば、以下を参照。Berry, "Embracing the Catastrophe"; Boylorn, *Sweetwater*, Minge and Zimmerman, *Concrete and Dust.*

[20] Lisa M. Tillmann, "Don't Ask, Don't Tell: Coming Out in an Alcoholic Family" *Journal of Contemporary Ethnography* 38, no.6 (2009): 677-712; Lisa M. Tillmann, "Coming Out and Going Home: A Family Ethnography," *Qualitative Inquiry* 16, no.2 (2010): 116-29.

[21] Sherryl Kleinman, "Feminist Fieldworker: Connecting Research, Teaching, and Memoir," in Our Studies, Ourselves: Sociologists' Lives and Work, eds. Barry Glassner and Rosanna Hertz (New York: Oxford University Press, 2003): 230.

[22] Madison, *Critical Ethnography*, 25.

[23] Madison, *Critical Ethnography*, 25-27.

[24] Adams and Berry, "Size Matters."

[25] Goodall, *The New Ethnography*, 24.

[26] Goodall, *The New Ethnography*, 24.

[27] Poulos, *Accidental Ethnography*, 47.

[28] Mark Freeman, "Data are Everywhere: Narrative Criticism in the Literature of Experience," in *Narrative Analysis: Studying the Development of Individuals in Society*, eds. Colette Daiute and Cynthia Lightfoot (Thousand Oaks, CA: Sage, 2004): 73.

[29] Freeman, "Data are Everywhere," 73.

[30] Della Pollock, "Memory, Remembering, and Histories of Change," in *The SAGE Handbook of Performance Studies*, eds. D. Soyini Madison and Judith Hamera (Thousand Oaks, CA: Sage, 2006): 90.

[31] Pollock, "Memory," 88.

[32] Pollock, "Memory," 90.

[33] Pollock, "Memory," 93.

[34] Madison, *Critical Ethnography*.

[35] James P. Spradley, *The Ethnographic Interview* (New York: Holt, Rinehart & Winston, 1979).

[36] Kusenbach, Margaret, "Street Phenomenology: The Go-Along as Ethnographic Research Tool," *Ethnography* 4, no.3 (2003): 455-85; Lyndsay Brown and Kevin Durrheim, "Different Kinds of Knowing: Generating Qualitative Data Through Mobile Interviewing," *Qualitative Inquiry* 15, no.5 (2009): 911-30; Kristin Lozanski and Melanie Beres, "Temporary Transience and Qualitative Research: Methodological Lessons from Fieldwork with Independent Travelers and Seasonal Workers," *International Journal of Qualitative Methods* 6, no.2 (2007): 911-30.

[37] Daniel Makagon and Mark Neumann, *Recording Culture: Audio Documentary and the Ethnographic Experience* (Thousand Oaks, CA: Sage, 2009); Sarah Pink, *Doing Sensory Ethnography* (Thousand Oaks, CA: Sage, 2009).

[38] Douglas Harper, "Talking About Pictures: A Case for Photo Elicitations," *Visual Studies* 17, no.1 (2002): 13-26; Jane Jorgenson and Tracy Sullivan, "Accessing Children's Perspectives through Participatory Photo Interviews," *Forum: Qualitative Social Research*, 11, no, 1 (2009), accessed December 2, 2013, http://www.qualitative-research.net/index.php/fgs/article/view/447; Alan Radley and Diane Taylor, "Images of Recovery: A Photo Elicitation Study on the Hospital Ward," *Qualitative Health Research* 13, no.1 (2003):177-99.

[39]Ellis, *The Ethnographic I; Ellis, Revision*; Ellis, Kiesinger, and Tillmann-Healy, "Interactive Interviewing."

[40] Marvasti, "Being Middle Eastern American," 526.

[41] Ellis and Rawicki, "Relational Autoethnography."

[42] Frank, *The Wounded Storyteller*, 144.

[43] Ellis and Rawicki, "Relational Autoethnography," 378.

[44] Michael Jackson, *At Home in the World* (Durham, NC: Duke University Press): 163.

[45] Frank, *The Wounded Storyteller*, 158.

[46] Ellis and Rawicki, "Relational Autoethnography," 378.

[47] Adams, "Seeking Father," 720. 以下も参照。Ellis, "Relational Ethics."

[48] Tullis, "Self and Others."

[49] 一部の大学は、特にオートエスノグラフィーに対する倫理的ガイドラインを開発

している。たとえば、以下を参照。Ryerson University's guidelines at http://www.ryerson.ca/content/dam/about/vpresearch/autoethnography.pdf. もしあなたが大学コミュニティのメンバーであり、オートエスノグラフィーのプロジェクトを実施したいのであれば、プロジェクトが熟慮された研究として見なされるか、そして施設内審査委員会（IRB）の承認を免除されるかを判断するために、研究を進める前に、IRB に相談することを勧める。

[50] Department of Health, Education, and Welfare (United States), "The Belmont Report," accessed December 2, 2013, http://www.hhs.gov/ohrp/humansubjects/guidance/belmont.html

[51] トマセリ、ディル、フランシスが注視するように、「非識字の情報提供者でも、公開承諾書（release form）に署名するという倫理委員会の要求は、『存在している』条件を官僚化し、疎外化するものであり、その自発性における観察と出会いの有機的な性質を奪うことになる」。Keyan G. Tomaselli, Lauren Dyll, and Michael Francis, "'Self and 'Other': Auto-Reflexive and Indigenous Ethnography," in *Handbook of Critical and Indigenous Methodologies*, eds. Norman K. Denzin, Yvonna S. Lincoln and Linda Tuhwai Smith (Thousand Oaks, CA: Sage, 2008): 350. 以下も参照。Battiste, "Research Ethics"; Ellis, "Relational Ethics."

[52] Ellis and Rawicki, "Relational Autoethnography."

[53] Kim Etherington, "Ethical Research in Reflexive Relationships," *Qualitative Inquiry* 13, no.5 (2007): 607; Tullis, "Self and Others."

[54] Ellis and Rawicki, "Relational Autoethnography," 376-77.

[55] たとえば、以下を参照。Carolyn Ellis, "Emotional and Ethical Quagmires in Returning to the Field," *Journal of Contemporary Ethnography* 24, no.1 (1995): 68-98; Tamas, *Life After Leaving*

[56] Ellis, "Maternal Connections."

[57] Ellis, "With Mother/With Child."

[58] Ellis, "With Mother/With Child"; Ellis, *Revision*.

[59] 私の著作は、通常パスワードで保護されたデータベース上でのみ閲覧可能である。しかし、他者が私の著作に関するファイルを投稿すれば、より広く閲覧可能になる場合もある。以前、私の子供のプライバシーを守るために、これらの著作を投稿した人たちに連絡し、著作を削除するように求めた。それでも、著作を公開することはアクセス可能であることを意味する。そして私は、私の子供を知っているかもしれない人々を含む他の人たちにアクセスされ、読んでほしいのである。

[60] Arlene Stein, "Sex, Truths, and Audiotape: Anonymity and the Ethics of Exposure in Public Ethnography," *Journal of Contemporary Ethnography* 39, no.5 (2010): 554-68.

[61] 以下を参照。Adams, *Narrating the Closet*; Bernadette Barton, *Pray the Gay Away: The Extraordinary Lives of Bible Belt Gays* (New York: New York University Press, 2012).

[62] Michalina Maliszewska, "An Autoethnographic Examination of International

Student Experiences in the United States" (Master's thesis, Northeastern Illinois University, 2009).

[63] Ellis, *The Ethnographic I.*

[64] Ellis, "Relational Ethics."

[65] Ellis, "Relational Ethics," 4.

[66] Tillmann-Healy, "Friendship as Method."

[67] Ellis and Rawicki, "Relational Autoethnography," 377.

[68] Ellis, "Relational Ethics," 13; Jewkes, "Autoethnography and Emotion"; Irwin, "Dark Heart of Ethnography."

[69] Ellis, "Relational Ethics," Tamas, *Life After Leaving.*

[70] たとえば、以下を参照。Michael V. Angrosino, *Opportunity House: Ethnographic Stories of Mental Retardation* (Walnut Creek, CA: AltaMira Press, 1988); Boylorn, *Sweetwater,* Ellis, *The Ethnographic I.*

[71] たとえば、以下を参照。Chang, Ngunjiri, and Hernandez, *Collaborative Autoethnography*; Dutta and Basu, "Postcolonial Selves"; Patricia Geist-Martin, Lisa Gates, Liesbeth Wiering, Erika Kirby, Renee Houston, Anne Lilly, and Juan Moreno. "Exemplifying Collaborative Autoethnographic Practice via Shared Stories of Mothering," *Journal of Research Practice* 6, no.1 (2010), accessed October 3, 2013, http://jrp.icaap.org/index.php/jrp/article/view/209; Tomaselli, "Dyll-Myklebust and van Grootheest, Personal/Political Interventions"; Satoshi Toyosaki, Sandra L. Pensoneau-Conway, Nathan A. Wendt, and Kyle Leathers, "Community Autoethnography: Compiling the Personal and Resituating Whiteness," *Cultural Studies ↔ Critical Methodologie*s 9, no.1 (2009): 56-83.

[72] Shelly Carter, "How Much Subjectivity is Needed to Understand Our Lives Objectively?" *Qualitative Health Research* 12, no.9 (2002): 1184-201.

[73] Ellis, "Maternal Connections."

[74] Adams, "Seeking Father"; Adams, "Narrative Ethics"; Adams, "Narrative Ethics"; Adams, *Narrating the Closet.*

[75] Ellis, *Revision,* 317.

[76] Ellis, *Final Negotiations,* 15-16.

[77] たとえば、以下を参照。Berry, "Implicated Audience Member"; Ayanna F. Brown and Lisa William-White, "'We are Not the Same Minority': The Narratives of Two Sisters Navigating Identity and Discourse at Public and Private White Institutions," in *Tedious Journeys: Autoethnography by Women of Color in Academe,* eds. Cynthia Cole Robinson and Pauline Clardy (New York: Peter Lang, 2010): 149-75; Ellis, "Relational Ethics"; Craig Gingrich-Philbrook, "Evaluating (Evaluations of) Autoethnography," in *Handbook of Autoethnography,* eds. Stacy Holman Jones, Tony E. Adams and Carolyn Ellis (Walnut Creek, CA: Left Coast Press, 2013): 609-26.

[78] Chatham-Carpenter, "Protecting Ourselves," section 2.1.

［79］ 以下も参照。Tillmann, "Body and Bulimia Revisited"; Tillmann-Healy, "A Secret Life."

［80］ Sophie Tamas, "Writing and Righting Trauma: Troubling the Autoethnographic Voice," *Forum: Qualitative Social Research*, vol. 10, no.1 (2009), accessed June 1, 2013, http://www.qualitative-research.net/index.php/fqs/article/viewArticle/1211

［81］ Tamas, "A Week Subject," 200.

［82］ Jago, "Academic Depression", 738.

［83］ Brown and William-White, "Navigating Identity."

［84］ Lisa William-White, "Dare I Write about Oppression on Sacred Ground [Emphasis Mine]," *Cultural Studies ↔ Critical Methodologies* 11, no.3 (2011): 236-42.

［85］ 以下も参照。Berry, "Autoethnographic Reflexivity"; Metta, Writing Against; Metta, "Embodied Writing"; Gannon, "Sketching Subjectivities"; Carol Rambo, "Twitch: A Performance of Chronic Liminality," in *Handbook of Autoethnography*, eds. Stacy Holman Jones, Tony E. Adams and Carolyn Ellis (Walnut Creek, CA: Left Coast Press, 2013) : 627-38; Ronai, "Multiple Reflections"; Tuck and Ree; "A Glossary of Haunting."

［86］ Hernandez and Ngunjiri, "Relationships and Communities," 274.

［87］以下を参照。Conquergood, "Rethinking Ethnography"; Crawford, "Personal Ethnography."

［88］ Ellis and Bochner, "Telling and Performing."

［89］ Ellis, "Relational Ethics," 22.

［90］ Patricia Leavy, "Fiction and the Feminist Academic Novel," *Qualitative Inquiry* 18, no.6 (2012): 519.

［91］ Barton, "My Auto/Ethnographic Dilemma."

［92］ Madison, *Critical Ethnography*, 43.

［93］ Goodall, *The New Ethnography*, 121.

［94］ 以下を参照。Chang, *Autoethnography*; Ellis, *The Ethnographic I*; Thomas R. Lindlof and Bryan C. Taylor, *Qualitative Communication Research Methods*. 3rd ed. (Thousand Oaks, CA: Sage, 2010); Madison, *Critical Ethnography* ; Sarah J. Tracy, *Qualitative Research Methods: Collecting Evidence, Crafting Analysis, Communicating Impact* (Malden, MA: Blackwell, 2013).

［95］ Goodall, *The New Ethnography*, 121.

［96］ Ellis, "Minor Bodily Stigmas," 535.

［97］ Lynn Miller, "Saved by Stein: Or the Life You Perform May Become Your Own," *Text and Performance Quarterly* 32, no.2 (2012): 184.

第 *4* 章　オートエスノグラフィーを表現する

［1］ Richardson, "A Method of Inquiry"; Julia Colyar, "Becoming Writing, Becoming Writers," *Qualitative Inquiry* 15, no.2 (2009): 421-36; Julia E. Colyar, "Reflections on

Writing and Autoethnography," in *Handbook of Autoethnography*, eds. Stacy Holman Jones, Tony E. Adams and Carolyn Ellis (Walnut Creek, CA: Left Coast Press, 2013): 363-83.

[2] Denzin, "Interpretive Autoethnography"; Berry, "Autoethnographic Reflexivity"; Ellis, "No Longer Hip"; Holman Jones and Adams, "Undoing the Alphabet"; Jeanine M. Minge and John Burton Sterner, "The Transitory Radical; Making Place with Cancer," in *Critical Autoethnography: Intersecting Cultural Identities in Everyday Life*, eds. Robin M. Boylorn and Mark P. Orbe (Walnut Creek, CA: Left Coast Press, 2014): 33-46; Poulos, *Accidental Ethnography*.

[3] Spry, *Body, Paper, Stage*, 36.

[4] Bolen, "After Dinners," 142.

[5] たとえば、以下を参照。Allen-Collinson, "Autoethnography"; Boylorn, *Sweetwater*; Chawla, "Walking"; Sandra L. Faulkner, "That Baby Will Cost You: An Intended Ambivalent Pregnancy," *Qualitative Inquiry* 18, no.4 (2012): 333-40; Richardson, "Sentimental Journey"; Tillmann-Healy, *Between Gay and Straight*.

[6] Ellis, *The Ethnographic I*, 331-332.

[7] Stephen King, *On Writing: A Memoir of the Craft* (New York: Scribner, 2000): 151〔池央耿訳『スティーヴン・キング小説作法』アーティストハウス，2001.〕；以下を参照。Anne Lamott, *Bird by Bird: Some Instructions on Writing and Life* (New York: Anchor, 1994).

[8] Aimee Bender, "Why the Best Way to Get Creative Is to Make Some Rules," accessed July 17, 2013, http://www.oprah.com/spirit/Writing-Every-Day-Writers-Rules-Aimee-Bender

[9] Goodall, *The New Ethnography*, 22.

[10] 劇作家チャールズ・ミー（2002）の俳優へのアドバイスは、私（ステイシー）の書き手へのアドバイスに似ている。「私が自分の脚本のなかの素材の大海に身を投じるのと同じように、俳優たちはテクストの大海に身を投じるべきだと考える。そして、どういうわけか私は、彼らの本能と思考とが、彼らのためにそれらすべてを整理するだろうと信じている。もし、それを理解するためにどんなものであれ標準形式を用いようとするなら、それは還元主義者だ。おそらくあなたは、それに対抗して働くだろう。もし知的に働こうと試みるなら、あなたは見失ってしまうだろう。もし心理的に理解しようと試みるなら、あなたは見失ってしまうだろう。もし政治的議論としてそれを理解しようと試みるなら、見失ってしまうだろう。しかし、もしも働いているこれら全てのことの只中に身を投じるならば、その時あなたの知性——それにはあなたの頭、あなたの心臓、そして時には、あなたのニューロンや細胞も含まれる——は、あなたのためにそれをやり遂げるだろう。」Erin B. Mee, "Shattered and Fucked up and Full of Wreckage: The Words and Works of Charles L. Mee," *The Drama Review* 46, no.3(2002): 90.

[11] Goodall, *The New Ethnography*.

[12] Holman Jones, "Lost and Found."

[13] リサ・フィトコは、Michael Taussig, *I Swear I Saw This: Drawings in Fieldwork Notebooks, Namely My Own* (Chicago, IL: The University of Chicago Press, 2011): 9. に引用されている。フィトコは、ヴァルター・ベンヤミンを連れてフランス－スペインの国境を越えた。彼女のこの旅の物語は、彼女の自伝『ピレネー山脈からの脱出（*Escape Through the Pyrenees*）』に述べられている。しかし、イェーツが、書類鞄と失われた原稿の「発明／物語」と、書類鞄と原稿が触発した『『ベンヤミン資料とベンヤミンをテーマとするテクストと物』の増殖（6節）で指摘するように、この旅、鞄、失われた原稿、そしてそれらの重要性とベンヤミンの仕事と人生との関連についてのフィトコの説明は、何度も改訂されている。Julian Yates, "The Briefcase of Walter Benjamin/ Benjamin Walter's Briefcase: An Invent/ Story," *Rhizomes* 20 (2010), accessed March 3, 2013, http://www.rhizomes.net/issue20/yates/

[14] Taussig, *I Swear I Saw This*, 9.

[15] イェーツは、ベンヤミンがホテル・ド・フランシアに宿泊した際の4回の電話、1通の手紙、5杯のレモンソーダ、そしてもちろん、モルヒネの過剰摂取による自殺とされる行為などについて詳細に述べている（12節）。

[16] イェーツは、その手紙はテオドール・アドルノに宛てた別れの手紙だったと書いている。ベンヤミンはその手紙を旅仲間のヘンリー・ガーランド夫人に渡した。彼女はのちに、その手紙は破棄したが、その内容を記憶に基づいて語ったと書いている（66節）。

[17] この行は、いくつかのタイプの call について書かれたものを参照している。神に身を委ねるよう「called（召される）」ことと、将来の養親が受け入れを待ち子どもの知らせを待ちわびる「call（電話）」を織り交ぜたテイラー（Taylor, *Waiting*）、クレイグ・ギングリッチ－フィルブルックの「death-call（死の呼び出し）」(Craig Gingrich-Philbrook, "Family Values," 305)、ロバート・コールズの *The Call of Stories*（『物語の使命』）、そしてイェーツの、不在のなかで可能性を求めて書くことへの call（呼びかけ）としての「発明／物語」。

[18] Stephen Dunning and William Stafford, "Getting the Knack: 20 Poetry Writing Exercises," 1992, accessed July 17, 2013, http://www.readwritethink.org/professional-development/professional-library/getting-knack-poetry-writing-30358.html/

[19] 以下を参照。Sandra L. Faulkner, *Poetry as Method: Reporting Research Through Verse* (Walnut Creek, CA; Left Coast Press, 2009); Sedgwick, "Teaching 'Experimental Critical Writing'"; Spry, *Body, Paper, Stage*. 詩人のリタ・ダヴは、詩は、「視覚を用い、口語を用いて呼吸を整えることができ、そうして詩は、詩を読む意識的な身体行為となる」と論じている。シャロン・オールズは、左の余白は詩の背骨であり「強さの柱」であるのに対して、右の余白は、不揃いな改行で、ふらついた行に松ぼっくりのような名詞がぶら下がっている、松の木であり、その枝の躍動で読者を驚かせると付けくわえている。Rita Dove, Ron Padgett, and Sharon Olds, "Breaking the Line, Breaking the Narrative," 2011, accessed July 17,2013, http://www.poets.org/viewmedia.php/prmMID/23060

[20] 俳句は、通常、17音節の構造を持つ3行の詩である。1行目と3行目は5音節で構

成され、2行目は7音節で構成される。

[21] Sedgwick, *A Dialogue on Love*, 194.

[22] Lynda Barry, *What It Is* (Montreal: Drawn & Quarterly, 2008); Taussig, *I Swear I Saw This*.

[23] Barry, *What It Is*, 143-46.

[24] Goodall, *The New Ethnography*, 84-5.

[25] Goodall, *The New Ethnography*; Margarete Sandelowski, "Writing a Good Read: Strateies for Re-presentin Qualitative Data," *Research in Nursing & Health* 21 (1998):375-82.

[26] Tamas, "Writing and Righting,"

[27] Goodall, *The New Ethnography*, 135-36.

[28] Goodall, *The New Ethnography*, 136.

[29] 以下を参照。James Buzard, "'Anywhere's Nowhere': Bleak House as Autoethnography," *The Yale Journal of Criticism* 12, no.1 (1999): 7-39; Ellis, Adams, and Bochner, "Autoethnography: An Overview"; Arthur P. Bochner, "Bird on the Wire: Freeing the Father within Me," *Qualitative Inquiry* 18, no.2 (2012): 168-73.

[30] Darrel N. Caulley, "Making Qualitative Research Reports Less Boring: The Techniques of Writing Creative Nonfiction," *Qualitative Inquiry* 14, no.3 (2008): 442. 以下も参照。Ellis, *The Ethnographic I*.

[31] Jackson, *At Home*; Bochner, "Freeing the Father."

[32] たとえば、以下を参照。Holman Jones, "Lost and Found"; Adams and Holman Jones, "Telling Stories"; Pelias, "The Critical Life"; Glave, *Words to Our Now*, 116-29.

[33] Adams, *Narrating the Closet*, 63-83.

[34] Caulley, "Qualitative Research."

[35] Buzard, "Bleak House," 18.

[36] Adams, *Narrating the Closet*; Buzard, "Bleak House"; Satoshi Toyosaki, "Communication Sensei's Storytelling: Projecting Identity into Critical Pedagogy," *Cultural Studies <=> Critical Methodologies* 7, no.1 (2007): 48-73.

[37] Goodall, *The New Ethnography*, 139.

[38] Lamott, *Bird by Bird*, 47.

[39] King, *On Writing*, 178-79.

[40] King , *On Writing*, 181-82.

[41] King, *On Writing*, 188.

[42] King, *On Writing*, 117.

[43] Adams, *Narrating the Closet*, 17.

[44] King, *On Writing*, 121.

[45] Goodall, *The New Ethnography*.

[46] Lamott, *Bird by Bird*, 54-55.

[47] Goodall, *The New Ethnograph*, 127.

[48] Ellis, *The Ethnographic I*, 337-38.

[49] たとえば、以下を参照。Patricia Leavy, *Fiction as Research Practice: Shorts, Novellas, and Novels* (Walnut Creek, CA: Left Coast Press, 2013); Boylorn, *Sweetwater*; Faulkner, *Poetry as Method*; Bartleet and Ellis, *Music Autoethnographies*; Bartleet, "Artful and Embodied Methods."

[50] しかし、なかには「序論－文献レビュー－方法－結果－考察－結論」というように、より社会科学的な形式を用いて研究を提示しているオートエスノグラフィーのテクストもある（たとえば、Adams, "Paradoxes"; Marvasti, "Being Middle Eastern American"）。この形式を用いたオートエスノグラフィーでは、フィールドワークから得られた「データ」や発見、研究者の興味や経験、そして研究から生み出された解釈や「調査結果」、理解は、別々のセクションで提示される（Chang, *Autoethnography as Method*）。

[51] Van Maanen, *Tales of the Field*.

[52] 私たちは、ヴァン・マーネンの物語の3タイプをこの類型のなかに含めている。写実主義者と印象主義者の物語はこれらの芸術運動の議論に含まれ、一方、告白的な物語は表現主義の議論に含まれている。芸術における写実主義、印象主義、表現主義、そして概念主義の一般的な概要については、以下を参照。http://www.theartstory.org/section_movements.htm

[53] Geertz, *The Interpretation of Cultures*, 10.

[54] たとえば、以下を参照。Philip Burnard, "Seeing the Psychiatrist: An Autoethnographic Account," *Journal of Psychiatric and Mental Health Nursing* 14 (2007): 808-13; La Pastina, "Ethnographer's Sexuality"; Julie Lindquist, *A Place to Stand: Politics and Persuasion in a Working-Class Bar* (Oxford: Oxford University Press, 2002); Marvasti, "Being Middle Eastern American"; Robert Mizzi, "Unraveling Researcher Subjectivity through Multivocality in Autoethnography," *Journal of Research Practice 6*, no.1 (2010), accessed June 1,2013, http://jrp.icaap.org/index.php/irp/article/view/201/185; Toyosaki, "Sensei's Storytelling."

[55] たとえば、以下を参照。Anderson, "Analytic Autoethnography"; Kevin D. Vryan, "Expanding Analytic Autoethnography and Enhancing Its Potential," *Journal of Contemporary Ethnography* 35, no.4 (2006): 405-09.

[56] たとえば、以下を参照。Johnny Saldana, ed. *Ethnodrama: An Anthology of Reality Theatre* (Walnut Creek, CA: Altamira Press, 2005).

[57] たとえば、以下を参照。Adams, "Seeking Father"; Adams, "Missing Each Other"; Dykins Callahan, "Academic Outings"; Jago, "Academic Depression"; Jago, "Shacking Up"; Ronai, "Reflexive Self"; Ronai, "Multiple Reflections"; Ronai, "My Mother is Mentally Retarded"; Carol Rambo, "Impressions of Grandmother: An Autoethnographic Portrait," *Journal of Contemporary Ethnography* 34, no.5 (2005): 560-85; Rambo, "Twitch."

[58] たとえば、以下を参照。 Boylorn, "Sayin's"; Boylorn, *Sweetwater*; Chawla, "Walking";

Andrew F. Herrmann, "How Did We Get This Far Apart? Disengagement, Relational Dialectics, and Narrative Control," *Qualitative Inquiry* 13, no.7 (2007): 989-1007; Ronald J. Pelias, "Jarheads, Girly Men, and the Pleasures of Violence," *Qualitative Inquiry*13, no.7 (2007): 945-59; Spry, *Body, Paper, Stage*; Tillmann, "Body and Bulimia Revisited"; Tillmann-Healy, "A Secret Life."

[59] たとえば、以下を参照。"Catastrophe"; Denise Elmer, "Silent Sermons and the Identity Gap: The Communication of Gender Identity in Place and Space," *Iowa Journal of Communication* 40, no.1 (2008): 45-63; Minge and Zimmerman, *Concrete and Dust*; Neumann, "Collecting Ourselves."

[60] たとえば、以下を参照。Ellis et al, "Interactive Interviewing"; Carolyn Ellis and Leigh Berger, "Their Story/My Story/Our Story," in *Handbook of Interview Research*, eds. Jaber F. Gubrium and James A. Holstein (Thousand Oaks, CA: Sage, 2001): 849-75; Steven W. Schoen and David S. Spangler, "Making Sense under a Midnight Sun: Transdisciplinary Art, Documentary Film, and Cultural Exchange," *Cultural Studies ↔ Critical Methodologies* 11, no.5 (2011): 423-33.

[61] たとえば、以下を参照。Bryant Keith Alexander, Claudio Moreira, and hari Stephen kumar, "Resisting (Resistance) Stories: A Tri-Autoethnographic Exploration of Father Narratives across Shades of Difference," *Qualitative Inquiry* 18, no.2 (2012): 121-33; Arthur P. Bochner and Carolyn Ellis, "Telling and Living: Narrative Co-Construction and the Practices of Interpersonal Relationships," in *Social Approaches to Communication*, ed. Wendy Leeds-Hurwitz (New York: Guilford, 1995): 201-13; Colette N. Cann and Eric J. DeMeulenaere, "Critical Co-Constructed Autoethnography," *Cultural Studies ↔ Critical Methodologies* 12, no.2 (2012): 146-58; Ellis and Berger, "Their Story/My Story/Our Story"; Theon E. Hill and Isaac Clarke Holyoak, "Dialoguing Different in Joint Ethnographic Research: Reflections on Religion, Sexuality, and Race," *Cultural Studies ↔ Critical Methodologies* 11, no.2 (2011): 187-94; Hernandez and Ngunjiri, "Relationships and Communities"; Wyatt and Gale, *Between the Two*; Jonathan Wyatt and Ken Gale, "Getting Out of Selves: An Assemblage/Ethnography?" in *Handbook of Autoethnography*, eds. Stacy Holman Jones, Tony E. Adams and Carolyn Ellis (Walnut Creek, CA: Left Coast Press, 2013): 300-12.

[62] たとえば、以下を参照。Van Maanen, *Tales of the Field*; Goodall, *Casing the Promised Land*; Holman Jones, *Kaleidoscope Notes*; Ellis, *The Ethnographic I*.

[63] たとえば、以下を参照。Ellis and Rawicki, "More than Mazel?"; Ellis and Rawicki, "Relational Autoethnography"; Rawicki and Ellis, "Sharing Authority."

[64] たとえば、以下を参照。Berry, "Autoethnographic Reflexivity"; Boylorn, *Sweetwater*; Ellis, *The Ethnographic I*; Jago, "Academic Depression"; Christopher N. Poulos, "Writing My Way Through: Memory, Autoethnography, Identity, Hope," in *Handbook of Autoethnography*, eds. Stacy Holman Jones, Tony E. Adams and Carolyn Ellis (Walnut Creek, CA: Left Coast Press, 2013): 465-77; Tamas, "A Week Subject";

Leah R. Vande Berg and Nick Trujillo, *Cancer and Death: A Love Story in Two Voices* (Creskill, NJ: Hampton Press, 2008).

[65] たとえば、以下を参照。Chang and Boyd, *Spirituality in Higher Education*; Ellis, "Negotiating Terminal Illness"; Ellis, "With Mother/With Child"; Holman Jones and Adams, "Undoing the Alphabet'; Nick Trujillo, *In Search of Naunny's Grave: Age, Class, Gender, and Ethnicity in an American Family* (Lanham, MD: Altamira Press, 2004).

[66] Sol LeWitt, "Paragraphs on Conceptual Art," par. 2, accessed July 17, 2013, http://www.tufts.edu/programs/mma/fah188/sol_lewitt/parraphs%20on920conceptual%20art.htm

[67] Della Pollock, "Performing Writing," in *The Ends of Performance*, ed. Peggy Phelan and Jill Lane (New York, NY: New York University Press, 1998): 175.

[68] たとえば、以下を参照。Wilfredo Alvarez, "Finding 'Home' in/through Latinidad Ethnography: Experiencing Community in the Field with 'My People,'" *Liminalities: A Journal of Performance Studies* 9, no.2 (2013): 49-58, accessed June 1, 2013, http://liminalities.net/9-2/alvarez.pdf; Battiste, "Research Ethics", Diversi and Moreira, *Betweener Talk*; Patricia Pierce Erikson, "'Defining Ourselves through Baskets' : Museum Autoethnography and the Makah Cultural and Research Center," in *Coming to Shore: Northwest Coast Ethnology, Traditions, and Visions*, eds. Marie Mauze, Michael E. Harkin and Sergei Kan (Lincoln: University of Nebraska Press, 2004): 346; Griffin, "Black Feminist Autoethnography"; Julie-Ann Scott, "Problematizing a Researcher's Performance of 'Insider Status': An Autoethnography of 'Designer Disabled' Identity" *Qualitative Inquiry* 19, no.2 (2013): 101-15.

[69] Madison, *Critical Ethnography*.

[70] Bryant Keith Alexander, "Teaching Autoethnography and Autoethnographic Pedagogy," in *Handbook of Autoethnography*, eds. Stacy Holman Jones, Tony E. Adams and Carolyn Elis (Walnut Creek, CA: Left Coast Press, 2013): 538-56; Boylorn and Orbe, *Critical Autoethnography*; Calafell, "Considering Accountability"; John T. Warren, "Reflexive Teaching: Toward Critical Autoethnographic Practices of/in/on Pedagogy," *Cultural Studies ↔ Critical Methodologies* 11, no.2 (2011): 139-44.

[71] Toyosaki, Pensoneau-Conway, Wendt and Leathers, "Community Autoethnography"; Dutta and Basu, "Postcolonial Selves"; Archana A. Pathak, "Musings on Postcolonial Autoethnography," in *Handbook of Autoethnography*, eds. Stacy Holman Jones, Tony E. Adams and Carolyn Ellis (Walnut Creek, CA: Left Coast Press, 2013): 595-608; Tomaselli, Dyll-Myklebust and van Grootheest, "Personal/Political Interventions."

[72] Holman Jones and Adams, "Autoethnography is a Queer Method."

[73] Bochner, "It's About Time"; Bochner, "Narrative's Virtues."

[74] Craig Gingrich-Philbrook, "Autobiographical Performance Scripts: Refreshment," *Text and Performance Quarterly* 17, no.4 (1997): 352-60; Holman Jones and Adams,

"Autoethnograpby is a Queer Method."

[75] Burke, *The Philosophy of Literary Form.*

[76] Coles, *The Call of Stories*; Bochner, "It's About Time."

[77] Boylorn, "Race and Reflexivity."

[78] Bochner, "It's About Time"; Bochner, "Narrative's Virtues"; Bochner, "Freeing the Father."

[79] Ronai, "Reflexive Self"; Ronai, "Multiple Reflections"; Ronai, "My Mother is Mentally Retarded."

[80] Ellis, *Final Negotiations.*

[81] たとえば、以下を参照。Adams, *Narrating the Closet*; Adams, "Post-Coming Out Complications"; Ellis et al., "Interactive Interviewing"; Andrew F. Herrmann, "'Losing Things Was Nothing New': A Family's Stories of Foreclosure," *Journal of Loss and Trauma* 16, no.6 (2011): 497–510; Chris J. Patti, "Split-Shadows: Myths of a Lost Father and Son," *Qualitative Inquiry*, 18, no.2 (2012): 153–61; Tillmann, "Body and Bulimia Revisited"; Tillmann-Healy, "A Secret Life."

[82] Judith Butler, *Excitable Speech: A Politics of the Performative* (New York: Routledge, 1997): 145.〔竹村和子訳『触発する言葉：言語・権力・行為体』岩波書店, 2015.〕

[83] 以下を参照。Roland Barthes, *A Lover's Discourse: Fragments*, trans. Richard Howard (New York: Hill and Wang, 1978); Walter Benjamin, *Illuminations*, trans. Harry Zohn (New York: Schocken Books, 1969); Judith Butler, *Giving an Account of Oneself* (New York: Fordham University Press, 2005); Jacques Derrida, *Writing and Difference*, trans. Alan Bass (Chicago, IL: University of Chicago Press, 1978)〔谷口博史訳『エクリチュールと差異』法政大学出版局, 2022.〕; Julia Kristeva, "Stabat Mater," in *The Portable Kristeva*, ed. Kelly Oliver (New York: Columbia University Press, 1987): 308–31; Kathleen Stewart, *Ordinary Affects* (Durham, NC: Duke University Press, 2007); Michael Taussig, *I Swear I Saw This.*

[84] Holman Jones, "Lost and Found," 334.

[85] Taussig writes that it is a "memorial, too, a type of monument, to slow down and think." Taussig, *I Swear I Saw This*, 29.

[86] 私 (ステイシー) は、この言葉を、キャスリーン・スチュワートの『普通の感情 (*Ordinary Affects*)』から借用した。この本は、「文字通り私たちを打ち、引きつけるがゆえに魅惑的な、複雑で不確定な対象にアプローチする方法を見つけるだけの十分な時間、表象的思考や評価的批評にすぐ跳躍するのを遅らせるよう試みる。」スチュワートにとって、すぐ跳躍するのを遅らせることは、「本の内面性の閉鎖あるいは明晰さを求めたり、満足のいく終わりにむけて記号の奔流に乗るのではなく、その生きる形がいままさに作られ苦しんでいる普通の世界」に合図を送ることを意味する。Stewart, *Ordinary Affects*, 4–5.

[87] Stewart, *Ordinary Affects*, 127.

[88] 以下を参照。 Gingrich-Philbrook, "Family Values"; Wyatt and Gale, "Assemblage/ Ethnography"; Spry, *Body, Paper, Stage*; Stacy Wolf, "Desire in Evidence," *Text and Performance Quarterly* 17 (1997): 343-51; Tamas, "A Week Subject."

[89] Adams, "Mothers, Faggots," 619.

[90] 夢想のなかで／夢想として書くことと、それに続く飛躍の行の触発的な例が、以下にも見出せる。Craig Gingrich-Philbrook, "Love's Excluded Subjects: Staging Irigaray's Heteronormative Essentialism," *Cultural Studies* 15, no.2 (2001): 222-28; Judith Halberstam, *The Queer Art of Failure* (Durham, NC: Duke University Press, 2011); Rebecca Solnit, *A Field Guide to Getting Lost* (New York: Penguin, 2006)〔東辻賢治郎訳『迷うことについて』左右社, 2019.〕; Stewart, *Ordinary Affects*; Taussig, *I Swear I Saw This*; Jonathan Wyatt, Ken Gale, Susanne Gannon, and Bronwyn Davies, *Deleuze and Collaborative Writing: An Immanent Plane of Composition* (New York: Peter Lang, 2011).

[91] ジュリア・クリステヴァの、母なるものについてのキリスト教の記号論的・象徴的なナラティヴと、母なるものにおける／母なるものについての彼女の経験の分かたれたテクスト「スターバト・マーテル (Stabat Mater)」は、並置のよく知られた例である。Kristeva, *The Portable Kirsteva*; 以下も参照。Carter, "Subjectivity."

[92] Laing, R. D. *Knots* (New York: Random House, 1970): n.p. 〔村上光彦訳『結ぼれ』みすず書房, 1973.〕

[93] Laing, *Knots*, 41.

[94] Tuck and Ree, "A Glossary of Haunting."

[95] Minge and Zimmerman, *Concrete and Dust*.

[96] Amy K. Kilgard, "Collage: A Paradigm for Performance Studies," *Liminalities: A Journal of Performance Studies* 5 (2009): 1-19, accessed June 1, 2013. http://liminalities.net/5-3/collage.pdf.

[97] Fisher, "Narration," 349.

[98] Fisher, "Narration," 349-50.

[99] Fisher, "Narration," 349-50.

[100] 以下を参照。Arthur P. Bochner, *Coming to Narrative: A Personal History of Paradigm Change in the Human Sciences* (Walnut Creek, CA: Left Coast Press, 2014); Ellis, *Revision*; Tullis Owen, McRae, Adams, and Vitale, "truth Troubles."

[101] Ellis, "Relational Ethics."

[102] Spry, *Body, Paper, Stage*, 136-37.

[103] Ellis, *Revision*, 315-50.

[104] King, *On Writing*, 210.

[105] King, *On Writing*, 220.

[106] Raymond Carver, "On Writing," in *Fires: Essays, Stories, Poems* (New York: Vintage): 24-5.

第 $\widetilde{5}$ 章　オートエスノグラフィーを評価する

[1] 以下を参照。Gingrich-Philbrook, "Evaluating"; Karen Tracy and Eric Eisenberg, "Giving Criticism: A Multiple Goals Case Study," *Research on Language and Social Interaction* 24 (1990/1991): 37-70.

[2] Paul Atkinson, "Narrative Turn or Blind Alley?" *Qualitative Health Research* 7, no.3 (1997): 339.

[3] Aslihan Agaogl, "Academic Writing: Why No 'Me' in PhD?" accessed October 1, 2013, http://www.theguardian.com/higher-education-networkblog/2013/apr/19/academic-writing-first-person-singular

[4] David Shields, *Reality Hunger: A Manifesto* (New York: Alfred A. Knopf, 2010): 7.

[5] Arlene Croce, "Discussing the Undiscussable," in *Writing in the Dark, Dancing in The New Yorker* (New York: Farrar, 2003): 708-19.

[6] Croce, "Discussing," 709.

[7] Croce, "Discussing," 710.

[8] Marcia B. Siegel, "Virtual Criticism and the Dance of Death," TDR: *The Drama Review* 40, no.2 (1996): 61.

[9] Gingrich-Philbrook, "Evaluating," 618; Paul Bonin-Rodriguez, Jill Dolan and Jaclyn Pryor, "Colleague Criticism: Performance, Writing, and Queer Collegiality, *Liminalities: A Journal of Performance Studies* 5, no.1 (2009), accessed June 1,2013, http://liminalities.net/5-1/Colleague-Criticism.pdf

[10] Gingrich-Philbrook, "Evaluating," 618.

[11] Gingrich-Philbrook, "Evaluating," 618.

[12] Gingrich-Philbrook, "Evaluating," 618.

[13] Michael Quinn Patton, *Qualitative Research and Evaluation Methods*, 3rd ed. (Thousand Oaks, CA: Sage, 2002): 542.

[14] Gingrich-Philbrook, "Evaluating."

[15] Pollock, "Performing Writing," 79.

[16] Arthur P. Bochner, "Criteria Against Ourselves." *Qualitative Inquiry* 6, no.2 (2000): 266-72; Chang, *Autoethnography as Method*; Patricia Ticineto Clough, "Comments on Setting Criteria for Experimental Writing," *Qualitative Inquiry* 6, no.2 (2000): 278-91; Norman K. Denzin, "Aesthetics and the Practices of Qualitative Inquiry," *Qualitative Inquiry* 6, no.2 (2000): 256-65; Carolyn Ellis, "Creating Criteria: An Ethnographic Short Story," *Qualitative Inquiry* 6, no.2 (2000): 273-77; Ellis, The *Ethnographic I*; Richardson, "Evaluating Ethnography"; Laurel Richardson, "Tales from the Crypt," *International Review of Qualitative Research* 2, no.3 (2009): 345-50; Wall, "Writing an Autoethnography."

[17] G. Thomas Couser, *Recovering Bodies: Illness, Disability, and Life Writing* (Madison: University of Wisconsin Press, 1997): 70.

［18］ Adams, *Narrating the Closet*, 40-1.

［19］ Adams, *Narrating the Closet*, 68-70.

［20］ Holman Jones, "Lost and Found," 326.

［21］ Ellis, "With Mother/With Child."

［22］ Ellis and Rawicki, "More than Mazel?" Ellis and Rawicki, "Relational Autoethnography"; Ellis and Chris J. Patti, "Compassionate Interviewing"; Rawicki and Ellis, "Sharing Authority."

［23］ 以下を参照。Atkinson, "Narrative Turn"; Paul Atkinson and Sara Delamont, "Can the Silenced Speak? A Dialogue for Two Unvoiced Actors," *International Review of Qualitative Research* 3, no.1 (2010): 11-7; James Buzard, "On Auto-Ethnographic Authority," *The Yale Journal of Criticism* 16, no.1 (2003): 61-91; Sara Delamont, "The Only Honest Thing: Autoethnography, Reflexivity and Small Crises in Fieldwork," *Ethnography and Education* 4, no.1 (2009): 51-63; Carolyn Ellis, "Fighting Back or Moving On: An Autoethnographic Response to Critics," *International Review of Qualitative Research* 2, no.3 (2009): 371-78; Marvin M. Tolich, "A Critique of Current Practice: Ten Foundational Guidelines for Autoethnographers," *Qualitative Health Research* 20, no.12 (2010): 1599-610.

［24］ Lamott, *Bird by Bird*, 208-21.

［25］ Derek M. Bolen, "Toward an Applied Communication Relational Inqueery: Autoethnography, Co-constructed Narrative, and Relational Futures," (doctoral dissertation, Wayne State University, 2012).

文献

Abu-Lughod, Lila. "Can There be a Feminist Ethnography?" *Woman and Performance: A Journal of Feminist Theory* 5, no. 1 (1990): 7–27.

Adams, Jacqueline. "The Wrongs of Reciprocity: Fieldwork Among Chilean Working-Class Women." *Journal of Contemporary Ethnography* 27, no. 2 (1998): 219–41.

Adams, Tony E. "Seeking Father: Relationally Reframing a Troubled Love Story." *Qualitative Inquiry* 12, no. 4 (2006): 704–23.

———. "A Review of Narrative Ethics." *Qualitative Inquiry* 14, no. 2 (2008): 175–94.

———. "Mothers, Faggots, and Witnessing (Un)Contestable Experience." *Cultural Studies ↔ Critical Methodologies* 9, no. 5 (2009): 619–26.

———. "Paradoxes of Sexuality, Gay Identity, and the Closet." *Symbolic Interaction* 33, no. 2 (2010): 234–56.

———. *Narrating the Closet: An Autoethnography of Same-Sex Attraction.* Walnut Creyek, CA: Left Coast Press, 2011.

———. "The Joys of Autoethnography: Possibilities for Communication Research." *Qualitative Communication Research* 1, no. 2 (2012): 181–94.

———. "Missing Each Other." *Qualitative Inquiry* 18, no. 2 (2012): 193–96.

———. "Post-Coming out Complications." In *Critical Autoethnography: Intersecting Cultural Identities in Everyday Life*, edited by Robin M. Boylorn and Mark P. Orbe, 62–80. Walnut Creek, CA: Left Coast Press, 2014.

Adams, Tony E., and Keith Berry. "Size Matters: Performing (Il)Logical Male Bodies on Fatclub. Com." *Text and Performance Quarterly* 33, no. 4 (2013): 308–25.

Adams, Tony E., and Stacy Holman Jones. "Autoethnography is Queer." In *Handbook of Critical and Indigenous Methodologies*, edited by Norman K. Denzin, Yvonna S. Lincoln and Linda Tuhiwai Smith, 373–90. Thousand Oaks, CA: Sage, 2008.

———. "Telling Stories: Reflexivity, Queer Theory, and Autoethnography." *Cultural Studies <=> Critical Methodologies* 11, no. 2 (2011): 108–16.

———. eds. "Special Issue: On Studying Ourselves and Others." *Liminalities: A Journal of Performance Studies* 9, no. 2 (2013). Accessed June 1, 2013. http://liminalities.net/9-2/

———. "Performing Identity, Critical Reflexivity, and Community: The Hopeful Work of Studying Ourselves and Others." *Liminalities: A Journal of Performance Studies* 9, no. 2 (2013): 1–5. Accessed June 1, 2013. http://liminalities.net/9-2/introduction.pdf

Adams, Tony E., and Jonathan Wyatt. "Special issue: On (Writing) Fathers." *Qualitative*

Inquiry 18, no. 2 (2012): 119–209.

Adichie, Chimamanda. "The Danger of a Single Story." Accessed October 1, 2013. http://dotsub.com/view/63ef5d28-6607-4fec-b906-aaae6cff7dbe/viewTranscript/eng

Agaogl, Aslihan. "Academic Writing: Why No 'Me' in PhD?" Accessed October 1, 2013. http://www.theguardian.com/higher-education-network/blog/2013/apr/19/academic-writing-first-person-singular

Ahmed, Sara. *Queer Phenomenology: Orientations, Objects, Others.* Durham, NC: Duke University Press, 2006.

Alcoff, Linda. "The Problem of Speaking for Others." *Cultural Critique* 20 (1991/1992): 5–32.

Alemany, Jacqueline. "Military Readies to Integrate Women into Combat." *CBSNEWS* (2013, June 29). Accessed November 1, 2013. http://www.cbsnews.com/news/military-readies-to-integrate-women-into-combat/

Alexander, Bryant Keith. *Performing Black Masculinity: Race, Culture, and Queer Identity.* Lanham, MD: AltaMira Press, 2006.

———. "Teaching Autoethnography and Autoethnographic Pedagogy." In *Handbook of Autoethnography*, edited by Stacy Holman Jones, Tony E. Adams and Carolyn Ellis, 538–56. Walnut Creek, CA: Left Coast Press, 2013.

Alexander, Bryant Keith, Claudio Moreira, and hari stephen kumar. "Resisting (Resistance) Stories: A Tri-Autoethnographic Exploration of Father Narratives Across Shades of Difference." *Qualitative Inquiry* 18, no. 2 (2012): 121–33.

Allen, Katherine R., and Fred P. Piercy. "Feminist Autoethnography." In *Research Methods in Family Therapy*, edited by Douglas H. Sprenkle and Fred P. Piercy, 155–69. New York: The Guilford Press, 2005.

Allen-Collinson, Jacquelyn. "Autoethnography as the Engagement of Self/Other, Self/Culture, Self/Politics, and Selves/Futures." In *Handbook of Autoethnography*, edited by Stacy Holman Jones, Tony E. Adams and Carolyn Ellis, 281–99. Walnut Creek, CA: Left Coast Press, 2013.

Alvarez, Wilfredo. "Finding "Home" in/through Latinidad Ethnography: Experiencing Community in the Field with 'My People.'" *Liminalities: A Journal of Performance Studies* 9, no. 2 (2013): 49–58. Accessed June 1, 2013. http://liminalities.net/9-2/alvarez.pdf

Anderson, Leon. "Analytic Autoethnography." *Journal of Contemporary Ethnography* 35, no. 4 (2006): 373–95.

Anderson, Leon, and Bonnie Glass-Coffin. "I Learn by Going: Autoethnographic Modes of Inquiry." In *Handbook of Autoethnography*, edited by Stacy Holman Jones, Tony E. Adams and Carolyn Ellis, 57–83. Walnut Creek, CA: Left Coast Press, 2013.

Angrosino, Michael V. *Opportunity House: Ethnographic Stories of Mental Retardation.* Walnut Creek, CA: AltaMira Press, 1988.

Atkinson, Paul. "Narrative Turn or Blind Alley?" *Qualitative Health Research* 7, no. 3 (1997): 325-44.

Atkinson, Paul, and Sara Delamont. "Can the Silenced Speak? A Dialogue for Two Unvoiced Actors." *International Review of Qualitative Research* 3, no. 1 (2010): 11-17.

Atkinson, Paul, Amanda Coffey, and Sara Delamont. *Key Themes in Qualitative Research: Continuities and Change*. Walnut Creek, CA: AltaMira Press, 2003.

Averett, Paige, and Danielle Soper. "Sometimes I Am Afraid: An Autoethnography of Resistance and Compliance." *The Qualitative Report* 16, no. 2 (2011): 358-76.

Avishai, Orit, Lynne Gerber, and Jennifer Randles. "The Feminist Ethnographer's Dilemma: Reconciling Progressive Research Agendas with Fieldwork Realities." *Journal of Contemporary Ethnography* 42, no. 4 (2012): 394-26.

Barry, Lynda. *What It Is*. Montreal: Drawn & Quarterly, 2008.

Barthes, Roland. *A Lover's Discourse: Fragments*. Translated by Richard Howard. New York: Hill and Wang, 1978.

Bartleet, Brydie-Leigh. "Artful and Embodied Methods, Modes of Inquiry, and Forms of Representation." In *Handbook of Autoethnography*, edited by Stacy Holman Jones, Tony E. Adams and Carolyn Ellis, 443-64. Walnut Creek, CA: Left Coast Press, 2013.

Bartleet, Brydie-Leigh and Carolyn Ellis, eds. *Music Autoethnographies: Making Autoethnography Sing/Making Music Personal*. Bowen Hills: QLD Australian Academic Press, 2009.

Barton, Bernadette. "My Auto/Ethnographic Dilemma: Who Owns the Story?" *Qualitative Sociology* 34 (2011): 431-45.

———. *Pray the Gay Away: The Extraordinary Lives of Bible Belt Gays*. New York: New York University Press, 2012.

Battiste, Marie. "Research Ethics for Protecting Indigenous Knowledge and Heritage." In *Handbook of Critical and Indigenous Methodologies*, edited by Norman K. Denzin, Yvonna S. Lincoln and Linda Tuhwai Smith, 497-09. Thousand Oaks, CA: Sage, 2008.

Baumrind, Diana. "Some Thoughts on Ethics of Research: After Reading Milgram's 'Behavioral Study of Obedience.'" *American Psychologist* 19, no. 6 (1964): 421-23.

Behar, Ruth. *The Vulnerable Observer*. Boston, MA: Beacon Press, 1996.

———. "A Sixth Memo for the Millennium: Vulnerability." 1998. Accessed August 15, 2013. http://www.mit.edu/~bhdavis/BeharLec.html

Bender, Aimee. "Why the Best Way to Get Creative Is to Make Some Rules." 2012. Accessed July 17, 2013. http://www.oprah.com/spirit/Writing-Every-Day-Writers-Rules-Aimee-Bender

Benjamin, Walter. *Illuminations*. Translated by Harry Zohn. New York: Schocken Books, 1969.

Benson, Thomas W. "Another Shooting in Cowtown." *Quarterly Journal of Speech* 67, no. 4 (1981): 347-406.

Berry, Keith. "Implicated Audience Member Seeks Understanding: Reexamining the 'Gift' of Autoethnography." *International Journal of Qualitative Methods* 5, no. 3 (2006): 1–12.

———. "Embracing the Catastrophe: Gay Body Seeks Acceptance." *Qualitative Inquiry* 13, no. 2 (2007): 259–81.

———. "Promise in Peril: Ellis and Pelias and the Subjective Dimensions of Et h nog raphy." *Review of Communication* 8, no. 2 (2008): 154–73.

———. "Reconciling the Relational Echoes of Addiction: Holding On." *Qualitative Inquiry* 18, no. 2 (2012): 134–43.

———. "Un(covering) the Gay Interculturalist." In *Identity Research and Communication: Intercultural Reflections and Future Directions*, edited by Nilanjana Bardhan and Mark P. Orbe, 223–37. Lanham, MD: Lexington Books, 2012.

———. "Spinning Autoethnographic Ref lexivity, Cultural Critique, and Negotiating Selves." In *Handbook of Autoethnography*, edited by Stacy Holman Jones, Tony E. Adams and Carolyn Ellis, 209–27. Walnut Creek, CA: Left Coast Press, 2013.

Berry, Keith, and Robin P. Clair. "Special Issue: The Call of Ethnographic Reflexivity: Narrating the Self's Presence in Ethnography." *Cultural Studies* ↔ *Critical Methodologies* 11, no. 2 (2011): 95–209.

Bishoff, Tonya, and Jo Rankin, eds. *Seeds from a Silent Tree: An Anthology*. San Diego, CA: Pandal Press, 1997.

Blair, Carole, Julie R. Brown, and Leslie A. Baxter. "Disciplining the Feminine." *Quarterly Journal of Speech* 80, no. 4 (1994): 383–09.

Blee, Kathleen M. "Studying the Enemy." In *Our Studies, Ourselves: Sociologists' Lives and Work*, edited by Barry Glassner and Rosanna Hertz, 13–23. New York: Oxford University Press, 2003.

Bochner, Arthur P. "Forming Warm Ideas." In *Rigor and Imagination: Essays from the Legacy of Gregory Bateson*, edited by Carol Wilder-Mott and John H. Weakland, 65–81. New York: Praeger, 1981.

———. "The Functions of Human Communication in Interpersonal Bonding." In *Handbook of Rhetorical and Communication Theory*, edited by Carroll C. Arnold and John Waite Bowers, 544–21. Boston, MA: Allyn and Bacon, 1984.

———. "Perspectives on Inquiry II: Theories and Stories." In *Handbook of Interpersonal Communication*, edited by Mark L. Knapp and Gerald R. Miller, 21–41. Thousand Oaks, CA: Sage, 1994.

———. "It's About Time: Narrative and the Divided Self." *Qualitative Inquiry* 3, no. 4 (1997): 418–38.

———. "Criteria Against Ourselves." *Qualitative Inquiry* 6, no. 2 (2000): 266–72.

———. "Narrative's Virtues." *Qualitative Inquiry* 7, no. 2 (2001): 131–57.

———. "Perspectives on Inquiry III: The Moral of Stories." In *Handbook of Interpersonal Communication*, edited by Mark L. Knapp and John A. Daly, 73–101. Thousand Oaks,

CA: Sage, 2002.

———. "Bird on the Wire: Freeing the Father within Me." *Qualitative Inquiry* 18, no. 2 (2012): 168-73.

———. *Coming to Narrative: A Personal History of Paradigm Change in the Human Sciences*. Walnut Creek, CA: Left Coast Press, 2014.

Bochner, Arthur P., and Carolyn Ellis. "Personal Narrative as a Social Approach to Interpersonal Communication." *Communication Theory* 2, no. 2 (1992): 165-72.

———. "Telling and Living: Narrative Co-Construction and the Practices of Interpersonal Relationships." In *Social Approaches to Communication*, edited by Wendy Leeds-Hurwitz, 201-13. New York: Guilford, 1995.

———. "Which Way to Turn?" *Journal of Contemporary Ethnography* 28, no. 5 (1999): 485-99.

———. eds . *Ethnographically Speaking: Autoethnography, Literature, and Aesthetics*. Walnut Creek, CA: AltaMira Press, 2002.

———. "Communication as Autoethnography." *In Communication As . . . Perspectives on Theory*, edited by Gregory J. Shepherd, Jeffrey St. John and Ted Striphas, 110-22. Thousand Oaks, CA: Sage, 2006.

Bolen, Derek M. (2012). "Toward an Applied Communication Relational Inqueery: Autoethnography, Co-constructed Narrative, and Relational Futures." Doctoral dissertation, Wayne State University, 2012.

———. "After Dinners, In the Garage, Out of Doors, and Climbing on Rocks." In *On (Writing) Families: Autoethnographies of Presence and Absence, Love and Loss*, edited by Jonathan Wyatt and Tony E. Adams, 141-7. Rotterdam, Netherlands: Sense Publishers, 2014.

Bonin-Rodriguez, Paul, Jill Dolan, and Jaclyn Pryor. "Colleague-Criticism: Performance, Writing, and Queer Collegiality." *Liminalities: A Journal of Performance Studies* 5, no. 1 (2009). Accessed June 1, 2013. http://liminali-ties.net/5-1/Colleague-Criticism.pdf

Boyle, Maree, and Ken Parry. "Special Issue on Organizational Autoet h nog raphy." *Culture and Organization* 3, no. 3 (2007): 185-266.

Boylorn, Robin M. "E Pluribus Unum (Out of Many, One)." *Qualitative Inquiry* 12, no. 4 (2006): 651-80.

———. "As Seen on TV: An Autoethnographic Ref lection on Race and Reality Television." *Critical Studies in Media Communication* 25, no. 4 (2008): 413-33.

———. "Black Kids' (B.K.) Stories: Ta(L)King (About) Race Outside of the Classroom." *Cultural Studies ↔ Critical Methodologies* 11, no. 1 (2011): 59-70.

———. "Gray or for Colored Girls Who Are Tired of Chasing Rainbows: Race and Reflexivity." *Cultural Studies ↔ Critical Methodologies* 11, no. 2 (2011): 178-86.

———. *Sweetwater: Black Women and Narratives of Resistance*. New York: Peter Lang, 2013.

————. "'Sit with Your Legs Closed!' And Other Sayin's from My Childhood." In *Handbook of Autoethnography*, edited by Stacy Holman Jones, Tony E. Adams and Carolyn Ellis, 173-85. Walnut Creek, CA: Left Coast Press, 2013.

————. "Blackgirl Blogs, Auto/ethnography, and Crunk Feminism." *Liminalities: A Journal of Performance Studies* 9, no. 2 (2013): 73-82. Accessed June 1, 2013. http://liminalities.net/9-2/boylorn.pdf.

————. "My Daddy is Slick, Brown, and Cool Like Ice Water." In *On (Writing) Families: Autoethnographies of Presence and Absence, Love and Loss*, edited by Jonathan Wyatt and Tony E. Adams, 85-93. Rotterdam, Netherlands: Sense Publishers, 2014.Boylorn, Robin M., and Mark P. Orbe, eds. Critical Autoethnography: Intersecting Cultural Identities in Everyday Life. Walnut Creek, CA: Left Coast Press, 2014.

Brown, Lyndsay, and Kevin Durrheim. "Different Kinds of Knowing: Generating Qualitative Data Through Mobile Interviewing. *Qualitative Inquiry* 15, no. 5 (2009): 911-930.

Brown, Ayanna F., and Lisa William-White. "'We are Not the Same Minority': The Narratives of Two Sisters Navigating Identity and Discourse at Public and Private White Institutions." In *Tedious Journeys: Autoethnography by Women of Color in Academe*, edited by Cynthia Cole Robinson and Pauline Clardy, 149-175. New York: Peter Lang, 2010.

Bruner, Jerome. "Life as Narrative." *Social Research* 54, no. 1 (1986): 11-32.

Burke, Kenneth. *The Philosophy of Literary Form: Studies in Symbolic Action*. 3rd ed. Berkeley: University of California Press, 1974. 〔ケネス・バーク著；森常治訳『文学形式の哲学：象徴的行動の研究』国文社, 1983.〕

Burnard, Philip. "Seeing the Psychiatrist: An Autoethnographic Account." *Journal of Psychiatric and Mental Health Nursing* 14 (2007): 808-13.

Butler, Judith. *Excitable Speech: A Politics of the Performative*. New York: Routledge, 1997. 〔ジュディス・バトラー著；竹村和子訳『触発する言葉：言語・権力・行為体』岩波書店, 2015.〕

————. *Giving an Account of Oneself*. New York: Fordham University Press, 2005. 〔ジュディス・バトラー著；清水知子訳『自分自身を説明すること：倫理的暴力の批判』月曜社, 2008.〕

Butz, David. "Autoethnography as Sensibility." In *The SAGE Handbook of Qualitative Geography*, edited by Dydia Delyser, Steve Herbert, Stuart Aitken, Mike Crang and Linda McDowell, 138-155. Thousand Oaks, CA: Sage, 2010.

Buzard, James. "'Anywhere's Nowhere': Bleak House as Autoethnography." *The Yale Journal of Criticism* 12, no. 1 (1999): 7-39.

————. "On Auto-Ethnographic Authority." *The Yale Journal of Criticism* 16, no. 1 (2003): 61-91.

Calafell, Bernadette Marie. "(I)dentities: Considering Accountability, Reflexivity, and

Intersectionality in the I and the We." *Liminalities: A Journal of Performance Studies* 9, no. 2 (2013): 6-13. Accessed June 1, 2013. http://liminalities.net/9-2/calafell.pdf

Calafell, Bernadette Marie, and Shane T. Moreman. "Envisioning an Academic Readership: Latina/o Performativities per the Form of Publication." *Text and Performance Quarterly* 29, no. 2 (2009): 123-30.

Cann, Colette N., and Eric J. DeMeulenaere. "Critical Co-Constructed Autoethnography." *Cultural Studies ↔ Critical Methodologies* 12, no. 2 (2012): 146-58.

Carless, David, and Kitrina Douglas. "A History of Autoethnographic Inquiry." In *Handbook of Autoethnography*, edited by Stacy Holman Jones, Tony E. Adams and Carolyn Ellis, 84-106. Walnut Creek, CA: Left Coast Press, 2013.

Carter, Shelly. "How Much Subjectivity is Needed to Understand Our Lives Objectively?" *Qualitative Health Research* 12, no. 9 (2002): 1184-201.

Carver, Raymond. "On Writing." In *Fires: Essays, Stories, Poems*, 22-7. New York: Vintage, 1989.

Caulley, Darrel N. "Making Qualitative Research Reports Less Boring: The Techniques of Writing Creative Nonfiction." *Qualitative Inquiry* 14, no. 3 (2008): 424-49.

Chang, Heewon. *Autoethnography as Method*. Walnut Creek, CA: Left Coast Press, 2008.

Chang, Heewon, and Drick Boyd, eds. *Spirituality in Higher Education: Autoethnographies*. Walnut Creek, CA: Left Coast Press, 2011.

Chang, Heewon, Faith Wambura Ngunjiri, and Kathy-Ann C. Hernandez. *Collaborative Autoethnography*. Walnut Creek, CA: Left Coast Press, 2013.

Chatham-Carpenter, April. "'Do Thyself No Harm': Protecting Ourselves as Autoethnographers." *Journal of Research Practice* 6, no. 1 (2010), accessed March 1, 2013, http://jrp.icaap.org/index.php/jrp/article/view/213/183

Chawla, Devika. "Walk, Walking, Talking, Home." In *Handbook of Autoethnography*, edited by Stacy Holman Jones, Tony E. Adams and Carolyn Ellis, 162-72. Walnut Creek, CA: Left Coast Press, 2013.

Clair, Robin Patric., ed. *Expression of Ethnography: Novel Approaches to Qualitative Methods* (Albany: State University of New York Press, 2003.

———. "The Changing Story of Ethnography." In *Expressions of Ethnography*, edited by Robin Patric Clair, 3-26. Albany: State University of New York Press, 2003.

Clandinin, Jean D., and Michael F. Connelly. "Personal Experience Methods." In *Handbook of Qualitative Research*, edited by Norman K. Denzin and Yvonna S. Lincoln, 413-27. Thousand Oaks, CA: Sage, 1994.

Clifford, James, and George Marcus, eds. *Writing Culture: The Poetics and Politics of Ethnography*. Berkeley: University of California Press, 1986.〔ジェイムズ・クリフォード,ジョージ・マーカス編;春日直樹・足羽與志子・橋本和也・多和田裕司・西川麦子・和邇悦子訳『文化を書く』紀伊国屋書店,1996.〕

Clough, Patricia Ticineto. "Comments on Setting Criteria for Experimental Writing."

Qualitative Inquiry 6, no. 2 (2000): 278-91.

Coles, Robert. *The Call of Stories*. Boston, MA: Houghton Mifflin, 1989.

Colyar, Julia. "Becoming Writing, Becoming Writers." *Qualitative Inquiry* 15, no. 2 (2009): 421-36.

———. "Ref lections on Writing and Autoethnography." In *Handbook of Autoethnography*, edited by Stacy Holman Jones, Tony E. Adams and Carolyn Ellis, 363-83. Walnut Creek, CA: Left Coast Press, 2013.

Communication Studies 298. "Fragments of Self at the Postmodern Bar." *Journal of Contemporary Ethnography* 26, no. 3 (1997): 251-92.

Conquergood, Dwight. "Performing as a Moral Act: Ethical Dimensions of the Ethnography of Performance." *Literature in Performance* 5, no. 2 (1985): 1-13.

———. "Between Experience and Meaning: Performance as a Paradigm for Meaningful Action." In *Renewal and Revision: The Future of Interpretation*, edited by Ted Colson, 26-59. Denton, TX: NB Omega Publication, 1986.

———. "Poetics, Play, Process, and Power: The Performative Turn in Anthropology." *Text and Performance Quarterly* 1, no. 1 (1989): 82-95.

———. "Rethinking Ethnography: Towards a Critical Cultural Politics." *Communication Monographs* 58, no. 2 (1991): 179-94.

———. "Beyond the Text: Toward a Performative Cultural Politics." In *The Future of Performance Studies: Visions and Revisions*, edited by Sheron J. Dailey, 25-36. Annandale, VA: National Communication Association, 1998.

———. "Performance Studies: Interventions and Radical Research." *The Drama Review* 46, no. 2 (2002): 145-56.

Corey, Frederick C., and Thomas K. Nakayama. "Sextext." *Text and Performance Quarterly* 17, no. 1 (1997): 58-68.

Couser, G. Thomas. *Recovering Bodies: Illness, Disability, and Life Writing*. Madison: University of Wisconsin Press, 1997.

Cox, Susan Soon-Keum. *Voices from Another Place: A Collection of Works from a Generation Born in Korea and Adopted to other Countries*. St. Paul, MN: Yeong & Yeong, 1999.

Crapanzano, Vincent. *Tuhami: Portrait of a Moroccan*. Chicago, IL: University of Chicago Press, 1980.〔ヴィンセント・クラパンザーノ著；大塚和夫, 渡辺重行訳『精霊と結婚した男：モロッコ人トゥハーミの肖像』紀伊国屋書店, 1991.〕

Crawford, Lyall. "Personal Ethnography." *Communication Monographs* 63, no. 2 (1996): 158-70.

Crawley, Rex. "Favor: An Autoethnography of Survival." In *Critical Autoethnography: Intersecting Cultural Identities in Everyday Life*, edited by Robin M. Boylorn and Mark P. Orbe, 222-33. Walnut Creek, CA: Left Coast Press, 2014.

Crawley, Sara L. "'They Still Don't Understand Why I Hate Wearing Dresses!' An

Autoethnographic Rant on Dresses, Boats, and Butchness." *Cultural Studies ↔ Critical Methodologies* 2, no. 1 (2002): 69-92.

———. "Autoethnography as Feminist Self-Interview." In *The SAGE Handbook of Interview Research*. 2nd ed. Edited by Jaber F. Gubrium, James A. Holstein, Amir B. Marvasti and Karyn D. McKinney, 143-60. Thousand Oaks, CA: Sage, 2012.

Crawley, Sara L., and Nadzeya Husakouskaya. "How Global Is Queer? A Co-Autoethnography of Politics, Pedagogy, and Theory in Drag." In *Handbook of Autoethnography*, edited by Stacy Holman Jones, Tony E. Adams and Carolyn Ellis, 321-38. Walnut Creek, CA: Left Coast Press, 2013.

Croce, Arlene. "Discussing the Undiscussable." In *Writing in the Dark, Dancing in The New Yorker* (New York: Farrar, 2003): 708-19.

Dailey, Sheron J., ed. *The Future of Performance Studies: Visions & Revisions*. Annandale, VA: National Communication Association, 1998.

Dean, Tim. *Unlimited Intimacy: Reflections on the Subculture of Barebacking*. Chicago, IL: University of Chicago Press, 2009.

Deck, Alice A. "Autoethnography: Zora Neale Hurston, Noni Jabavu, and Cross Disciplinary Discourse." *Black American Literature Forum* 24, no. 2 (1990): 237-256.

Defenbaugh, Nicole L. *Dirty Tale: A Narrative Journey of the IBD Body*. Cresskill, NJ: Hampton Press, 2011.

Delamont, Sara. "The Only Honest Thing: Autoethnography, Ref lexivity and Small Crises in Fieldwork." *Ethnography and Education* 4, no. 1 (2009): 51-63.

DeLeon, Abraham P. "How Do I Begin to Tell a Story That Has Not Been Told? Anarchism, Autoethnography, and the Middle Ground." *Equity & Excellence in Education* 43, no. 4 (2010): 398-13.

Denzin, Norman K. *Interpretive Biography*. Newbury Park, CA: Sage, 1989.

———. *Interpretive Ethnography: Ethnographic Practices for the 21st Century*. Thousand Oaks, CA: Sage, 1996.

———. "Aesthetics and the Practices of Qualitative Inquiry." *Qualitative Inquiry* 6, no. 2 (2000): 256-65.

———. "Interpretive Autoethnography." In *Handbook of Autoethnography*, edited by Stacy Holman Jones, Tony E. Adams and Carolyn Ellis, 123-42. Walnut Creek, CA: Left Coast Press, 2013.

———. *Interpretive Autoethnography*. Thousand Oaks, CA: Sage, 2014.

Denzin, Norman K., and Yvonna S. Lincoln, eds. *Handbook of Qualitative Research*. Thousand Oaks, CA: Sage, 1994. 〔N. K. デンジン, Y. S. リンカン. 編；平山満義監訳『質的研究ハンドブック』北大路書房, 2006.〕

———. eds. *Handbook of Qualitative Research*. 2nd ed. Thousand Oaks, CA: Sage, 2000.

———. eds. *Handbook of Qualitative Research*. 3rd ed. Thousand Oaks, CA: Sage, 2005.

———. eds. *The SAGE Handbook of Qualitative Research*. 4th ed. Thousand Oaks, CA:

Sage, 2011.

Denzin, Norman K., Yvonna S. Lincoln, and Linda Tuhiwai Smith, eds. *Handbook of Critical and Indigenous Methodologies*. Thousand Oaks, CA: Sage, 2008.

Department of Health, Education, and Welfare (United States). "The Belmont Report" (1979). Accessed December 2, 2013. http://www.hhs.gov/ohrp/humansubjects/guidance/belmont.html.

Derrida, Jacques. *Writing and Difference*. Translated by Alan Bass. Chicago, IL: University of Chicago Press, 1978. 〔ジャック・デリダ著；谷口博史訳『エクリチュールと差異』法政大学出版局, 2022.〕

Diversi, Marcelo, and Claudio Moreira. *Betweener Talk: Decolonizing Knowledge Production, Pedagogy, and Praxis*. Walnut Creek, CA: Left Coast Press, 2010.

Didion, Joan. *The White Album*. New York: Simon & Schuster, 1979.

Doloriert, Clair, and Sally Sambrook. "Accommodating an Autoethnographic PhD: The Tale of the Thesis, the Viva Voce, and the Traditional Business School." *Journal of Contemporary Ethnography* 40, no. 5 (2011): 582-15.

Dove, Rita, Ron Padgett, and Sharon Olds. "Breaking the Line, Breaking the Narrative." Accessed July 17, 2013. http://www.poets.org/viewmedia.php/prmMID/23060

Droogsma, Rachel Anderson. "Redefining Hijab: American Muslim Women's Standpoints on Veiling." *Journal of Applied Communication Research* 35, no. 3 (2007): 294-19.

Duncan, Margot. "Going Native: Autoethnography as a Design Tool." In *Handbook of Design in Educational Technology*, edited by Rosemary Luckin, Sadhana Puntambekar, Peter Goodyear, Barbara Grabowski, Joshua Underwood and Niall Winters, 201-10. New York: Routledge, 2013.

Dunning, Stephen, and William Stafford. "Getting the Knack: 20 Poetry Writing Exercises." Accessed July 17, 2013. http://www.readwrite-think.org/professional-development/professional-library/getting-knack-poetry-writing-30358.html/

Dutta, Mohan J., and Ambar Basu. "Negotiating Our Postcolonial Selves." In *Handbook of Autoethnography*, edited by Stacy Holman Jones, Tony E. Adams and Carolyn Ellis, 143-61. Walnut Creek, CA: Left Coast Press, 2013.

Dykins Callahan, Sara B. "Academic Outings." *Symbolic Interaction* 31, no. 4 (2008): 351-75.

Elam, Harry J. Jr., *Taking It to the Streets: The Social Protest Theater of Luis Valdez and Amiri Baraka*. Ann Arbor: University of Michigan Press, 1997.

Eligon, John. "New Neighbor's Agenda: White Power Takeover." *The New York Times* (2013, August 30). Accessed November 1, 2013. http://www.nytimes.com/2013/08/30/us/white-supremacists-plan-angers-a-north-dakota-town.html?_r=0;

Ellis, Carolyn. "Sociological Introspection and Emotional Experience." *Symbolic Interaction* 14, no. 1 (1991): 23-50.

―――. "'There are Survivors': Telling a Story of a Sudden Death." *The Sociological*

Quarterly 34, no. 4 (1993): 711–30.

———. *Final Negotiations: A Story of Love, Loss, and Chronic Illness*. Philadelphia, PA: Temple University Press, 1995.

———. "Emotional and Ethical Quagmires in Returning to the Field." *Journal of Contemporary Ethnography* 24, no. 1 (1995): 68–98.

———. "Maternal Connections." In *Composing Ethnography: Alternative Forms of Qualitative Writing*, edited by Carolyn Ellis and Arthur P. Bochner, 240–43. Walnut Creek, CA: AltaMira Press, 1996.

———. "'I Hate My Voice': Coming to Terms with Minor Bodily Stigmas." *The Sociological Quarterly* 39, no. 4 (1998): 517–37.

———. "Creating Criteria: An Ethnographic Short Story." *Qualitative Inquiry* 6, no. 2 (2000): 273–77.

———."Negotiating Terminal Illness: Communication, Collusion, and Coalition in Caregiving." In *Loss and Trauma: General and Close Relationship Perspectives*, edited by John H. Harvey and Eric D. Miller, 284–304. Philadelphia, PA: Brunner-Routledge, 2000.

———. "With Mother/With Child: A True Story." *Qualitative Inquiry* 7, no. 5 (2001): 598–16.

———. *The Ethnographic I: A Methodological Novel About Autoethnography*. Walnut Creek, CA: AltaMira Press, 2004.

———. "Touching Back/Receiving Gifts." *Studies in Symbolic Interaction* 28 (2005): 35–41.

———. "Telling Secrets, Revealing Lives: Relational Ethics in Research with Intimate Others." *Qualitative Inquiry* 13, no. 1 (2007): 3–29.

———. "At Home With 'Real Americans': Communicating Across the Urban/Rural and Black/White Divides in the 2008 Presidential Election." *Cultural Studies* ↔ *Critical Methodologies* 9, no. 6 (2009): 721–33.

———. *Revision: Autoethnographic Reflections on Life and Work*. Walnut Creek, CA: Left Coast Press, 2009.

———. "Fighting Back or Moving On: An Autoethnographic Response to Critics." *International Review of Qualitative Research* 2, no. 3 (2009): 371–78.

———. "Revisioning an Ethnographic Life: Integrating a Communicative Heart with a Sociological Eye." *Studies in Symbolic Interaction* 38 (2012): 123–51.

———. *Behind the Wall*. Digital video. Directed by Carolyn Ellis, featuring Jerry Rawicki. Warsaw, Poland: Total Film, 2013.

———. "No Longer Hip: Losing My Balance and Adapting to What Ails Me." *Qualitative Research in Sport, Exercise and Health* 6, no. 1 (2014): 1–19.

———. "Seeking My Brother's Voice: Holding onto Long-Term Grief through Photographs, Stories, and Reflections." In *Stories of Complicated Grief: A Critical*

Anthology, edited by Eric Miller, 3–21. Washington, DC: National Association of Social Workers Press, 2014.

Ellis, Carolyn, and Leigh Berger. "Their Story/My Story/Our Story." In *Handbook of Interview Research*, edited by Jaber F. Gubrium and James A. Holstein, 849–75. Thousand Oaks, CA: Sage, 2001.

Ellis, Carolyn, and Arthur P. Bochner. "Telling and Performing Personal Stories: The Constraints of Choice in Abortion." In *Investigating Subjectivity: Research on Lived Experience*, edited by Carolyn Ellis and Michael G. Flaherty, 79–101. Newbury Park, CA: Sage, 1992.

Ellis, Carolyn, and Arthur P. Bochner, eds. "Special Issue: Taking Ethnography into the Twenty-first Century." *Journal of Contemporary Ethnography* 25, no. 1 (1996): 3–166.

———. eds. Composing Ethnography: Alternative Forms of Qualitative Writing. Walnut Creek, CA: AltaMira Press, 1996.

———. "Autoethnography, Personal Narrative, Reflexivity." In *Handbook of Qualitative Research*. 2nd ed. Edited by Norman K. Denzin and Yvonna S. Lincoln, 733–68. Thousand Oaks, CA: Sage, 2000.

Ellis, Carolyn, Tony E. Adams, and Arthur P. Bochner. "Autoethnography: An Over view." Forum: Qualitative *Social Research* 12, no. 1 (2011).

Ellis, Carolyn, and Michael G. Flaherty, eds. *Investigating Subjectivity: Research on Lived Experience*. Newbury Park, CA: Sage, 1992.

Ellis, Carolyn, Christine E. Kiesinger, and Lisa M. Tillmann-Healy. "Interactive Interviewing: Talking About Emotional Experience." In *Reflexivity and Voice*, edited by Rosanna Hertz, 119–49. Thousand Oaks, CA: Sage, 1997.

Ellis, Carolyn, and Chris J. Patti. "With Heart: Compassionate Interviewing and Storytelling with Holocaust Survivors." *Storytelling, Self, Society* (forthcoming).

Ellis, Carolyn, and Jerry Rawicki, "More than Mazel? Luck and Agency in Surviving the Holocaust." *Journal of Loss and Trauma* 19, no. 2 (2014): 99–120.

———. "Collaborative Witnessing of Survival During the Holocaust: An Exemplar of Relational Autoethnography." *Qualitative Inquiry* 19, no. 5 (2013): 366–80.

———. "Collaborative Witnessing and Sharing Authority in Conversations with Holocaust Survivors." In *Beyond Testimony and Trauma*, edited by Stephen High. Vancouver: University of British Columbia Press, in press.

Elmer, Denise. "Silent Sermons and the Identity Gap: The Communication of Gender Identity in Place and Space." *Iowa Journal of Communication* 40, no. 1 (2008): 45–63.

Erikson, Patricia Pierce. "'Defining Ourselves through Baskets': Museum Autoethnography and the Makah Cultural and Research Center." In *Coming to Shore: Northwest Coast Ethnology, Traditions, and Visions*, edited by Marie Mauzé, Michael E. Harkin and Sergei Kan, 339–61. Lincoln: University of Nebraska Press, 2004.

Eriksson, Thommy. "Being Native: Distance, Closeness and Doing Auto/Self-ethnography." *ArtMonitor* 8 (2010): 91-100.

Etherington, Kim. "Ethical Research in Reflexive Relationships." *Qualitative Inquiry* 13, no. 5 (2007): 599-16.

Faulkner, Sandra L. *Poetry as Method: Reporting Research Through Verse.* Walnut Creek, CA: Left Coast Press, 2009.

――――. "That Baby Will Cost You: An Intended Ambivalent Pregnancy." *Qualitative Inquiry* 18, no. 4 (2012): 333-40.

Fisher, Walter R. "Narration as Human Communication Paradigm: The Case of Public Moral Argument." *Communication Monographs* 51, no. 1 (1984): 1-22.

Foster, Elissa. "Commitment, Communication, and Contending with Heteronormativity: An Invitation to Greater Reflexivity in Interpersonal Research." *Southern Communication Journal* 73, no. 1 (2008): 84-01.

――――. "My Eyes Cry without Me: Illusions of Choice in the Transition to Motherhood." In *Contemplating Maternity in an Era of Choice: Explorations into Discourses of Reproduction*, edited by Sara Hayden and D. Lynn O'Brien Hallstein, 139-58. Lanham, MD: Lexington, 2010.

Foster, Kim, Margaret McAllister, and Louise O'Brien. "Extending the Boundaries: Autoethnography as an Emergent Method in Mental Health Nursing Research." *International Journal of Mental Health Nursing* 15, no. 1 (2006): 44-53.

Fox, Ragan. "Re-Membering Daddy: Autoethnographic Reflections of My Father and Alzheimer's Disease." *Text and Performance Quarterly* 30, no. 1 (2010): 3-20.Fox, Ragan. "Tales of a Fighting Bobcat: An 'Auto-archaeology' of Gay Identity Formation and Maintenance." *Text and Performance Quarterly* 30, no. 2 (2010): 124.

――――. "'You Are Not Allowed to Talk About Production': Narratization on (and Off) the Set of CBS's Big Brother." *Critical Studies in Media Communication* 30, no. 3 (2013): 189-08.

Frank, Arthur W. *The Wounded Storyteller.* Chicago, IL: University of Chicago Press, 1995. 〔鈴木智之訳『傷ついた物語の語り手：身体・病い・倫理』ゆみる出版, 2002.〕

Freeman, Mark. "Data Are Everywhere: Narrative Criticism in the Literature of Experience." In *Narrative Analysis: Studying the Development of Individuals in Society*, edited by Colette Daiute and Cynthia Lightfoot, 63-81. Thousand Oaks, CA: Sage, 2004.

――――. "From Absence to Presence: Finding Mother, Ever Again." In *On (Writing) Families: Autoethnographies of Presence and Absence, Love and Loss*, edited by Jonathan Wyatt and Tony E. Adams, 49-55. Rotterdam, Netherlands: Sense Publishers, 2014.

Frye, Marilyn. *The Politics of Reality. Essays in Feminist Theory.* Trumansburg, NY: Crossing Press, 1983.

Gannon, Susanne. "Sketching Subjectivities." In *Handbook of Autoethnography*, edited by

Stacy Holman Jones, Tony E. Adams and Carolyn Ellis, 228–43. Walnut Creek, CA: Left Coast Press, 2013.

Geertz, Clifford. *The Interpretation of Cultures*. New York: Basic Books, 1973.

──. *Local Knowledge*. New York: Basic Books, 1983. 〔C. ギアツ著；吉田禎吾訳『文化の解釈学』岩波書店, 1987.〕

Geist-Martin, Patricia, Lisa Gates, Liesbeth Wiering, Erika Kirby, Renee Houston, Anne Lilly, and Juan Moreno. "Exemplifying Collaborative Autoethnographic Practice via Shared Stories of Mothering." *Journal of Research Practice* 6, no. 1 (2010). Accessed October 3, 2013, http://jrp.icaap.org/index.php/jrp/article/view/209.

Gerber, David A. "The 'Careers' of People Exhibited in Freak Shows: The Problem of Volition and Valorization." In *Freakery: Cultural Spectacles of the Extraordinary Body*, 38–54. New York: New York University Press, 1996.

Gingrich-Philbrook, Craig. "Autobiographical Performance Scripts: Refreshment." *Text and Performance Quarterly* 17, no. 4 (1997): 352–60.

──. "Love's Excluded Subjects: Staging Irigaray's Heteronormative Essentialism." *Cultural Studies* 15, no. 2 (2001): 222–28.

──. "Autoethnography's Family Values: Easy Access to Compulsory Experiences." *Text and Performance Quarterly* 25, no. 4 (2005): 297–14.

──. "Evaluating (Evaluations of) Autoethnography." In *Handbook of Autoethnography*, edited by Stacy Holman Jones, Tony E. Adams and Carolyn Ellis, 609–26. Walnut Creek, CA: Left Coast Press, 2013.

Glave, Thomas. *Words to Our Now: Imagination and Dissent*. Minneapolis, MN: University of Minneapolis Press, 2005.

Goodall, H. L. *Casing a Promised Land*. Carbondale: Southern Illinois University Press, 1994.

──. *Writing the New Ethnography*. Walnut Creek, CA: AltaMira Press, 2000.

──. "Narrative Ethnography as Applied Communication Research." *Journal of Applied Communication Research* 32, no. 3 (2004): 185–94.

──. *A Need to Know: The Clandestine History of a CIA Family*. Walnut Creek, CA: Left Coast Press, 2006.

──. *The Daily Narrative* (Blog). http://www.hlgoodall.com/blog.htmlGoldschmidt, Walter. "Anthropology and the Coming Crisis: An Autoethnographic Appraisal." *American Anthropologist* 79, no. 2 (1977): 293–08.

Gordon, Avery. *Ghostly Matters: Haunting and the Sociological Imagination*. Minneapolis: University of Minnesota Press, 1988.

Gray, Deborah D. *Attaching in Adoption: Practical Tools for Today's Parents*. Indianapolis, IN: Perspectives Press, 2002.

Griffin, Rachel Alicia. "I AM an Angry Black Woman: Black Feminist Autoethnography, Voice, and Resistance." *Women's Studies in Communication* 35, no. 2 (2012): 138–57.

Halberstam, Judith. *The Queer Art of Failure.* Durham, NC: Duke University Press, 2011.

Hammersley, Martyn. *Methodology: Who Needs It?* Thousand Oaks, CA: Sage, 2011.

Harper, Douglas. "Talking About Pictures: A Case for Photo Elicitations." *Visual Studies* 17, no. 1 (2002): 13-26.

Harris, Anne M. "Ghost-child." In *On (Writing) Families: Autoethnographies of Presence and Absence, Love and Loss,* edited by Jonathan Wyatt and Tony E. Adams, 69-75. Rotterdam, Netherlands: Sense Publishers, 2014.

Harris, Anne, and Rebecca Long. "Smart Bitch: Talking Back in Unity." *Liminalities* 9, no. 3 (2013). Accessed December 2, 2013. http://liminalities.net/9-3/smart.html.

Hayano, David M. "Auto-Ethnography: Paradigms, Problems, and Prospects." *Human Organization* 38, no. 1 (1979): 99-104.

Hayler, Mike. *Autoethnography, Self-narrative and Teacher Education.* Rotterdam, Netherlands: Sense Publishers, 2011.

Hedtke, Lorraine, and John Winslade. *Re-membering Lives: Conversations with the Dying and the Bereaved.* Amityville, NY: Baywood Publishing Company, 2004. 〔ロレイン・ヘ ツキ，ジョン・ウィンスレイド著；小森康永・石井千賀子・奥野光訳『人生のリ・メン バリング：死にゆく人と遺される人との会話』金剛出版, 2005.〕

Heider, Karl G. "What Do People Do? Dani Auto-Ethnography." *Journal of Anthropological Research* 31, no. 1 (1975): 3-17.

Hendrix, Katherine Grace. "An Invitation to Dialogue: Do Communication Journal Reviewers Mute the Race-Related Research of Scholars of Color?" *Southern Communication Journal* 70, no. 4 (2005): 329-45.

Hernandez, Kathy-Ann C., and Faith Wambura Ngunjiri. "Relationships and Communities in Autoethnography." In *Handbook of Autoethnography,* edited by Stacy Holman Jones, Tony E. Adams and Carolyn Ellis, 262-80. Walnut Creek, CA: Left Coast Press, 2013.

Herrmann, Andrew F. "My Father's Ghost: Interrogating Family Photos." *Journal of Loss and Trauma* 10, no. 4 (2005): 337-46.

―――. "How Did We Get This Far Apart? Disengagement, Relational Dialectics, and Narrative Control." *Qualitative Inquiry* 13, no. 7 (2007): 989-1007.

―――. "'Losing Things Was Nothing New': A Family's Stories of Foreclosure." *Journal of Loss and Trauma* 16, no. 6 (2011): 497-10.

Hill, Theon E., and Isaac Clarke Holyoak. "Dialoguing Different in Joint Ethnographic Research: Reflections on Religion, Sexuality, and Race." *Cultural Studies ↔ Critical Methodologies* 11, no. 2 (2011): 187-94.

Hill Collins, Patricia. *Black Feminist Thought: Knowledge, Consciousness, and the Politics of Empowerment.* Boston, MA: Unwin Hyman, 1990.

Hinson, Glenn D. "'You've got to Include an Invitation': Engaged Reciprocity and Negotiated Purpose in Collaborative Ethnography." Presentation at the Annual Meeting of the American Anthropological Association, Chicago, Illinois, April 15-18,

1999.

Holman Jones, Stacy. *Kaleidoscope Notes: Writing Women's Music and Organizational Culture*. Walnut Creek, CA: AltraMira Press, 1998.

———. "The Way We Were, Are, and Might Be: Torch Singing as Autoethnography." In *Ethnographically Speaking: Autoethnography, Literature, and Aesthetics*, edited by Arthur P. Bochner and Carolyn Ellis, 44–56. Walnut Creek, CA: AltaMira Press, 2001.

———. "Emotional Space: Performing the Resistive Possibilities of Torch Singing." *Qualitative Inquiry* 8, no. 6 (2002): 738–59.

———. "(M)othering Loss: Telling Adoption Stories, Telling Performativity." *Text and Performance Quarterly* 25, no. 2 (2005): 113–35.

———. "Autoethnography: Making the Personal Political." In *Handbook of Qualitative Research*, edited by Norman K. Denzin and Yvonna S. Lincoln, 763–91. Thousand Oaks, CA: Sage, 2005.

———. "Autoethnography." In *The Blackwell Encyclopedia of Sociology*, edited by George Ritzer, 230–32. Malden, MA: Blackwell, 2007.

———. *Torch Singing: Performing Resistance and Desire from Billie Holiday to Edith Piaf*. Lanham, MD; AltaMira Press. 2007.

———. "Crimes Against Experience." *Cultural Studies ↔ Critical Methodologies* 9, no. 5 (2009): 608–18.

———. "Lost and Found." *Text and Performance Quarterly* 31, no. 4 (2011): 322–41.

———. "Always Strange." In *On (Writing) Families: Autoethnographies of Presence and Absence, Love and Loss*, edited by Jonathan Wyatt and Tony E. Adams, 13–21. Rotterdam, Netherlands: Sense Publishers, 2014.

Holman Jones, Stacy, and Tony E. Adams. "Autoethnography and Queer Theory: Making Possibilities." In *Qualitative Inquiry and Human Rights*, edited by Norman K. Denzin and Michael G. Giardina, 136–57. Walnut Creek, CA: Left Coast Press, 2010.

———. "Autoethnography Is a Queer Method." In *Queer Methods and Methodologies*, edited by Kath Browne and Catherine J. Nash, 195–14. Burlington, VT: Ashgate, 2010.

———. "Undoing the Alphabet: A Queer Fugue on Grief and Forgiveness." *Cultural Studies <=> Critical Methodologies* 14, no. 2 (2014): 102–110.

Holman Jones, Stacy, Tony E. Adams, and Carolyn Ellis, eds. *Handbook of Autoethnography*. Walnut Creek, CA: Left Coast Press, 2013.

———. "Introduction: Coming to Know Autoethnography as More Than a Method." In *Handbook of Autoethnography*, edited by Stacy Holman Jones, Tony E. Adams and Carolyn Ellis, 17–47. Walnut Creek, CA: Left Coast Press, 2013.

Hooks, bell. "Theory as Liberatory Practice." *Yale Journal of Law and Feminism* 4, no. 1 (1991/1992): 1–12.

———. "Performance Practice as a Site of Opposition." In *Let's Get It On: The Politics of Black Performance*, edited by Catherine Ugwu, 210–21. Seattle, WA: Bay, 1995.

Hochschild, Arlie. *The Managed Heart: Commercialization of Human Feeling*. Berkeley: University of California Press, 1983.〔A. R. ホックシールド著；石川准・室伏亜希訳『管理される心：感情が商品になるとき』世界思想社, 2000.〕

Hughes, Sherick, Julie L. Pennington, and Sara Makris. "Translating Autoethnography across the AERA Standards: Toward Understanding Autoethnographic Scholarship as Empirical Research." *Educational Researcher* 41, no. 6 (2012): 209-19.

Hunt, Scott A., and Natalia Ruiz Junco, eds. "Two Thematic Issues: Defective Memory and Analytical Autoethnography." *Journal of Contemporary Ethnography* 35, no. 4 (2006): 371-72.

Irwin, Katherine. "Into the Dark Heart of Ethnography: The Lived Ethics and Inequality of Intimate Field Relationships." *Qualitative Sociology* 29 (2006): 155-75.

Jackson, Michael. *At Home in the World*. Durham, NC: Duke University Press, 1995.

Jago, Barbara J. "Chronicling an Academic Depression." *Journal of Contemporary Ethnography* 31, no. 6 (2002): 729-57.

―――. "Shacking Up: An Autoethnographic Tale of Cohabitation." *Qualitative Inquiry* 17, no. 2 (2011): 204-19.

Jewkes, Yvonne. "Autoethnography and Emotion as Intellectual Resources: Doing Prison Research Differently." *Qualitative Inquiry* 18, no. 1 (2011): 63-75.

Johnson, Royel M. "Black and Male on Campus: An Autoethnographic Account." *Journal of African American Males in Education* 4, no. 2 (2013): 25-45.

Jorgenson, Jane, and Tracy Sullivan. "Accessing Children's Perspectives through Participatory Photo Interviews." *Forum: Qualitative Social Research*, 11, no. 1 (2009).

Joshi, Sam. "Homo Sutra: Disrobing Desire in the Adult Cinema." *Journal of Creative Work* 1, no. 2 (2007). Accessed October 1, 2012. http://www.scienti-ficjournals.org/journals2007/articles/1188.pdf

Kamboureli, Smaro. "The Politics of the Beyond: 43 Theses on Autoethnography and Complicity." In *Asian Canadian Writing Beyond Autoethnography*, edited by Eleanor Ty and Christl Verduyn, 31-54. Waterloo: Wilfrid Laurier University Press, 2008.

Keller, Evelyn Fox. *Reflections on Gender and Science*. New Haven, CT: Yale University Press, 1985.〔エヴリン・フォックス・ケラー著；幾島幸子・川島慶子訳『ジェンダーと科学：プラトン、ベーコンからマクリントックへ』工作舎, 1993.〕

Kilgard, Amy K. "Collage: A Paradigm for Performance Studies." *Liminalities: A Journal of Performance Studies* 5 (2009): 1-19. Accessed June 1, 2013. http://liminalities.net/5-3/collage.pdf

King, Stephen. *On Writing: A Memoir of the Craft*. New York: Scribner, 2000.〔スティーヴン・キング著；池央耿訳『スティーヴン・キング小説作法』アーティストハウス, 2001.〕

Kleinman, Sherryl. "Feminist Fieldworker: Connecting Research, Teaching, and Memoir." In *Our Studies, Ourselves: Sociologists' Lives and Work*, edited by Barry Glassner and

Rosanna Hertz, 215-32. New York: Oxford University Press, 2003.

Konishi, Shino. "Representing Aboriginal Masculinity in Howard's Australia." In *Global Masculinities and Manhood*, edited by Ronald L. Jackson II and Murali Balaji, 161-85. Urbana: University of Illinois Press, 2011.

Kristeva, Julia. "Stabat Mater." In *The Portable Kristeva*, edited by Kelly Oliver, 308-31. New York: Columbia University Press, 1987.

Kusenbach, Margaret. "Street Phenomenology: The Go-Along as Ethnographic Research Tool." *Ethnography* 4, vol. 3 (2003): 455-85.

La Pastina, Antonio C. "The Implications of an Ethnographer's Sexuality." *Qualitative Inquiry* 12, no. 4 (2006): 724-35.

Laing, R. D. *Knots*. New York: Random House, 1970. 〔R. D. レイン著；村上光彦訳『結ぼれ』みすず書房, 1973.〕

Lamott, Anne. *Bird by Bird: Some Instructions on Writing and Life*. New York: Anchor, 1994.

Langellier, Kristin M. "Personal Narrative, Performance, Performativity: Two or Three Things I Know for Sure." *Text and Performance Quarterly* 19, no. 2 (1999): 125-44.

Langellier Kristin M. and Eric E. Peterson. "Shifting Contexts in Personal Narrative Performance." In *The SAGE Handbook of Performance Studies*, edited by D. Soyini Madison and Judith Hamera, 151-68. Thousand Oaks, CA: Sage, 2005.

Lapan, Stephen D., MaryLynn T. Quartaroli, and Frances J. Riemer, eds. *Qualitative Research: An Introduction to Methods and Designs*. San Francisco, CA: John Wiley & Sons, 2011.

Learmonth, Mark, and Michael Humphreys. "Autoethnography and Academic Identity: Glimpsing Business School Doppelgängers." *Organization* 19, no. 1 (2012): 99-117.

Leavy, Patricia. "Fiction and the Feminist Academic Novel." *Qualitative Inquiry* 18, no. 6 (2012): 516-22.

———. *Fiction as Research Practice: Short Stories, Novellas, and Novels*. Walnut Creek, CA: Left Coast Press, 2013.

———. ed. *Oxford Handbook of Qualitative Research*. Oxford: Oxford University Press, 2014.

LeWitt, Sol. "Paragraphs on Conceptual Art." Accessed July 17, 2013. http://www.tufts.edu/programs/mma/fah188/sol_lewitt/paragraphs%20on%20conceptual%20art.htm

Lindlof, Thomas R., and Bryan C. Taylor. *Qualitative Communication Research Methods*. 3rd ed. Thousand Oaks, CA: Sage, 2010.

Lindquist, Julie. *A Place to Stand: Politics and Persuasion in a Working-Class Bar*. Oxford: Oxford University Press, 2002.

Lionnet, Françoise. "Autoethnography: The An-archic Style of Dust Tracks on a Road." In *Autobiographical Voices: Race, Gender, Self-portraiture*, edited by Françoise Lionnet, 97-129. Ithaca, NY: Cornell University Press, 1989.

Lorde, Audre. *Sister Outsider*. Berkeley, CA: The Crossing Press, 1984.

Lozanski, Kristin and Melanie Beres. "Temporary Transience and Qualitative Research: Methodological Lessons from Fieldwork with Independent Travelers and Seasonal Workers." *International Journal of Qualitative Methods* 6, no. 2 (2007): 911–30.

Lundquist, Sara. "The Aesthetics of Enclosure: James Merrill's Inner Rooms." *English Studies in Canada*, 31, no. 1 (2005): 31–53.

Lyotard, Jean-François. *The Postmodern Condition: A Report on Knowledge*. Translated by Geoff Bennington and Brian Massumi. Minneapolis: University of Minnesota Press, 1984.

Madison, D. Soyini. *Critical Ethnography: Method, Ethics, Performance*. 2nd ed. Thousand Oaks, CA: Sage, 2012.

Makagon, Daniel, and Mark Neumann. *Recording Culture: Audio Documentary and the Ethnographic Experience*. Thousand Oaks, CA: Sage, 2009.

Mairs, Nancy. *Remembering the Bone House*. Boston, MA: Beacon, 1995.

Maliszewska, Michalina. "An Autoethnographic Examination of International Student Experiences in the United States." Master's thesis, Northeastern Illinois University, 2009.

Marcus, George E., and Michael M. J. Fischer, *Anthropology as Cultural Critique: An Experimental Moment in the Human Sciences*. Chicago, IL: University of Chicago Press, 1999.

Martin, Emily. "The Egg and the Sperm: How Science Has Constructed a Romance Based on Stereotypical Male-Female Roles." *Signs: Journal of Women in Culture* 16, no. 3 (1991): 485–01.

Marvasti, Amir. "Being Middle Eastern American: Identity Negotiation in the Context of the War on Terror." *Symbolic Interaction* 28, no. 4 (2006): 525–47.

Maso, Ilja. "Phenomenology and Ethnography." In *Handbook of Ethnography*, edited by Paul Atkinson, Amanda Coffey, Sara Delamont, John Lofland and Lyn Lofland, 136–44. Thousand Oaks, CA: Sage, 2001.

Materer, Timothy. "James Merrill's Late Poetry: AIDS and the 'Stripping Process.'" *Arizona Quarterly* 64, no 2 (2006): 123–45.

McIntosh, Peggy. "White Privilege and Male Privilege: A Personal Account of Coming to See Correspondences Through Work in Women's Studies." In *Understanding Diversity: Readings, Cases, and Exercises*, edited by Carol P. Harvey and M. June Allard, 130–139. New York: HarperCollins, 1995.

Medford, Kristina. "Caught with a Fake ID: Ethical Questions About Slippagein Autoethnography." *Qualitative Inquiry* 12, no. 5 (2006): 853–64.

Mee, Erin B. "Shattered and Fucked up and Full of Wreckage: The Words and Works of Charles L. Mee." *The Drama Review* 46, no. 3 (2002): 83–104.

Merrill, James. *The Inner Room*. New York: Knopf, 1988.

Metta, Marilyn. *Writing Against, Alongside and Beyond Memory: Lifewriting as Reflexive, Poststructuralist Feminist Research Practice.* New York: Peter Lang, 2010.

———. "Putting the Body on the Line: Embodied Writing and Recovery through Domestic Violence." In *Handbook of Autoethnography,* edited by Stacy Holman Jones, Tony E. Adams and Carolyn Ellis, 486–09. Walnut Creek, CA: Left Coast Press, 2013.

Milgram, Stanley. "Behavioral Study of Obedience." *Journal of Abnormal and Social Psychology* 67, no. 4 (1963): 371–78.

———. "Issues in the Study of Obedience: A Reply to Baumrind," *American Psychologist* 19 (1964): 848–52.

Miller, Lynn. "Saved by Stein: Or the Life You Perform May Become Your Own," *Text and Performance Quarterly* 32, no. 2 (2012): 175–86.

Mingé, Jeanine M. "Mindful Autoethnography, Local Knowledges." In *Handbook of Autoethnography,* edited by Stacy Holman Jones, Tony E. Adams, and Carolyn Ellis. 425–42. Walnut Creek, CA: Left Coast Press, 2013.

———. "The Stained Body: A Fusion of Embodied Art on Rape and Love." *Journal of Contemporary Ethnography* 36, no. 3 (2007): 252–80.

Mingé, Jeanine M., and Amber Lynn Zimmerman. *Concrete and Dust: Mapping the Sexual Terrains of Los Angeles.* New York: Routledge, 2013.

Mingé, Jeanine M., and John Burton Sterner. "The Transitory Radical: Making Place with Cancer." In *Critical Autoethnography: Intersecting Cultural Identities in Everyday Life,* edited by Robin M. Boylorn and Mark P. Orbe, 33–46. Walnut Creek, CA: Left Coast Press, 2014.

Mizzi, Robert. "Unraveling Researcher Subjectivity through Multivocality in Autoethnography." *Journal of Research Practice* 6, no. 1 (2010). Accessed June 1, 2013. http://jrp.icaap.org/index.php/jrp/article/view/201/185.

Myers, W. Benjamin, ed. "Special Issue: Writing Autoethnographic Joy." *Qualitative Communication Research* 1, no. 2 (2012): 157–52.

Muncey, Tessa. *Creating Autoethnographies.* Thousand Oaks, CA: Sage, 2010.

Mykhalovskiy, Eric. "Reconsidering Table Talk: Critical Thoughts on the Relationship between Sociology, Autobiography and Self-Indulgence." *Qualitative Sociology* 19, no. 1 (1996): 131–51.

Neumann, Mark. "Collecting Ourselves at the End of the Century." In *Composing Ethnography: Alternative Forms of Qualitative Writing,* edited by Carolyn Ellis and Arthur P. Bochner, 172–98. Walnut Creek, CA: AltaMira Press, 1996.

Ngunjiri, Faith W., Kathy-Ann Hernandez, and Heewon Chang. "Special Issue: Autoethnography as Research Practice." *Journal of Research Practice* 6, no. 1 (2010). http://jrp.icaap.org/index.php/jrp/issue/view/13

Oakley, Ann. "Interviewing Women: A Contradiction in Terms." In *Doing Feminist Research,* edited by Helen Roberts, 30–61. New York: Routledge, 1981.

Pacanowsky, Michael. "Slouching Towards Chicago." *Quarterly Journal of Speech* 74, no. 4 (1988): 453-67.

Paget, Marianne. "Performing the Text." *Journal of Contemporary Ethnography* 19, no. 1 (1990): 136-55.

Pathak, Archana A. "Opening My Voice, Claiming My Space: Theorizing the Possibilities of Postcolonial Approaches to Autoethnography." *Journal of Research Practice* 6, no. 1 (2010). Accessed June 14, 2012, http://jrp.icaap.org/index.php/jrp/article/view/231.

———. "Musings on Postcolonial Autoethnography." In *Handbook of Autoethnography*, edited by Stacy Holman Jones, Tony E. Adams and Carolyn Ellis, 595-08. Walnut Creek, CA: Left Coast Press, 2013.

Patti, Chris. "Split Shadows: Myths of a Lost Father and Son." *Qualitative Inquiry* 18, no. 2 (2012): 153-61.

Patton, Michael Quinn. *Qualitative Research and Evaluation Methods*. 3rd ed. Thousand Oaks, CA: Sage, 2002.

Paxton, Blake A. "Transforming Minor Bodily Stigmas Through Holding onto Grief: A 'Hair' Raising Possibility." *Qualitative Inquiry* 19, no. 5 (2013): 355-65.

Pelias, Ronald J. "Confessions of Apprehensive Performer." *Text and Performance Quarterly* 17, no. 1 (1997): 25-32.

———. *Writing Performance: Poeticizing the Researcher's Body*. Carbondale: Southern Illinois University Press, 1999.

———. "The Critical Life." *Communication Education* 49, no. 3 (2000): 220-28.

———. *A Methodology of the Heart: Evoking Academic and Daily Life*. Walnut Creek, CA: AltaMira Press, 2004.

———. "Jarheads, Girly Men, and the Pleasures of Violence." *Qualitative Inquiry* 13, no. 7 (2007): 945-59.

———. *Leaning: A Poetics of Personal Relations*. Walnut Creek, CA: Left Coast Press, 2011.

Philaretou, Andreas G., and Katherine R. Allen. "Researching Sensitive Topics through Autoethnographic Means." *The Journal of Men's Studies* 14, no. 1 (2006): 65-78.

Pineau, Elyse. "*Nursing Mother* and Articulating Absence." *Text and Performance Quarterly* 20, no. 1 (2000): 1-19.

———. "The Kindness of [Medical] Strangers: An Ethnopoetic Account of Embodiment, Empathy, and Engagement." In *Writings of Healing and Resistance*, edited by Mary Weems, 63-69. New York: Peter Lang, 2013.

———. "Re-Casting Rehearsal: Making a Case for Production as Research." *Journal of the Illinois Speech and Theatre Association* 46 (1995): 43-52.

Pink, Sarah. *Doing Sensory Ethnography*. Thousand Oaks, CA: Sage, 2009.

Pollock, Della. "Performing Writing." In *The Ends of Performance*, edited by Peggy Phelan and Jill Lane, 73-103. New York: New York University Press, 1998.

————. "Memory, Remembering, and Histories of Change." In *The SAGE Handbook of Performance Studies*, edited by D. Soyini Madison and Judith Hamera, 87–105. Thousand Oaks, CA: Sage, 2006.

Poulos, Christopher N., ed. "Special Issue: Autoethnography." *Iowa Journal of Communication* 40, no. 1 (2008): i-140.

————. *Accidental Ethnography: An Inquiry into Family Secrecy*. Walnut Creek, CA: Left Coast Press, 2009.

————. "Spirited Accidents: An Autoethnography of Possibility." *Qualitative Inquiry* 16, no. 1 (2010): 49–56.

————. "Writing My Way Through: Memory, Autoethnography, Identity, Hope." In *Handbook of Autoethnography*, edited by Stacy Holman Jones, Tony E. Adams and Carolyn Ellis, 465–77. Walnut Creek, CA: Left Coast Press, 2013.

Radley, Alan and Diane Taylor. "Images of Recovery: A Photo Elicitation Study on the Hospital Ward." *Qualitative Health Research* 13, no. 1 (2003): 177–99.

Rambo, Carol. "Impressions of Grandmother: An Autoethnographic Portrait." *Journal of Contemporary Ethnography* 34, no. 5 (2005): 560–85.

————. "Twitch: A Performance of Chronic Liminality." In *Handbook of Autoethnography*, edited by Stacy Holman Jones, Tony E. Adams and Carolyn Ellis, 627–38. Walnut Creek, CA: Left Coast Press, 2013.

Rawicki, Jerry, and Carolyn Ellis. "Lechem Hara (Bad Bread) Lechem Tov (Good Bread): Survival and Sacrifice During the Holocaust." *Qualitative Inquiry* 17, no. 2 (2011): 155–157.

Reed-Danahay, Deborah, ed. *Auto/Ethnography*. New York: Berg, 1997.

————. "Turning Points and Textual Strategies in Ethnographic Writing." *Qualitative Studies in Education* 15, no. 4 (2002): 421–25.

————. "Anthropologists, Education, and Autoethnography." *Reviews in Anthropology* 38, no. 1 (2009): 28–47.

Riedmann, Agnes. *Science That Colonizes: A Critique of Fertility Studies in Africa*. Philadelphia, PA: Temple University Press, 1993.

Reinharz, Shulamit. *On Becoming a Social Scientist*. New Brunswick, NJ: Transaction, 1984.

————. *Feminist Methods in Social Research*. Oxford: Oxford University Press, 1992.

Richardson, Laurel. "Narrative and Sociology." *Journal of Contemporary Ethnography* 19, no. 1 (1990): 116–35.

————. "Writing: A Method of Inquiry." In *Handbook of Qualitative Research*, edited by Norman K. Denzin and Yvonna S. Lincoln, 516–29. Thousand Oaks, CA: Sage, 1994.

————. *Fields of Play: Constructing an Academic Life*. New Brunswick, NJ: Rutgers University Press, 1997.

————. "Evaluating Ethnography." *Qualitative Inquiry* 6, no. 2 (2000): 253–55.

———. "Tales from the Crypt." *International Review of Qualitative Research* 2, no. 3 (2009): 345–50.

———. "Sentimental Journey." In *Handbook of Autoethnography*, edited by Stacy Holman Jones, Tony E. Adams and Carolyn Ellis, 339–56. Walnut Creek, CA: Left Coast Press, 2013.

Riley, Donna. "Hidden in Plain View: Feminists Doing Engineering Ethics, Engineers Doing Feminist Ethics." *Science and Engineering Ethics* 19, no. 1 (2013): 1–18.

Rivera, Dale. "A Mother's Son." *Cultural Studies ↔ Critical Methodologies* 13, no. 2 (2013): 88–94.

Robinson, Cynthia Cole, and Pauline Clardy, eds. *Tedious Journeys: Autoethnography by Women of Color in Academe*. New York: Peter Lang, 2010.

Ronai, Carol Rambo. "The Reflexive Self through Narrative: A Night in the Life of an Erotic Dancer/Researcher." In *Investigating Subjectivity: Research on Lived Experience*, edited by Carolyn Ellis and Michael G. Flaherty, 102–24. Newbury Park, CA: Sage, 1992.

———. "Multiple Reflections of Child Sex Abuse." *Journal of Contemporary Ethnography* 23, no. 4 (1995): 395–26.

———. "My Mother Is Mentally Retarded." In *Composing Ethnography: Alternative Forms of Qualitative Writing*, edited by Carolyn Ellis and Arthur P. Bochner, 109–31. Walnut Creek, CA: AltaMira Press, 1996.

Ronai, Carol Rambo, and Carolyn Ellis. "Turn-Ons for Money: Interactional Strategies of the Table Dancer." *Journal of Contemporary Ethnography* 18, no. 3 (1989): 271–98.

Rosaldo, Renato. *Culture and Truth: The Remaking of Social Analysis*. Boston, MA: Beacon Press, 1989.

Saldaña, Johnny, ed. *Ethnodrama: An Anthology of Reality Theatre*. Walnut Creek, CA: AltaMira Press, 2005.

Sandelowski, Margarete. "Writing a Good Read: Strategies for Re-Presenting Qualitative Data." *Research in Nursing & Health* 21 (1998): 375–82.

Schoen, Steven W., and David S. Spangler. "Making Sense under a Midnight Sun: Transdisciplinary Art, Documentary Film, and Cultural Exchange." *Cultural Studies ↔ Critical Methodologies* 11, no. 5 (2011): 423–33.

Scott, Julie-Ann. "Problematizing a Researcher's Performance of 'Insider Status': An Autoethnography of 'Designer Disabled' Identity." *Qualitative Inquiry* 19, no. 2 (2013): 101–15.

Sealy, Patricia Ann. "Autoethnography: Reflective Journaling and Meditation to Cope With Life-Threatening Breast Cancer." *Clinical Journal of Oncology Nursing* 16, no. 1 (2012): 38–41.

Sedgwick, Eve Kosofsky. "Teaching 'Experimental Critical Writing.'" In *The Ends of Performance*, edited by Peggy Phelan and Jill Lane, 104–15. New York: New York

University Press, 1998.

———. *A Dialogue on Love*. Boston, MA: Beacon Press, 2000.

Siegel, Marcia B. "Virtual Criticism and the Dance of Death." *TDR: The Drama Review* 40, no. 2 (1996): 60-70.

Shields, David. *Reality Hunger: A Manifesto*. New York: Alfred A. Knopf, 2010.

Short, Nigel P., Lydia Turner, and Alec Grant, eds. *Contemporary British Autoethnography*. Rotterdam, Netherlands: Sense Publishers, 2013.

Shostak, Marjorie. *Nisa: The Life and Words of a!Kung Woman*. Cambridge, MA: Harvard University Press, 1981.〔マージョリー・ショスタック著；麻生九美訳『ニサ：カラハリの女の物語り』リブロポート，1994.〕

Sikes, Pat, ed. *Autoethnography*. Thousand Oaks, CA: Sage, 2013.

Skloot, Rebecca. *The Immortal Live of Henrietta Lacks*. New York: Crown, 2010.

Smith, Linda Tuhiwai. *Decolonizing Methodologies: Research and Indigenous Species*. New York: Zed Books, 1999.

Smith, Phil, ed. *Both Sides of the Table: Autoethnographies of Educators Learning and Teaching With/In [Dis]ability*. New York: Peter Lang, 2013.

Solnit, Rebecca. *A Field Guide to Getting Lost*. New York: Penguin, 2006.〔レベッカ・ソルニット著；東辻賢治郎訳『迷うことについて』左右社, 2019.〕

Spivak, Gayatri Chakravorty. "Can the Subaltern Speak?" In *Marxism and the Interpretation of Culture*, edited by Cary Nelson and Lawrence Grossberg, 271-13. Champaign: University of Illinois Press, 1988.

Spradley, James P. *The Ethnographic Interview*. New York: Holt, Rinehart & Winston, 1979.

Spry, Tami. "Performing Autoethnography: An Embodied Methodological Praxis." *Qualitative Inquiry* 7, no. 6 (2001): 706-32.

———. *Body, Paper, Stage: Writing and Performing Autoethnography*. Walnut Creek, CA: Left Coast Press, 2011.

Stein, Arlene. "Sex, Truths, and Audiotape: Anonymity and the Ethics of Exposure in Public Ethnography." *Journal of Contemporary Ethnography* 39, no. 5 (2010): 554-68.

Stewart, Kathleen. *Ordinary Affects*. Durham, NC: Duke University Press, 2007.

Stoller, Paul. *Sensuous Scholarship*. Philadelphia: University of Pennsylvania Press, 1997.

Tamas, Sophie. "Writing and Righting Trauma: Troubling the Autoethnographic Voice." *Forum: Qualitative Social Research*, 10, no. 1 (2009). Accessed June 1, 2013. http://www.qualitative-research.net/index.php/fqs/article/viewArticle/1211

———. *Life after Leaving: The Remains of Spousal Abuse*. Walnut Creek, CA: Left Coast Press, 2011.

———. "Who's There? A Week Subject." In *Handbook of Autoethnography*, edited by Stacy Holman Jones, Tony E. Adams and Carolyn Ellis, 186-01. Walnut Creek, CA: Left Coast Press, 2013.

Taussig, Michael. *I Swear I Saw This: Drawings in Fieldwork Notebooks, Namely My Own*. Chicago, IL: The University of Chicago Press, 2011.

Taylor, Jacqueline. *Waiting for the Call: From Preacher's Daughter to Lesbian Mom*. Ann Arbor: University of Michigan Press, 2007.

Tedlock, Barbara. "Ethnography and Ethnographic Representation." In *Handbook of Qualitative Research*, edited by Norman K. Denzin and Yvonna S. Lincoln, 455-86. Thousand Oaks, CA: Sage, 2000.

Thomas, Jim. *Doing Critical Ethnography*. Newbury Park, CA: Sage, 1993.

Thomas, Stephen B., and Sandra Crouse Quinn. "The Tuskegee Syphilis Study, 1932 to 1972: Implications for HIV Education and Aids Risk Education Programs in the Black Community." *American Journal of Public Health* 81, no. 11 (1991): 1498-505.

Tillmann, Lisa M. "Body and Bulimia Revisited: Reflections on 'a Secret Life.'" *Journal of Applied Communication Research* 37, no. 1 (2009): 98-112.

―――. "Don't Ask, Don't Tell: Coming Out in an Alcoholic Family." *Journal of Contemporary Ethnography* 38, no. 6 (2009): 677-12.

―――. "Coming Out and Going Home: A Family Ethnography." *Qualitative Inquiry* 16, no. 2 (2010): 116-29.

―――. "Wedding Album: An Anti-Heterosexist Performance Text." In *Handbook of Autoethnography*, edited by Stacy Holman Jones, Tony E. Adams and Carolyn Ellis, 478-85. Walnut Creek: Left Coast Press, 2013.

Tillmann-Healy, Lisa M. "A Secret Life in a Culture of Thinness: Reflections on Body, Food, and Bulimia." In *Composing Ethnography: Alternative Forms of Qualitative Writing*, edited by Carolyn Ellis and Arthur P. Bochner, 76-108. Walnut Creek, CA: AltaMira Press, 1996.

―――. *Between Gay and Straight: Understanding Friendship across Sexual Orientation*. Walnut Creek, CA: AltaMira Press, 2001.

―――. "Friendship as Method." *Qualitative Inquiry* 9, no. 5 (2003): 729-49.

Tolich, Marvin M. "A Critique of Current Practice: Ten Foundational Guidelines for Autoethnographers." *Qualitative Health Research* 20, no. 12 (2010): 1599-610.

Tomaselli, Keyan G. "Stories to Tell, Stories to Sell: Resisting Textualization." *Cultural Studies* 17, no. 6 (2003): 856-75.

―――. ed. *Writing in the San/d: Autoethnography Among Indigenous Southern Africans*. Lanham, MD: AltaMira Press, 2007.

―――. "Visualizing Different Kinds of Writing: Auto-ethnography, Social Science." *Visual Anthropology* 26, no. 2 (2013): 165-80.

Tomaselli, Keyan G., Lauren Dyll, and Michael Francis. "'Self' and 'Other': Auto-Reflexive and Indigenous Ethnography." In *Handbook of Critical and Indigenous Methodologies*, edited by Norman K. Denzin, Yvonna S. Lincoln and Linda Tuhwai Smith, 347-72. Thousand Oaks, CA: Sage, 2008.

Tomaselli, Keyan G., Lauren Dyll-Myklebust, and Sjoerd van Grootheest. "Personal/ Political Interventions Via Autoethnography: Dualisms, Knowledge, Power, and Performativity in Research Relations." In *Handbook of Autoethnography*, edited by Stacy Holman Jones, Tony E. Adams and Carolyn Ellis, 576–94. Walnut Creek, CA: Left Coast Press, 2013.

Toyosaki, Satoshi. "Communication Sensei's Storytelling: Projecting Identity into Critical Pedagogy." *Cultural Studies ↔ Critical Methodologies* 7, no. 1 (2007): 48–73.

Toyosaki, Satoshi, and Sandy L. Pensoneau-Conway. "Autoethnography as a Praxis of Social Justice." In *Handbook of Autoethnography*, edited by Stacy Holman Jones, Tony E. Adams and Carolyn Ellis, 557–75. Walnut Creek, CA: Left Coast Press, 2013.

Toyosaki, Satoshi, Sandra L. Pensoneau-Conway, Nathan A. Wendt, and Kyle Leathers. "Community Autoethnography: Compiling the Personal and Resituating Whiteness." *Cultural Studies ↔ Critical Methodologies* 9, no. 1 (2009): 56–83.

Tracy, Karen, and Eric Eisenberg. "Giving Criticism: A Multiple Goals Case Study." *Research on Language and Social Interaction* 24 (1990/1991): 37–70.

Tracy, Sarah J. *Qualitative Research Methods: Collecting Evidence, Crafting Analysis, Communicating Impact.* Malden, MA: Blackwell, 2013.

Trenka, Jane Jeong. *The Language of Blood: A Memoir.* St. Paul, MN: Borealis Books, 2003.

———. *Fugitive Visions: An Adoptee's Return to Korea.* St. Paul, MN: Graywolf Press, 2009.

Trenka, Jane Jeong, Julia Chinyere Oparah, and Sun Yung Shin, eds. *Outsiders Within: Writing on Transracial Adoption.* Cambridge, MA: South End Press, 2006.

Trujillo, Nick. In *Search of Naunny's Grave: Age, Class, Gender, and Ethnicity in an American Family.* Lanham, MD: AltaMira Press, 2004.

Tuck, Eve, and C. Ree. "A Glossary of Haunting." In *Handbook of Autoethnography*, edited by Stacy Holman Jones, Tony E. Adams and Carolyn Ellis, 639–58. Walnut Creek, CA: Left Coast Press, 2013.

Tullis, Jillian A. "Self and Others: Ethics in Autoethnographic Research." In *Handbook of Autoethnography*, edited by Stacy Holman Jones, Tony E. Adams and Carolyn Ellis, 244–61. Walnut Creek, CA: Left Coast Press, 2013.

Tullis, Matt. "Journalism Equals Facts While Creative Nonfiction Equals Truth? Maybe It's Not That Simple. A Roundtable Discussion with Chris Jones, Thomas Lake, and Ben Montgomery." *Creative Nonfiction* 47 (2013): 70.

Tullis Owen, Jillian A., Chris McRae, Tony E. Adams, and Alisha Vitale. "truth Troubles." *Qualitative Inquiry* 15, no. 1 (2009): 178–200.

Van Gelder, Lindsy. "Marriage as a Restricted Club." In *Against the Current*, edited by Pamela J. Annas and Robert C. Rosen, 294–97. Upper Saddle River, NJ: Prentice Hall, 1998.

Van Maanen, John. *Tales of the Field: On Writing Ethnography*. Chicago, IL: University of Chicago Press, 1988.〔ジョン・ヴァン゠マーネン著；森川渉訳『フィールドワークの物語：エスノグラフィーの文章作法』現代書館, 1999.〕

Vande Berg, Leah R., and Nick Trujillo. *Cancer and Death: A Love Story in Two Voices*. Creskill, NJ: Hampton Press, 2008.

Visweswaran, Kamala. *Fictions of Feminist Ethnography*. Minneapolis: University of Minnesota Press, 1997.

Vryan, Kevin D. "Expanding Analytic Autoethnography and Enhancing Its Potentia l." *Journal of Contemporary Ethnography* 35, no. 4 (2006): 405–09.

Wall, Sarah. "An Autoethnography on Learning About Autoethnography." *International Journal of Qualitative Methods* 5, no. 2 (2006).

———. "Easier Said Than Done: Writing an Autoethnography." *International Journal of Qualitative Methods* 7, no. 1 (2008).

Warren, John T. "Ref lexive Teaching: Toward Critical Autoethnographic Practices of/in/on Pedagogy." *Cultural Studies ↔ Critical Methodologies* 11, no. 2 (2011): 139–44.

Warren, John T., and Keith Berry, eds. "Special Issue: The Evidence of Experience, Cultural Studies, and Personal(ized) Scholarship." *Cultural Studies ↔ Critical Methodologies* 9, no. 5 (2009): 595–95.

Weems, Mary. "Fire: A Year in Poems." In *Handbook of Autoethnography*, edited by Stacy Holman Jones, Tony E. Adams and Carolyn Ellis, 313–20. Walnut Creek, CA: Left Coast Press, 2013.

Weston, Kath. *Families We Choose: Lesbians, Gays, Kinship*. New York: Columbia University Press, 1991.

William-White, Lisa. "Dare I Write about Oppression on Sacred Ground [Emphasis Mine]." *Cultural Studies ↔ Critical Methodologies* 11, no. 3 (2011): 236–42.Wolcott, Harry F. Ethnography Lessons: A Primer. Walnut Creek, CA: Left Coast Press, 2010.

Wolf, Margery. *A Thrice Told Tale: Feminism, Postmodernism, and Ethnographic Responsibility*. Palo Alto, CA: Stanford University Press, 1992.

Wolf, Stacy. "Desire in Evidence." *Text and Performance Quarterly* 17 (1997): 343–51.

Wyatt, Jonathan. "Psychic Distance, Consent, and Other Ethical Issues." *Qualitative Inquiry* 12, no. 4 (2006): 813–18.

Wyatt, Jonathan, and Ken Gale. *Between the Two: A Nomadic Inquiry into Collaborative Writing and Subjectivity*. Newcastle upon Tyne: Cambridge Scholars Publishing, 2009.

———. "Getting Out of Selves: An Assemblage/Ethnography?" In *Handbook of Autoethnography*, edited by Stacy Holman Jones, Tony E. Adams and Carolyn Ellis, 300–12. Walnut Creek, CA: Left Coast Press, 2013.

Wyatt, Jonathan, and Tony E. Adams, eds. *On (Writing) Families: Autoethnographies of Presence and Absence, Love and Loss*. Rotterdam, Netherlands: Sense Publishers, 2014.

Wyatt, Jonathan, Ken Gale, Susanne Gannon, and Bronwyn Davies. *Deleuze and*

Collaborative Writing: An Immanent Plane of Composition. New York: Peter Lang, 2011.

Julian Yates. "The Briefcase of Walter Benjamin/Benjamin Walter's Briefcase: An Invent/Story." *Rhizomes* 20 (2010). Accessed March 3, 2013. http://www.rhizomes.net/issue20/yates/

Zake, Ieva, and Michael DeCesare, eds. *New Directions in Sociology: Essays on Theory and Methodology in the 21st Century.* Jefferson, NC: McFarland & Company, 2011.

Zola, Irving Kenneth. *Missing Pieces: A Chronicle of Living with a Disability.* Philadelphia, PA: Temple University Press, 1982.〔アーヴィング・ケネス・ゾラ著；ニキリンコ訳『ミッシング・ピーシズ：アメリカ障害学の原点』生活書院. 2020.〕

人名索引

事項索引

訳者紹介

松澤和正（まつざわ　かずまさ）
慶応義塾大学工学研究科修士課程修了，千葉大学文学研究科修士課程修了，同大社会文化科学研究科博士課程単位取得退学，埼玉県立大学短期大学部第二看護学科卒業。千葉県立保健医療大学看護学科教授等を経て，現在，帝京大学医療技術学部看護学科教授。専門は精神看護学。主な著書：『報道写真家　岡村昭彦：戦場からホスピスへの道』（NOVA 出版，1995），『臨床で書く：精神科看護のエスノグラフィー』（医学書院，2008），『精神看護のナラティヴとその思想』（遠見書房，2018），詩集『病棟』（七月堂，2022）

佐藤美保（さとう　みほ）
聖路加国際大学（旧聖路加看護大学）大学院看護学研究科（修士課程 CNS コース）修了。帝京大学大学院医療技術研究科（看護学専攻博士後期課程）修了。現在，杏林大学保健学部看護学科看護学専攻准教授。専門は精神看護学。論文：「長期入院している交流困難な統合失調症患者と看護師の関わりとそのプロセス：プロセスレコード・インタビューによる「語り」の生成」（杏林大学研究報告，38，1-30，2021）

 オートエスノグラフィー
　　　　質的研究を再考し、表現するための実践ガイド

初版第 1 刷発行　2022 年 10 月 25 日

　　　著　者　トニー・E・アダムス
　　　　　　　ステイシー・ホルマン・ジョーンズ
　　　　　　　キャロリン・エリス
　　　訳　者　松澤和正・佐藤美保
　　　発行者　塩浦　暲
　　　発行所　株式会社　新曜社
　　　　　　　101-0051　東京都千代田区神田神保町 3-9
　　　　　　　電話（03）3264-4973（代）・FAX（03）3239-2958
　　　　　　　e-mail：info@shin-yo-sha.co.jp
　　　　　　　URL：https://www.shin-yo-sha.co.jp/

　　　印　刷　星野精版印刷
　　　製　本　積信堂